Die Botschaft der Tiere

DIANA
COOPER

Die Botschaft der Tiere

Warum sie uns begegnen, begleiten und wie sie uns helfen

Aus dem Englischen übersetzt
von Juliane Molitor

Ansata

Die Originalausgabe erschien 2017 unter dem Titel
»The Archangel Guide to the Animal World« bei Hay House UK Ltd.

FSC www.fsc.org MIX Papier aus verantwortungsvollen Quellen FSC® C014496

Verlagsgruppe Random House FSC® N001967

Zweite Auflage

Redaktion: Herbert Scheubner
Umschlaggestaltung: Guter Punkt, München,
Umschlagillustration: © Carol Cavalaris
Satz: Satzwerk Huber, Germering
Druck und Bindung: GGP Media GmbH, Pößneck
ISBN 978-3-7787-7528-8

www.ansata-verlag.de
www.facebook.com/Integral.Lotos.Ansata

Inhalt

Einleitung

Die Geschöpfe unseres Planeten

Als die Engel mir Venus, meinen hinreißenden Papillon-Jack-Russell-Mischling, schickten, öffneten sie mein Herz für alle Tiere und veränderten mein Leben. Ein Jahr später kam eine kleine grau getigerte Katze namens Ashting (mittlerweile eine große grau getigerte Katze) in unser Haus, und Tiere wurden ein sehr wichtiger Teil meiner Reise.

Die Engel erinnerten mich daran, dass Tiere, wenn sie auf der Erde inkarnieren, einen Seelenauftrag erfüllen, genau wie wir Menschen. Seit dem Untergang der Zivilisation von Atlantis lebte der größte Teil der Menschheit mit einer dreidimensionalen Frequenz. Das bedeutet, dass diese Menschen aus dem Ego und aufgrund von Egoismus entsprechend langsam schwingen. In letzter Zeit haben immer mehr ihre Herzen geöffnet und erkannt, dass sie auf einer ewigen Seelenreise sind, was sie in die vierte Dimension befördert hat. Und jetzt beginnt die Menschheit allmählich, die fünfte Dimension anzunehmen und sich um das Wohl aller zu kümmern. Viele Tiere sind auf einem hohen Entwicklungsstand, und im Jahr 2014 hatten 74 Prozent eine fünfdimensionale Frequenz erreicht, jedenfalls diejenigen, deren Schwingung sich entsprechend beschleunigt hatte, weil sie mit weit offenem Herzen agierten. Im gleichen Zeitraum war dies nur 58 Prozent der Menschen gelungen.

Jedes Tier kommt hierher, um Erfahrungen mit dem Leben auf dieser physischen Ebene zu machen. Wie wir Menschen sind auch die Tiere hier, um die Kühle des Wassers oder des Windes auf ihrem Körper zu spüren, um ein Blatt zu berühren, um Essen zu schmecken, um Sexualität zu verstehen und was es bedeutet, ein Elternteil zu sein und sich um eine andere Kreatur zu kümmern, um in Beziehung zueinander und zu anderen Arten sowie zu anderen Geschöpfen zu treten und um sich um die Welt der Natur zu kümmern. Das sind die Erfahrungen, die jedes einzelne Wesen auf diesem Planeten macht. Sie sind als gemeinsames Abenteuer gedacht und als Unternehmung, an der Menschen, Tiere, Insekten, Bäume, Elementarwesen und alle fühlenden Wesen gleichermaßen beteiligt sind.

Bevor eine Tierart die Erlaubnis bekommt, sich auf der Erde zu verkörpern, schließt ihre Überseele, der Aspekt, der kollektive Entscheidungen für alle Tiere dieser Art trifft, einen heiligen Vertrag mit dem Ursprung und Lady Gaia, dem neundimensionalen Engel, der für die Erde zuständig ist, bezüglich des Auftrags, den sie hier zu erfüllen hat. Außerdem bekommt jedes Tier, genau wie jeder Mensch, vor seiner Zeugung eine persönliche Einladung von Lady Gaia und bestätigt zu diesem Zeitpunkt ihre heilige Vereinbarung.

Viele Jahre lang wurden diese bindenden Zusagen in Ehren gehalten. Menschen waren Wächter und Beschützer, weil sie eher die linke Gehirnhälfte einsetzen und daher besser planen konnten. Dies sollte immer zum höchsten Wohle aller und in Übereinstimmung mit dem göttlichen Herzen und Geist geschehen.

Kein Tier war damit einverstanden, dass Menschen sein Fleisch essen, es einsperren oder schlecht behandeln. Dass wir dieses heilige Vertrauen gebrochen haben, hat Konsequenzen, denn die Tiere sind nicht länger bereit, sich so behandeln zu lassen. Sie werden uns ihre Unterstützung entziehen, wenn wir uns nicht ändern.

Tiere konnten ihre Schwingungsfrequenz im Vergleich zu uns Menschen sehr viel stärker erhöhen – so stark, dass sie jetzt vortreten und uns belehren dürfen. Dadurch muss sich das Gleichgewicht auf der Erde zwangsläufig verändern.

Die Seelen der Tiere kommen genau wie die der Menschen von verschiedenen Sternen oder Planeten, ja sogar aus anderen Universen. Gegenwärtig gibt es vier Planeten, Sterne und Konstellationen, die der Erde bei ihrem Aufstieg helfen und daher als Aufstiegsplaneten, -sterne und -konstellationen bekannt sind. Seelen, auch die der Tiere, die aus anderen Teilen des Universums stammen, müssen über Neptun, Orion, die Plejaden oder Sirius auf die Erde kommen. Auf einem dieser vier bekommen sie die Ausbildung, die sie auf die irdischen Bedingungen vorbereitet, und senken ihre Frequenz ab, damit sie das Leben hier erfahren können.

Genau wie wir Chakras oder spirituelle Energiezentren haben, die Energie aufnehmen und umwandeln, so tut das auch der Kosmos. Jedes dieser stellaren Energiezentren hat einen Aspekt, der bereits in die höheren Dimensionen aufgestiegen ist. Wenn unsere Chakras fünfdimensional werden, können wir sie mit ihren kosmischen Gegenstücken verbinden, die im Folgenden mit ihren aufgestiegenen Aspekten vorgestellt werden.

- Das Erdsternchakra verbindet sich mit Neptun und seinem aufgestiegenen Aspekt Toutillay.
- Das Basischakra verbindet sich mit Saturn und seinem aufgestiegenen Aspekt Quishy.
- Das Sakralchakra verbindet sich mit Sirius und seinem aufgestiegenen Aspekt Lakumay.
- Das Nabelchakra verbindet sich mit der Sonne.
- Das Solarplexuschakra verbindet sich mit der Erde und ihrem aufgestiegenen Aspekt Pilchay.
- Das Herzchakra verbindet sich mit der Venus.
- Das Halschakra verbindet sich mit Merkur und seinem aufgestiegenen Aspekt Telephony.
- Das Dritte-Auge-Chakra verbindet sich mit Jupiter und seinem aufgestiegenen Aspekt Jumbay.

- Das Kronenchakra verbindet sich mit Uranus und seinem aufgestiegenen Aspekt Curonay.
- Das Kausalchakra verbindet sich mit dem Mond.
- Das Seelensternchakra verbindet sich mit Orion.
- Das Sternentorchakra verbindet sich mit Mars und seinem aufgestiegenen Aspekt Nigellay.

Die Erde, Orion, Neptun, Sirius und die Plejaden arbeiten perfekt zusammen, um einander bei ihrem Aufstieg zu helfen. Weil wir auf der Erde die Gabe des freien Willens haben, die wir seit Äonen wenig weise nutzen, ist unsere Schwingungsfrequenz niedriger als die der anderen Planeten, Sterne und Konstellationen. Darüber hinaus ist die Erde das Solarplexuschakra dieses Universums. Wir nehmen also Angst und Negativität von anderen Ebenen der Existenz auf und wandeln sie um. Auch das hat unsere Schwingungsfrequenz niedrig gehalten. Die Engel und Meister von Orion, Neptun, Sirius und den Plejaden geben also ihr Bestes, um uns hochzuziehen.

Unter anderem helfen sie uns damit, dass sie Tiere aus ihrem Einflussbereich auf die Erde schicken, in denen die Energie, die wir für unseren Aufstieg brauchen, verschlüsselt ist. Die Informationen, die in ihrer Aura, dem elektromagnetischen Energiefeld rund um ihren physischen Körper, als Codes vorhanden sind, lösen in uns aus, was immer wir für unsere Weiterentwicklung brauchen.

Wie viele Menschen erleben auch Tiere diese Energien oft als große Herausforderung. Sie gehen ebenfalls durch den Schleier des Vergessens, erfahren das Leben auf der Erde also ohne den Vorteil, sich an ihr spirituelles Ich und ihre Verbindung zum Göttlichen erinnern zu können. Und wenn sie sterben, kehren sie zu ihrem Heimatplaneten zurück und nehmen in ihrem Energiefeld alles mit, was sie auf unserem außergewöhnlichen Planeten gelernt haben, um die Einsicht, das Bewusstsein und die Erleuchtung der Wesen dort zu erhöhen.

Während Menschen hier sind und ihre linke Gehirnhälfte sowie ihren denkenden Geist nutzen, erleben Tiere alles mit ihrer rechten Gehirnhälfte und ihrem Herzen. Daher sind sie den Engeln und der spirituellen Welt viel näher, aber sie verfügen nicht über die logischen, kalkulierenden Fähigkeiten von Menschen.

Manche Tiere inkarnieren, um der Menschheit zu Diensten zu sein, andere, um dem Planeten zu dienen, und wieder andere, um durch das Leben auf der Erde Erfahrungen zu machen und spirituell zu wachsen. Viele sind hier, um zu lehren und zu lernen. Sie lehren, indem sie ihre speziell entwickelten Fähigkeiten demonstrieren. Wenn eine Seele erst einmal für eine Erdenmission akzeptiert ist, muss sie immer wieder reinkarnieren, bis sie alles erledigt hat, wofür sie angetreten ist. Tierseelen bilden da keine Ausnahme. Deswegen kommen unsere Haustiere immer und immer wieder zu uns zurück, und oft haben wir in ihrer Gegenwart das Gefühl ei ner großen Vertrautheit. Menschen sagen oft: »Ich habe das Gefühl, mein Pferd schon eine Ewigkeit zu kennen«, oder: »Ich bin sicher, dass meine Katze und ich schon früher zusammen waren.« Die Engel arbeiten unermüdlich, um sicherzustellen, dass das richtige Haustier und der richtige Mensch zur richtigen Zeit zusammentreffen. Deswegen sind wir oft aufgefordert, Geduld zu üben und darauf zu warten, dass uns der perfekte Gefährte begegnet. Doch der kosmische Computer ist gewaltig, sehr komplex und allumfassend.

Experimente auf der Erde

Im Laufe von Millionen Jahren gab es auf der Erde viele Experimente und viele unterschiedliche Zivilisationen.

Seit die Erde geschaffen wurde, hat das Intergalaktische Konzil, die Gruppe aus zwölf Wesen, die Entscheidungen für das Universum treffen, hier viele Experimente durchgeführt. Ein frühes

Experiment wurde beispielsweise in Afrika durchgeführt, um festzustellen, ob diejenigen, die daran teilnahmen, das Land vor Licht glühen lassen konnten. Dies hatte das Goldene Zeitalter von Petranium zur Folge. Ganz unterschiedliche Tiere wurden nach Afrika geschickt, um zu sehen, wie es ihnen unter den dortigen Bedingungen erging. Im Laufe von Millionen Jahren fanden überall auf der Welt viele Experimente statt. Es gab auch eine Vielzahl von Zivilisationen.

Wenn ich ein Nashorn sehe, denke ich an Dinosaurier. Das liegt nicht nur an ihrem prähistorischen Aussehen, sondern auch daran, dass sie Erinnerungen und Informationen aus dem Goldenen Zeitalter von Mu in sich tragen, dem Zeitalter nach Petranium, in dem die Dinosaurier noch den ganzen Planeten durchstreiften. Auch die Pelikane des Vogelreiches tragen diese Informationen in ihrem Energiefeld und verbreiten sie.

Die Weisheit des Goldenen Zeitalters von Mu

Mu war die Ära, in der die Dinosaurier die Erde durchstreiften. Die »Menschen« von Mu haben nie physische Körper angenommen, waren also ätherische Wesen. Dennoch hegten und pflegten sie die Bäume und andere Pflanzen, liebten das Land und die Berge und hatten eine hervorragende Verbindung zu den vier aufgestiegenen Planeten, Sternen und Konstellationen, nämlich Neptun, Orion, Sirius und den Plejaden.

Jeder dieser Himmelskörper hat ein Chakra in der Mitte. Das Zentrum der Erde, bekannt als Hohlerde, ist ein siebendimensionales Paradies, wo das ganze Wissen und die gesamte Weisheit der Erde in einer großen Pyramide gespeichert sind. (Ich beschreibe es genauer in meinem Buch *Schlüssel zur höheren Welt*.) Darüber hinaus ist jedes Wesen, das sich jemals verkörpert hat, jedes Goldene

Zeitalter und jede Zivilisation in ätherischer Form in der Hohlerde repräsentiert. Nichts geht für immer verloren.

Große Liebe und Weisheit sind in den Chakras der Erde, des Neptun, des Orion, des Sirius und der Plejaden enthalten. Die Wesen von Mu bewahren diese ganze Liebe und Weisheit nach wie vor in der heilenden blauaquamarinfarbenen Flamme von Mutter Maria und Erzengel Michael im Hohlerde-Zentrum. In der großen Pyramide der Hohlerde hüten sie auch die göttlichen Pläne für die fünf Aufstiegssterne, -planeten und -konstellationen.

Atlantis

Das bekannteste und längste Zeitalter war das der Zivilisation von Atlantis, das insgesamt 260.000 Jahre dauerte. Was in dieser Ära unerledigt geblieben war, wurde schließlich im Jahr 2012 zu Ende gebracht. In jener Zeit wurden fünf Experimente oder Tests durchgeführt, und die ersten vier wurden schließlich wegen Machtmissbrauchs abgebrochen. Das fünfte Experiment jedoch brachte das Goldene Zeitalter von Atlantis hervor und unterschied sich von allen anderen.

Zu Beginn des fünften Zeitalters, des letzten Experiments, wurde eine große Kuppel über das ganze Land gesetzt, damit der Prozess kontrolliert ablaufen konnte. Weder ein Mensch noch ein Tier konnte dort von außen eindringen oder den Bereich von innen verlassen. Das Forschungsprojekt des Intergalaktischen Konzils blieb also frei von äußeren Einflüssen.

So entwickelte sich das glorreiche fünfdimensionale Goldene Zeitalter von Atlantis. Es dauerte 1.500 Jahre. Viele Tiere verkörperten sich damals, um ihre Dienste anzubieten oder um zu lehren und zu lernen, darunter Pferde, Kühe, Katzen, Hunde, Schafe und Ziegen.

Menschen sind auch Tiere. Wir haben die Kontrolle übernommen – sehr oft, indem wir uns der Energie sehr großzügiger Tiere wie Pferde oder Kühe bedienten, um uns selbst mehr Macht zu verleihen. Wir haben unser wissenschaftliches Verständnis erweitert, indem wir mit sanften und liebevollen Kreaturen herumexperimentiert haben. Die Art, wie wir mit Tieren umgehen, hat einen tief greifenden Einfluss auf ihr Leben und ihr spirituelles Wachstum. Was wir Tieren gegenwärtig antun, wie wir über sie denken und sie benutzen, verzögert den Aufstieg des gesamten Planeten. Natürlich hat es auch großen Einfluss auf unser eigenes spirituelles Wachstum. Es ist höchste Zeit, dass sich etwas ändert.

Indem Sie mit den Informationen in diesem Buch arbeiten, können Sie eine noch tiefere Verbindung zu den Lebewesen dieses Planeten herstellen. Sie können ihnen auch eine große Hilfe sein und damit Ihre eigene Evolution entscheidend vorantreiben.

Teil 1

Tiere und die Natur

Kapitel 1

Die spirituelle Evolution der Tiere und der Natur

Im Goldenen Zeitalter von Atlantis waren alle Menschen und Tiere fünfdimensional und hatten zwölf aktivierte Chakras. Die 33 Blütenblätter ihres Herzens waren weit offen und strahlten das Christuslicht aus. Die Menschen und alle Lebewesen liebten, achteten und akzeptierten einander.

Tiere wurden ähnlich wie Menschen als Geschöpfe Gottes betrachtet, aber in einer Vielzahl von Formen und mit verschiedenen Fähigkeiten und Kenntnissen. Weil die Menschen Liebe und Harmlosigkeit ausstrahlten, fühlten sich alle Kreaturen absolut sicher und waren ihrerseits von Natur aus harmlos.

Auch die Natur selbst war harmlos, weil alle ihre Aspekte von allen gewürdigt und geehrt wurden. Sträucher brauchten sich keine Dornen wachsen zu lassen oder giftige Beeren auszubilden. Die fünfdimensionalen Menschen nahmen sich an Nüssen, Blättern und Feuerholz nur das, was sie brauchten, und dankten den Bäumen dafür. Die Bäume heilten, ernährten und schützten die Menschen im Gegenzug. Kräuter lieferten die ganze Medizin, die gebraucht wurde, um Menschen und Tiere wieder ins Gleichgewicht zu bringen, und auch das wussten alle sehr zu schätzen.

Tiere waren sehr freigiebig mit ihren Produkten und Diensten, weil sie wussten, dass ihnen nur genommen wurde, was andere brauchten, und dass sie im Gegenzug dafür geschätzt und umsorgt wurden. Der Austausch von Energien war exakt und liebevoll.

Alle Tiere jener Zeit, Menschen und Katzen eingeschlossen, waren Vegetarier. Das bedeutete, dass Katzen damals ein anderes Gebiss und eine andere Kieferstruktur hatten, eher wie die Katzenartigen des alten Ägypten. Ihre Krallen setzten sie nur ein, um auf Bäume zu klettern.

Beim Untergang des goldenen Atlantis ging die Frequenz von der fünften auf die dritte Dimension über. Bei Menschen und vielen Tieren schlossen sich dreiundzwanzig Kammern des Herzchakras. Die zehn, die aktiv blieben, waren die grünen Blütenblätter des äußeren Herzens. Sie bringen unbequeme Lektionen über Eifersucht, Wut, Gier, Traurigkeit, Einsamkeit oder irgendeine Form von Negativität, die behandelt und überwunden werden muss. Ja, auch Tiere durchlaufen einen emotionalen Lernprozess.

In dieser dreidimensionalen Phase wurden die Menschen gefühlskalt und gleichgültig. Das führte zu einer Missachtung des Wesens der Tiere und ihrer Bedürfnisse. Dies ist die Szenerie, mit der die große Masse der Menschheit in den letzten 10.000 Jahren Erfahrungen gemacht hat. Auch manche Tiere haben ihr Herz verschlossen und sind dreidimensional geworden, während andere ihre fünfdimensionale Frequenz und ihr hoch entwickeltes Chakrasystem beibehalten haben, um uns zu belehren und eine bessere Art zu leben zu demonstrieren. Diese hoch entwickelten Kreaturen, Säugetiere, Vögel, Insekten und Bäume werden in diesem Buch ausführlich vorgestellt.

Die nächste Schicht aus Kammern oder Blütenblättern des Herzens ist rosafarben. In diesem Stadium ist das Chakra von Liebe erleuchtet. Es kann sehr gut sein, dass Sie diese wunderschöne Liebe schon einmal in den Augen eines Menschen oder eines Pferdes oder eines Delfins gesehen haben.

Gerade jetzt, wo Menschen und Tiere kollektiv eher fünfdimensional werden, entfalten sich die zentralen Blütenblätter und werden rosaviolett. Diese Blütenblätter im Zentrum sind reinweiß und öffnen sich für die Liebe der Quelle. Wenn genügend Menschen auf dem Planeten dieses wunderbare Stadium erreicht haben, wird das Leben für Menschen und Tiere gleichermaßen großartig, weil wir erneut einen fünfdimensionalen Garten Eden erschaffen. Wir werden die Tiere einmal mehr so behandeln, wie sie es verdienen, und alle werden von Engeln erleuchtet werden.

Menschen befinden sich jedoch derzeit im Übergang zwischen den Ebenen der dritten und der fünften Dimension. Die Menschheit als Ganzes hat die vierte Dimension erreicht. An diesem Punkt beginnt sich das elfte Blütenblatt des Herzchakras, das erste rosafarbene Blütenblatt, zu öffnen. Dies geschieht, wenn die Menschen bereit sind, Tiere zu lieben, zu schätzen, zu ehren, zu respektieren und zu verstehen.

Dies beginnt jetzt. Und wenn sich das elfte Blütenblatt des kollektiven Herzens der Menschheit für Tiere öffnet, kommt es zu einer gewaltigen Veränderung im Bewusstsein der Welt. Der Angstpegel auf der Erde wird sinken und mit Liebe, Hoffnung und neuer Erleuchtung aufgefüllt werden.

Schon jetzt werden mehr Tiersendungen im Fernsehen ausgestrahlt. Die sozialen Medien sind voll mit Geschichten über Tiere, und Menschen interessieren sich wirklich dafür. Die Dinge ändern sich definitiv.

Die Blütenblätter in den Chakras von Tieren sind einfacher, denn Tiere sind nicht in der gleichen Weise fähig, an Emotionen festzuhalten oder zu rationalisieren, wie wir es tun. Für sie ist es von Natur aus leichter, ihr fünfdimensionales Herz zu öffnen. Weil wir komplexere Gefühle haben, sind einige hohere Blütenblätter unseres Herzchakras bereits offen und aktiv, während in einigen der unteren Kammern Lektionen warten, die wir erst noch lernen müssen. Sie mögen liebevoll, freigiebig und fürsorglich sein, aber immer noch Eifersucht im Herzen hegen. Und wenn Sie gebissen wurden oder in einem früheren Leben oder früh in diesem Leben eine andere unangenehme Erfahrung mit einem Tier gemacht haben, haben Sie vielleicht Angst vor ihm, sind wütend auf es oder geben ihm die Schuld an allem. Das sorgt dann dafür, dass das elfte Blütenblatt geschlossen bleibt und Sie vielleicht sogar eine Allergie gegen alle oder einige Tiere entwickeln. Vergebung sowie eine Befreiung und Öffnung dieses Blütenblatts lösen die geistige Ursache dieses Unwohlseins auf.

Wenn Sie dafür sorgen, dass ein Tier vor seiner Zeit stirbt, bringt dies eine Karmaschuld mit sich, auch wenn Ihre Absichten die allerbesten sein mögen, *es sei denn*, Sie vertrauen die Seele des Tieres den Engeln an. Die Karmaschuld besteht in einem geschlossenen Herzchakra. Wenn Sie also Ihr geliebtes Haustier einschläfern lassen, sollten Sie immer die Engel bitten, es ins Zwischenreich zu begleiten. Das Immunsystem ist eine Funktion des Herzchakras. Auf einer spirituellen Ebene werden alle Allergien von einem teilweisen Verschluss des Herzzentrums verursacht. Das kann auch in einem früheren Leben passiert sein, aber die Nachwirkungen bleiben spürbar, bis Sie Ihr Herz öffnen.

Eine Freundin lebte mit ihrem großen dicken Kater in meinem Haus. Ich mochte den Kater nicht und war außer mir, als er auf Diät gesetzt wurde und es eine Gefahr war, mit ihm zusammenzuleben. Er rannte hinter mir her, legte die Pfoten um meine Beine und versuchte mich zu beißen, wenn er etwas zu fressen haben wollte. Ich entwickelte sofort eine Allergie gegen ihn. Meine Augen begannen zu tränen und zu jucken, wenn er in meiner Nähe war. Ich wusste also, dass ich etwas in mir ändern musste. Ich setzte mich ganz ruhig hin, öffnete mein Herz für ihn und schickte ihm Liebe. Das machte ich eine Woche lang jeden Tag. Ich strengte mich auch an, ihn zu begrüßen und zu streicheln. Zu meiner Verwunderung verschwand meine Allergie gegen ihn, die Gott sei Dank nicht allzu schwer gewesen war, innerhalb weniger Tage.

Vielleicht halten Sie auf einer tiefen Zellebene einige aufwühlende Erinnerungen fest, derer Sie sich überhaupt nicht bewusst sind.

Es kann sich um Erinnerungen an ein Insekt, eine Schlange, eine Katze, einen Vogel oder sogar den Ast eines Baumes handeln, der auf Sie oder einen Ihrer Lieben gefallen ist. Ich biete Ihnen eine Visualisierungsübung an, die Ihr Herz für Tiere öffnen soll. Bleiben Sie dabei generell offen und erlauben Sie allem, was während Ihrer inneren Reise an die Oberfläche kommen will, in Ihrem denkenden Geist aufzutauchen.

Visualisierungsübung
Das Herz für Tiere oder die Natur öffnen

1. Suchen Sie sich einen ruhigen Ort, an dem Sie ganz ungestört sind.
2. Stellen Sie sich vor, dass Sie im weichen goldenen Sonnenschein auf einem Hügel sitzen. Die Vögel singen, und alles ist ganz friedlich. Atmen Sie das Rosa-Gold der Harmlosigkeit aus Ihrem Herzen in Ihre Aura.
3. Sie werden sich einer riesigen Höhle im Innern des Hügels bewusst. Ihr von Sonnenlicht erfüllter Eingang heißt Sie willkommen.
4. Sie gehen in aller Ruhe auf die Höhle zu, und als Sie eintreten, sehen Sie vor sich ausgebreitet eine Spirale mit 33 Kammern.
5. Sie machen sich auf den Weg durch die Spirale und fühlen sich dabei entspannt und sicher. Sie werden von einer der Kammern angezogen. In ihr ist etwas, das Sie heilen müssen.
6. Sie öffnen die Tür und nehmen etwas wahr, das in diesem oder einem anderen Leben geschehen ist und Sie jetzt daran hindert, Ihr Herz ganz für Tiere zu öffnen.
7. Das ist Vergangenheit. Jetzt ist es höchste Zeit, dass Sie sich selbst vergeben oder dem Tier oder beiden.
8. Atmen Sie das rosafarben goldene Licht in die Kammer, bis es das Bild und die entsprechenden Gefühle aufgelöst hat.

9. Danken Sie dem Tier und hinterlassen Sie eine pinkfarbene Rose in der Kammer.
10. Gehen Sie durch die Spirale wieder zurück in dem Wissen, dass Sie jetzt frei sind.

Kapitel 2

Engel, die mit Tieren arbeiten

Hier stelle ich einige der Engel vor, die mit dem Tier- und Naturreich arbeiten.

Die Schutzengel der Tiere

Jedes Tier hat zwei Schutzengel, die sich um es kümmern und es führen. Diese Engel bleiben im Hintergrund und beobachten das Verhalten des Tieres und welche Wahl es jeweils trifft. Solange das Tier in Sicherheit ist, mischen sie sich nicht ein. Wenn es jedoch unglücklich oder in Gefahr ist, werden seine Schutzengel alles tun, was sie können, um ihm beizustehen. Sie werden versuchen, die Situation zu verändern. Wenn dies nicht möglich ist, werden sie dem Tier etwas zuflüstern und versuchen, seine Einstellung zu verändern. Gleichzeitig nehmen sie in dem Bemühen, etwas zu ändern, Verbindung mit dem Schutzengel des Täters auf. Leider hören die meisten Menschen noch nicht zu, aber das ändert sich schnell.

Wenn ein Haus- oder Nutztier misshandelt wird, flüstern die Engel der Person, die sich um dieses Tier kümmert, ein, sich anders zu verhalten. Wenn es ein wildes Tier ist, werden die Engel versuchen, den Übeltäter so zu beeinflussen, dass er sein Verhalten, seine Einstellung oder seine Handlungsweise ändert. Wenn sie damit nicht erfolgreich sind und irgendeine Kreatur verletzt oder getötet wird, halten die Engel die Geschehnisse in der Akasha-Chronik fest, den Akten, in denen jeder Gedanke, jedes Wort und jede Tat jedes einzelnen Individuums bewahrt wird. Der Übeltäter wird nun in mehreren Lebenszeiten seine Karmaschuld abtragen müssen. Heilende Engel besänftigen dann die Seele des unglücklichen Tieres.

Erzengel Fhelyai, der Engel der Tiere

Endlich hat sich die Erde das Recht erworben, Erzengel Fhelyai, den Engel der Tiere, aus einem anderen Universum zurückkehren zu lassen, um den Tieren zu helfen. Seine Präsenz wurde deutlich spürbar nach der Harmonischen Konvergenz im Jahr 1987, als die Menschheit so viele Gebete ausschickte, dass die im Maya-Kalender vorhergesagte 25 Jahre dauernde Phase der Reinigung begann. Viele neue Lichtwesen kamen zu der Zeit in Reaktion auf die ausströmende Energie von Menschen auf der ganzen Welt, und Erzengel Fhelyai war eines von ihnen.

Erzengel Fhelyai ist das schöne sonnengelbe himmlische Wesen, das die Oberaufsicht über das Tierreich hat. Wenn er sehr auf ein Projekt fokussiert ist, bei dem es darum geht, seine Schützlinge zu heilen oder ihnen zu helfen, wird er reinweiß. Er ist erst vor Kurzem aus einem anderen in unser Universum gekommen, weil wir unsere Schwingungsfrequenz endlich genügend angehoben haben, um seine Hilfe empfangen zu können.

Erzengel Fhelyai wird immer einen seiner gelben Engel senden, um einem Tier zu helfen, wenn Sie ihn darum bitten. Er wird auch einen seiner Engel schicken, um einem Menschen, der irgendeine Kreatur misshandelt, etwas zuzuflüstern.

Wenn genügend Menschen Erzengel Fhelyai bitten, dem Tierreich zu helfen, oder eine Kerze anzünden und

sie dem Wohl von Tieren widmen, wird sich die Situation auf der Erde im Nu verändern.

Erzengel Fhelyais Zufluchtsort

Alle Erzengel haben einen Ort im Äther über dem Planeten, der genau zu ihrer jeweiligen Energie passt. Hier fühlen sie sich wohl, und hierhin ziehen sie sich zurück. Und sie können die Energie dieses Ortes als Transformator nutzen, um ihre Energie herunterzuregulieren, wenn sie aus einer höheren Dimension kommen. Viele Erzengel haben Tempel, Schulen oder Kammern auf den inneren Ebenen, wo sie lehren oder heilen.

Erzengel Fhelyais Zufluchtsort befindet sich auf Holy Island, Schottland. Sie können ihn bitten, ihn in der Meditation oder im Schlaf dort besuchen zu dürfen, um Information und Heilung oder eine Initiation in das Tierreich zu bekommen.

Andere Engel, die Tieren helfen

Wie ihre Schutzengel und Erzengel Fhelyais Engel arbeiten auch andere spezifische Engel und Erzengel mit diversen Vögeln und anderen Tieren. Beispielsweise wirken die Engel des Friedens durch Tauben und Enten. Die Erzengel Michael und Raphael haben Einfluss auf Tiger. Erzengel Gabriel steht in enger Verbindung mit Kaninchen. Die unbeschreibliche Universalengelin Maria steht immer mit Pandas in Verbindung. Viele dieser Erzengel sind in Wirklichkeit Universalengel. Das heißt, dass sich ihr Einfluss auf mehrere Universen erstreckt.

Außerdem gibt es noch viele andere Engel und Erzengel, die sich um Tiere kümmern und ihnen helfen. Ich werde sie in diesem Buch vorstellen, wenn ich über verschiedene Tierarten informiere.

Erzengel Purlimiek, der Engel der Natur

Erzengel Purlimiek ist der Engel der Natur und zuständig für das gesamte Naturreich, ein gewaltiges Unterfangen. Er kommt als blaugrüner Blitz zu Hilfe, wann immer die Natur bedroht ist. Dann versucht er, mit dem Menschen in Kontakt zu kommen, der das Problem verursacht hat. Wenn er ihm ins Ohr flüstert, sieht derjenige seine Handlungsweise plötzlich in einem ganz neuen Licht.

Jemand hat uns einmal ein herrliches Foto von einem Orb des Erzengels Purlimiek geschickt, der mit großer Geschwindigkeit herangezoomt kam, um zu verhindern, dass ein Baum gefällt wurde. Offenbar war er noch rechtzeitig gekommen, um dem Mann, der ihn fällen wollte, etwas ins Ohr zu flüstern. Der hörte es und hielt inne. Er hatte seine Meinung plötzlich und unerwartet geändert!

Erzengel Purlimieks Zufluchtsort ist Groß-Simbabwe in Simbabwe. Von hier aus koordiniert er den Plan für das Reich der Natur auf der Erde.

Erzengel Bhokpi, der Engel der Vögel

Erzengel Bhokpi ist für das Reich der Vögel zuständig. Er kommt aus den Reihen der Serafim und hat keinen bestimmten Zufluchtsort auf beziehungsweise über der Erde. Seine Farbe ist fast transparent. Er kann also jede Farbschattierung annehmen, die er möchte.

Erzengel Preminilek, der Engel der Insekten

Erzengel Preminilek ist damit betraut, sich um das Reich der Insekten zu kümmern. Er agiert auf einer gelbgrünen Frequenz, und sein ätherischer Zufluchtsort liegt in den Bergen im Norden von Myanmar.

Viele Insekten gehören der dritten Dimension an, ein paar aber auch der vierten und fünften. Die Aufgabe von Erzengel Preminilek ist es, sich um sie alle zu kümmern, ihre dienende Arbeit zu koordinieren und ihnen beim Aufstieg in die höheren Reiche zu helfen.

Das Portal der Tiere

Im Jahr 2012 berührte ein riesiger Finger der Ursprungsenergie unseren Planeten und löste die Öffnung vieler großer Lichtportale aus. Dieser großartige Zustrom von Licht aus der Quelle aktivierte die sechs großen kosmischen Pyramiden in Mesopotamien, Ägypten, Peru, Griechenland, Guatemala und Tibet, die dann die 33 kosmischen Portale und viele andere erleuchteten. Eines der größten war das fantastische Portal der Tiere in Yellowstone, USA. Yellowstone hat angefangen, die herrlichste sonnengelbe Farbe auszustrahlen, die gleiche Farbe wie Erzengel Fhelyai, um Tieren auf der ganzen Welt zu helfen. Am maßgeblichsten berührt und verändert diese Energie das Bewusstsein der Menschheit in Bezug auf Tiere. Dieses wundersame Portal wird sich bis 2032 ganz öffnen. Bis dahin wird sich die Art, wie wir über Tiere denken und mit ihnen umgehen, vollkommen verändert haben.

Sie können sich in Ihren Meditationen und Gebeten mit dem Yellowstone-Portal verbinden und die Engel bitten, das gelbe Licht dorthin zu lenken, wo es gebraucht wird. Damit leisten Sie ein enormes Stück Dienstleistungsarbeit, die den Tieren helfen und Ihren Aufstieg beschleunigen wird.

Erzengel Fhelyai, unterstützt von dem Licht, das aus dem Yellowstone-Portal strömt, inspiriert Tiere ganz aktiv, sich auf ihren Seelenauftrag einzustimmen und ihn zu erfüllen, sodass sie in die fünfte Dimension eingehen können. Dabei war er außerordentlich erfolgreich, denn gegenwärtig leben 74 Prozent aller Tiere auf dieser hoch entwickelten Schwingungsfrequenz.

Er ermutigt uns Menschen, unser Bewusstsein über das Tierreich zu verändern, und hilft der Menschheit, ihr kollektives Herz für alle unsere Mitgeschöpfe auf diesem Planeten zu öffnen. Diese Anstrengung wird unterstützt von den vielen hochfrequenten Lichtsalven, die derzeit zur Erde gestrahlt werden.

Einer von Erzengel Fhelyais Engeln wird sofort abgeordnet, um einem Tier zu helfen, wenn es in Not ist oder ein Mensch darum bittet.

Weil Menschen als Brücke zwischen Engeln und der physischen Welt fungieren, sind wir in einer sehr mächtigen Position, wenn es darum geht, allen fühlenden Wesen zu helfen, indem wir um die Hilfe der Engel bitten.

Viele Tiere sind verzagt wegen der Art, wie Menschen sie behandelt und verurteilt haben. Sie können ihren Seelenauftrag nicht erfüllen, wenn sie ihren Lebenswillen verloren haben. Sie brauchen Ermutigung, Liebe und die Freiheit, sie selbst zu sein. Die Engel versuchen sie aufzuheitern und ihnen Mut zu machen.

Wenn ein Tier krank ist, können ihm Erzengel Fhelyais Engel Heilung, Trost und Unterstützung anbieten, obwohl sie sich, genau wie bei Menschen, im Hintergrund halten müssen, wenn es die Seele der Kreatur so möchte, denn auch Tiere müssen wie wir Prüfungen bestehen und Herausforderungen meistern.

Gebete für Tiere

Wenn Sie Gebete oder Fürbitten für Tiere aussenden, nimmt Erzengel Fhelyai sie an und setzt ihre Energie zum höchsten Wohle aller ein. Kein Gebet ist jemals umsonst, und die meisten Menschen haben keine Ahnung, wie viel Gutes sie tun, wenn sie eine Fürbitte aussenden, wie kurz sie auch immer sein mag. Gebete sind sehr mächtig.

Eine Freundin von mir machte sich große Sorgen um den Hund einer ihrer Nachbarinnen, der eindeutig unglücklich war. Der arme Kerl war jeden Tag sehr lange allein, was für ein soziales Tier der reine Horror ist. Die Nachbarin reagierte nicht auf ihre Hinweise, also beschloss sie, mit Erzengel Fhelyai zu sprechen. Sie zündete eine Kerze an, schilderte ihm das Problem und bat ihn, eine Lösung zu finden. Das machte sie eine Woche lang jeden Tag zum Wohl des Hundes. Als die Zeit abgelaufen war, wurde die Besitzerin des Hundes plötzlich arbeitslos. Sie war zu Hause, konnte bei ihrem Hund sein und lange Spaziergänge mit ihm machen. Das war zwar nicht ganz der Ausgang, den meine Freundin sich vorgestellt hatte, aber wir müssen loslassen und die Engel das tun lassen, was zum besten Wohle aller ist!

Geburt und Tod von Tieren

Erzengel Fhelyai oder einer seiner Engel ist immer anwesend, wenn ein Tier, wie klein und unbedeutend es auch sein mag, geboren wird oder stirbt. Diese Momente des Übergangs sind für ein Tier genauso wichtig wie für einen Menschen. Die Geburt ist die erste große Initiation für jedes Geschöpf, das sich auf das Abenteuer Erde einlässt. Natürlich ist Erzengel Fhelyai oder einer seiner Engel auch bei jedem Tier, das stirbt, denn das ist die zweite wichtige Initiation, die jedes Tier und jeder Mensch durchmachen muss.

Jede Seele oder Gruppenseele ist wichtig und bekommt vor ihrer Inkarnation eine persönliche Einladung von Lady Gaia, dem Thron- oder neundimensionalen Engel, der für die Erde zuständig ist.

Genau wie Menschen schauen sich auch Engel gern Neugeborene an, weil sie noch das reine unschuldige Licht des Ursprungs in sich tragen. Wenn jemand zu Ihnen zu Besuch kommt, um sich

Ihr kleines Kätzchen, Ihren Hundewelpen, Ihr Fohlen oder irgendein anderes Baby anzuschauen, bringt derjenige viele Engel mit, die dem Tier ihren Segen geben. Erzengel Fhelyai schickt vielleicht einen Engel, der vor dem Tod eines Tieres ein paar Tage bei ihm bleibt und ihm hilft, sich an den Übergang anzupassen und die letzten Lektionen zu lernen, die es noch begreifen muss. Wenn es ein geliebtes Haustier ist, wird dies auch der Familie helfen, es loszulassen.

Auch Erzengel Azriels Engel sind bei der Geburt und beim Tod aller Tiere anwesend. Außerdem sind auch ihre Schutzengel bei ihnen, die das Licht für sie halten und ihnen Mut machen. Wenn ein Tier ganz plötzlich stirbt, steht es vielleicht unter Schock, und Ihre Gebete sind sehr wichtig, weil sie ihm helfen, das Licht zu finden. Wenn der Tod vorzeitig eintritt, geben die Engel den betroffenen Tieren die Heilung und Fürsorge, die sie brauchen. Dann helfen sie ihnen, sich auf der Erde neue Bedingungen zu suchen, damit sie wiederkommen und die Lektionen lernen können, deretwegen sie sich ursprünglich hier verkörpert haben.

Fünfdimensionale Tiere können nicht sterben, es sei denn, sie verlassen uns freiwillig. Ihr Tod mag aussehen wie ein schrecklicher Unfall oder ein verheerender Akt, aber er ist immer von den Engeln inszeniert, und zwar in Zusammenarbeit mit dem höheren Selbst der Tiere, weil sie eine Lektion lernen sollen. Beispielsweise gerät ein Delfin nicht zufällig in ein Fischernetz, und eine Schildkröte frisst nicht zufällig Plastiktüten. Diese hoch entwickelten Kreaturen zeigen uns, dass wir unsere Meere sauber halten müssen. Vögel sterben nur im Dienst an den Menschen. Ein Tiger kann nicht in eine Falle geraten, solange es seine Seele nicht erlaubt.

Wenn jemand ein Tier tötet, lädt er eine schreckliche Karmaschuld auf sich. Wenn Tiere rücksichtslos und ohne Gebet geschlachtet werden, geht etwas von der Angst des Tieres auf die Menschen über, die sein Fleisch essen. Jede einzelne Person, die in irgendeiner Weise, wie unwesentlich auch immer, an der Produktion von Fleisch beteiligt ist, trägt einen Teil der Karmaschuld. Ich glaube, dass Menschen dies auf irgendeiner Ebene wissen.

Als sie etwa sieben Jahre alt war, war eine meiner Enkelinnen, die Vegetarierin ist, mit einem gleichaltrigen Kind befreundet, das gegenüber wohnte. Eines Tages hatten sie auf dem Weg zur Schule eine Meinungsverschiedenheit. Die kleine Freundin bestand darauf, dass Lamm, Schwein und Rind kein Fleisch seien. Ich habe keine Ahnung, wofür sie diese Fleischsorten hielt, aber sie sagte, ihre Mutter, eine Allgemeinmedizinerin, habe ihr gesagt, dieses Fleisch stamme nicht von Tieren. Das Mädchen erklärte, es würde niemals ein Tier essen. Sie wird eines Tages einen Schock erleiden, wenn sie erfährt, dass das, was meine Enkelin ihr gesagt hat, die Wahrheit ist. Ich vermute, dass ihre Mutter die Karmaschuld dafür tragen muss.

Visualisierungsübung
Tieren helfen

1. Suchen Sie sich einen ruhigen Ort, an dem Sie ganz ungestört sind.
2. Rufen Sie die Weisheit und den Schutz des goldenen Christusstrahls an und sehen Sie, wie Sie im goldenen Licht gebadet werden.
3. Stellen Sie sich vor, dass goldene Wurzeln aus Ihren Fußsohlen in die Erde wachsen.
4. Stellen Sie sich vor, dass Sie auf einem Hügel sitzen und den Blick über die weiten Ebenen schweifen lassen. Der Himmel ist von einem strahlenden Azurblau, und die Sonne strahlt ein weißgoldenes Licht aus. Alles ist ganz friedlich.
5. Plötzlich fühlen Sie sich von Hunderten von Erzengel Fhelyais sonnengelben Engeln umgeben. Sie erleuchten die Welt wie strahlende Sonnen.

6. Alle Engel stehen Ihnen zu Diensten. Gebieten Sie ihnen, den Tieren der Welt zu helfen. Sie können eine Tierart oder bestimmte Tiere dafür auswählen.
7. Sehen Sie, wie sich Regenbogenbrücken aus Licht von Ihrem Herzen zu den Tieren spannen, denen Sie helfen möchten.
8. Nehmen Sie strahlend gelbe Blitze wahr, während die Engel über die Regenbogenbrücke zu den Tieren schweben und sie in liebevolles, heilendes, schützendes gelbes Licht einhüllen.
9. Erzengel Fhelyai selbst bringt Ihnen jetzt ein Tier. Es mag eines sein, das Sie kennen, oder eines, das Sie noch nie zuvor gesehen haben. Es mag ein Haustier sein oder ein wildes Tier. Solange es in seiner Aura gehalten wird, ist es ganz ruhig und liebevoll.
10. Nehmen Sie sich Zeit, das Tier zu streicheln und mit ihm zu kommunizieren. Es hat vielleicht eine Botschaft für Sie.
11. Bieten Sie ihm telepathisch Worte der Hoffnung und der Weisheit an.
12. Danken Sie dann Erzengel Fhelyai und seinen Engeln und schauen Sie zu, wie sie sich wieder zurückziehen.
13. Öffnen Sie sanft die Augen und seien Sie gewiss, dass Sie den Tieren jederzeit helfen können.

Kapitel 3

Die Färbung von Tieren

Die Färbung, die ein Tier an den Tag legt, ist eine Seelenentscheidung. Muster oder die Farben von Fell und Federn sind nie ein Produkt des Zufalls. Die Farben geben Informationen, ziehen Herausforderungen an, lenken die Aufmerksamkeit auf verschiedene Eigenschaften, warnen, lehren oder dienen auf viele andere Weisen. Beispielsweise lehren uns schwarz-weiße Tiere wie Zebras und Pandabären generell, aber nicht unbedingt immer etwas über Ausgeglichenheit oder leiten uns an, nicht von einem Extrem ins andere zu verfallen. Und ja, Flecken und Streifen bieten eine gewisse Tarnung, erfüllen aber oft auch einen anderen Zweck.

Ich habe schon mehrmals über meine wunderschöne Hündin Venus geschrieben. Sie ist weiß mit einem braunen Ohr und einer braunen Zeichnung über dem rechten Auge, die wie ein ägyptisches Auge (Udjat-Auge) aussieht. Eines Tages lagen wir im Bett, und sie erzählte mir, sie sei in einer Inkarnation in Ägypten mein Hund gewesen, ein Königinnenhund. Sie sagte auch, sie habe auf dieser Augenzeichnung bestanden, damit ich erkennen würde, wer sie wirklich war! In der Tat, wie hätte ich daran zweifeln können? Sie liebt es, wenn eine Freundin von mir sie hochnimmt und in ihren Fahrradkorb setzt. Dort sitzt sie aufrecht wie eine Königin, und ihre Ohren wehen im Wind, als würde sie in einer Sänfte getragen.

Mit Menschen ist es das Gleiche. Gelegentlich lesen wir, dass eine schwarze und eine weiße Person Zwillinge bekommen können, einer schwarz und einer weiß. Es muss nicht eigens erwähnt werden, dass dies nicht zufällig geschieht. Auf einer Seelenebene entscheiden sie sich, verschiedene Lebenserfahrungen anzuziehen. Und Welpen, die in vielen Farb- und Mustervarianten im selben Wurf geboren werden, treffen ihre eigene Wahl, wenn es darum geht, ihre Seelenenergie zum Ausdruck zu bringen.

Reinweiße Tiere

Reinweiße Tiere tragen das Christuslicht in sich.

Das Christuslicht wird in der neundimensionalen Ebene von Sirius gehalten. Dort ist es von einem reinen strahlenden Weiß, das von der Liebe aus der Quelle überstrahlt wird. Die majestätischen und Ehrfurcht gebietenden Einhörner können es dorthin tragen, wo es gebraucht wird. Während die Frequenz erniedrigt wird, verschmilzt goldene Engelenergie mit ihr, sodass sie zum goldenen Christusstrahl wird.

Es gibt drei Arten von weißen Tieren, und sie alle stehen in Verbindung mit Erzengel Gabriel, dem reinweißen Erzengel, und den Einhörnern. Alle tragen verschiedene Ebenen des Christuslichts.

Albinotiere

Diese Tiere werden mit einem Mangel an Farbe und Augenpigmentierung geboren. Sie sind für Raubtiere besonders gut sichtbar und werden daher leichter gefangen. Oft haben sie gesundheitliche Probleme und schlechte Augen. Hinzu kommt, dass ihre eigenen Artgenossen sie oft für abnormal halten und daher töten.

Auf einer Seelenebene tragen sie etwas vom Christuslicht in sich. Andere Tiere sehen oder spüren dieses Licht und können nicht damit umgehen. Also versuchen sie es auszulöschen. Albinotiere müssen lernen, sich aus der Masse abzuheben. Ihr Leben ist oft ein einziges Opfer. Das bedeutet, dass ihre irdische Erfahrung eine Initiation beinhaltet – eine Prüfung, mit der ihre Seele einverstanden war. Diese Tiere gehen durch die vierte Initiation, die als Kreuzigung bekannt ist und als eine der größten Herausforderungen überhaupt. Sinn und Zweck dieser Initiation ist, sie spirituell stark zu machen, um ihre Schwingungsfrequenz für den Übergang in das nächste Stadium ihrer Seelenreise zu erhöhen. Sie bereiten sich darauf vor, das leuchtend weiße Christuslicht hierherzubringen.

Tiere, die an das Leben in schneebedeckten Regionen angepasst sind

Wo immer Schnee liegt, ist die Energie des Landes hoch und rein, und Erzengel Gabriel ist präsent. Tiere wie Eisbären, Polarfüchse, Schneeleoparden, Polarwölfe, sibirische Tiger und arktische Seehunde sind mit ihrem weißen Fell perfekt an das Leben in der Arktis angepasst. Manche Tiere wie Hasen und Hermeline können ihre Fellfarbe sehr schnell ändern, wenn Schneefälle einsetzen.

Sie stehen alle unter der Aufsicht und dem Schutz des diamanthellen Lichts von Erzengel Gabriel. Alle diese Tiere tragen das Christuslicht in sich und verbreiten es, wo immer sie hingehen, damit das Licht überall heller scheint.

Andere reinweiße Tiere

Reinweiße Tiere werden auf der ganzen Welt geboren und sind scheinbar ganz normal, abgesehen von ihrem weißen Fell und ihren blauen Augen.

Reinweiße Tiere sind ein Phänomen unserer sich entfaltenden Zeiten. Sie alle bringen das Christuslicht ein und lassen es durch ihre Energiefelder herauslodern.

Oft sind sie in ihrer ganzen Reinheit, göttlichen Essenz und Harmlosigkeit zum ersten Mal auf der Erde verkörpert. In der Regel werden diese Tiere nicht getötet. Der erste Grund dafür ist, dass das Bewusstsein des Tierreichs eine Erhöhung erfahren hat, sodass sie das Licht annehmen können, das von diesen wunderschönen Kreaturen ausgeht. Zweitens heben diese reinweißen Tiere automatisch das Bewusstsein aller in ihrer Umgebung, sodass sich die Energie ihrer Jäger in liebende Energie verwandelt. Drittens strahlen sie Harmlosigkeit und Frieden aus, was ihnen Sicherheit gibt.

Sich entwickelnde weiße Tiere

Weiße Pferde (Schimmel)

Ganz allgemein wird das Fell eines sich entwickelnden Tieres immer weißer. Je weiter diese Tiere in die höheren Ebenen der fünften Dimension vordringen, desto weißer wird ihr Fell. Wenn Sie ein prächtiges schneeweißes Pferd sehen, wissen Sie, dass es für den Aufstieg bereit ist.

Aleja Fischer, ehemalige Oberlehrerin bei der Diana Cooper Foundation, war bei ihrem weißen Pferd, als es starb. Sie sah, wie sein Geist aufstieg und sich in ein reinweißes Einhorn verwandelte. Was für eine erstaunliche Erfahrung.

Weiße Löwen

Als ich meinen spirituellen Roman *The Web of Light* schrieb, der in Afrika spielt, hatte ich das Glück, echte weiße Löwen zu sehen, und das sind in der Tat edle und anmutige Tiere. Sie strahlen eine unbeschreibliche Qualität aus, und wenn Sie ihnen in die Augen schauen, findet ein Download des Christuslichts statt. Sie sind Vorboten für die Rückkehr der kosmischen Christusenergie auf die Erde.

Schwäne
Diese majestätischen Vögel demonstrieren Anmut und Harmonie. Sie verbringen einen Großteil ihrer Zeit auf dem Wasser gleitend – dem Element, das die universelle Liebe in sich trägt und es Kreaturen, die in ihm und auf ihm leben, ermöglicht, ihre Reinheit zu bewahren. Dies hilft Schwänen, Liebe in sich aufzunehmen und im Gegenzug Christuslicht auszugießen.

Schwarze Tiere

Schwarz repräsentiert das göttlich Weibliche, die tiefsten Ebenen des Mysteriums und der Magie. Hier wird das Neue genährt und sicher bewahrt, während es sich entwickelt. Schwarz ist die Farbe des Geheimnisvollen und Verborgenen. Manche Tiere entscheiden sich, schwarz zu sein, weil die schwarze Farbe sie in der Nacht verbirgt. Sie berufen sich auf die Verschwiegenheit des Schwarzen.

Schwarze Katzen
Im Goldenen Zeitalter von Atlantis waren alle Katzen schwarz. Sie halfen, die Schwingungsfrequenz hoch zu halten, und in den Tempeln halfen sie beim Heilen und bei magischen Handlungen. Sie waren sehr rein und höchst integer. Noch heute sind schwarze Katzen Träger besonderer Energien. Der Aberglaube bringt sie mit Hexen in Verbindung, und manche Menschen fürchten sich vor der Macht, die ihnen zugeschrieben wird.

Braune Tiere

Braun, Sand und Gelbbraun sind Erdtöne. Sie helfen so gefärbten Tieren, sich mit Mutter Erde zu verbinden.

Leuchtend bunte Vögel

Weil Vögel nicht inkarnieren, um etwas von uns zu lernen, können sie ein strahlendes Federkleid in den Farben wählen, welche die Erzengel ausstrahlen. Beispielsweise bringt ein strahlend grüner Papagei Erzengel Raphaels Smaragdlicht zum Vorschein. Ein regenbogenfarbener Papagei reflektiert das Licht vieler verschiedener Erzengel.

Es ist faszinierend, diese verschiedenen Tiere zu sehen, die oft scheinbar gleich wirken, aber in einer enormen Vielfalt von Farben und Mustern daherkommen – alle ausgewählt, um einen bestimmten Zweck zu erfüllen.

Visualisierungsübung
Einstimmung auf die Farben und Muster von Vögeln und anderen Tieren

1. Suchen Sie sich einen ruhigen Ort, an dem Sie ganz ungestört sind.
2. Bitten Sie Erzengel Fhelyai, den Engel der Tiere, Sie ganz in sein gelbes Licht einzuhüllen.
3. Verankern Sie sich mit silbernen Wurzeln in der Erde.
4. Atmen Sie ganz bequem und konzentrieren Sie sich auf Ihr Herzchakra, bis es rosafarben und weiß ist und von innen heraus glüht.
5. Laden Sie ein Säugetier oder einen Vogel ein, zu Ihnen zu kommen, und warten Sie ab, wer kommt.
6. Hüllen Sie dieses Tier in Ihre wunderbar weiche rosafarben-weiße Herzenergie ein.
7. Spüren Sie, wie sich zuerst Ihre Herzen verbinden und dann Ihre Seelen.
8. Stimmen Sie sich jetzt sanft darauf ein, warum das Tier dieses Muster gewählt hat. Was will es damit zum Ausdruck bringen? Möchte es uns etwas lehren? Was ist seine Botschaft?

9. Danken Sie ihm, dass es zu Ihnen gekommen ist, und segnen Sie es, wenn es wieder geht.
10. Öffnen Sie die Augen und denken Sie über alles nach, was Sie gelernt haben.

Teil 2

Das Reich der Landsäugetiere

Kapitel 1

Erdferkel

Botschaft aus dem Reich der Erdferkel

Wir bitten euch, diejenigen, die unseren Planeten verschmutzt haben, nicht zu verurteilen oder zu verdammen. Indem ihr das tut, tragt ihr selbst zur ätherischen Verschmutzung bei. Vielmehr bitten wir euch, die Umweltsünder mit Liebe und Hoffnung zu segnen und mit der Vision von einer sauberen Welt, rein und friedlich. So könnt ihr uns, Lady Gaia und unserer wunderschönen Erde am besten helfen.

Das Erdferkel (Orycteropus afer) kommt ursprünglich vom Sirius. Es ist ein nachtaktives Tier, das in ganz Afrika vorkommt und auf seine ruhige Art und Weise seinen ganz eigenen Dienst an der Menschheit leistet, indem es altes Wissen aus dem frühen Atlantis in seinem Energiefeld trägt. Es ist eines der wenigen Geschöpfe, die eine Erinnerung an das dritte Experiment von Atlantis für uns bewahren.

Zu dieser Zeit füllte der Kontinent von Atlantis den ganzen Atlantischen Ozean und grenzte an Afrika. Zwei Dinge geschahen. Erstens entwickelten sich riesige Tiere. Gewaltige Katzen, Pferde, Mammuts und Vögel entstanden. Schließlich breiteten sie sich auf der ganzen Welt aus. Zweitens entstanden Dissonanz und Disharmonie zwischen den Menschen, und das, obwohl den Bewohnern dieses dritten Experiments ein Füllhorn der Freude und des Vergnügens zur Verfügung stand. Die Kinder des Gesetzes des Einen wollten ein reines, gottergebenes Leben führen, während sich die Söhne von Baliol ihren niederen Leidenschaften und sinnlichen Vergnügungen hingeben wollten. Die seismische Energie, die so geschaffen wurde, ließ negative äußere Einflüsse herein.

Dies ermöglichte es einem Wesen aus einem anderen Universum, sich mit diesen übergroßen Tieren zu verbinden und sie nach seinem Willen zu lenken. Unter diesem unguten Einfluss wurden sie bösartig und gefährlich. Für Menschen war es unter diesen Bedingungen schwierig zu überleben, geschweige denn in Frieden zu leben. Zwar probierten sie viele friedliche Methoden des Umgangs mit diesen Tieren aus, doch keine davon funktionierte.

Schließlich wurde die berühmte Fünf-Nationen-Konferenz einberufen, um die Situation zu diskutieren. Delegierte teleportierten aus der ganzen Welt nach Atlantis. Sie waren verzweifelt, weil das Leben auf der Erdoberfläche fast unmöglich geworden war. Einerseits hatten sie große Bedenken, andererseits fühlten sie sich hilflos angesichts dieser schlimmen Situation, in der sich die Erde seitdem befand. Also kamen sie überein, unterirdische Atombomben zu zünden in der Hoffnung, diese Tiere damit zu töten.

Dies verursachte schwere Erdbeben, durch die in den folgenden zweitausend Jahren die Tiere und alle Menschen auf der Erde starben. Die Umweltverschmutzung, die durch die nuklearen Explosionen verursacht wurde, trägt noch immer zur Kontaminierung der Erde bei, und es gibt viele in einem physischen Körper und andere im Geist, die an ihrer Beseitigung arbeiten.

Erdferkel bewahren also die Erinnerungen an die Folgen nuklearer Explosionen. Gleichzeitig hat ihr Dienst auch etwas mit der Reinigung und Beseitigung der Umweltverschmutzung durch die ursprüngliche atomare Detonation zu tun, welche die Erde so beschädigt hat. Sie erinnern uns daran, dass alles, was dem Körper von Lady Gaia angetan wird, erhebliche Folgen hat. Bergbau oder das Graben in der Erde, Fracking eingeschlossen, führt unweigerlich zu Erdbeben, wenn auch manchmal erst viele Jahre später.

In vieler Hinsicht ist das Erdferkel ein Mysterium. Es hat Ohren wie ein Kaninchen, einen Schwanz, der an den eines Kängurus erinnert, und ein Gesicht wie ein Schwein. Weil es unter der Erde in weiträumigen Höhlen lebt, in denen es ziemlich kühl ist, hat es einen fast haarlosen Körper, einen kurzen Hals und kurze Beine. Dies ermöglicht es ihm, sich durch die Erde zu bewegen, bequeme Höhlen zu bewohnen und seine Energie zu verbreiten. Erzengel Sandalphon verbindet sich mit ihm und hilft diesem Geschöpf, sich in der Hohlerde zu verwurzeln, um spirituelle Nahrung und Unterstützung zu erhalten.

Weil es ein nachtaktives Tier mit schlechten Augen ist, sind sein Geruchs- und Gehörsinn hoch entwickelt. Mit anderen Worten: Sein Drittes Auge, das außersinnliche Chakra in der Mitte der Stirn, hat diese Sinne entwickelt.

Man ist, was man isst, und das Erdferkel lebt fast ausschließlich von fünfdimensionalen Ameisen und vierdimensionalen Termiten vom Sirius. Erdferkel selbst sind zwar dreidimensional, aber die Energiekörper der Ameisen helfen ihnen, mit sämtlichen Verunreinigungen, die sie absorbieren, umzugehen, indem sie reinigen und umwandeln.

Ihre Arbeit ist wichtiger, als uns vielleicht klar ist, denn es ist unumgänglich, die Verschmutzungen, die jene atlantischen Nuklearexplosionen hinterlassen haben, auszuräumen, bevor das neue Goldene Zeitalter wirklich zum Tragen kommen kann. Die Erdferkel werden bei der Erfüllung ihrer Aufgabe, nämlich der Säuberung von alten Verschmutzungen, von Esaks unterstützt, winzigen Elementargeistern, die vor 2012 aus einem anderen Universum hierhergekommen sind.

Erzengel Purlimiek, der Engel der Natur, und Erzengel Butyalil, der für den Platz der Erde im Universum verantwortlich ist, schickten einen Weckruf aus, der im ganzen Universum widerhallte. Sie suchten nach freiwilligen Helfern, um die Verschmutzung auf dem Planeten zu beseitigen. Diese winzigen geflügelten

Kreaturen, noch nicht einmal so groß wie eine Fee, reagierten darauf. Im Austausch für die Erfahrungen auf der Erde und die Möglichkeit, alles Gelernte später mit zurück auf ihren Heimatplaneten nehmen zu dürfen, waren sie einverstanden hierherzukommen, um die negative ätherische Energie zu vernichten. Sie versammeln sich an Orten, wo Drogenkonsum die Atmosphäre verschmutzt oder giftige Abfälle ausgekippt werden oder wo sich niedere Schwingungen sammeln, und unternehmen heldenhafte Anstrengungen, die niederen Frequenzen zu verdauen und sie durch ihre Lichtkörper zu verwandeln. Sie sind wunderbare kleine Lichtarbeiter, die den Erdferkeln seit 2012 bei der Erfüllung ihrer außerordentlichen Dienstleistungsaufgabe helfen.

Was Sie für die Erdferkel tun können

Jedes Mal, wenn Sie den Erdferkeln Segenswünsche und Liebe senden, helfen Sie ihnen, ihre Seelenaufgabe zu erfüllen. Gleichzeitig tragen Sie mit Ihrem Licht zur Reinigung der durch das dritte Experiment von Atlantis verursachten Verschmutzungen bei.

Gebet zu Erzengel Fhelyai

Geliebte Quelle und Erzengel Fhelyai, Engel der Tiere,
ich sende reines Licht und reine Liebe aus meinem Herzen zum Reich der Erdferkel. Und euch bitte ich, diese Energie zu nutzen, um diesen Tieren bei der Erfüllung ihrer Seelenaufgabe zu helfen.
Ich bitte auch darum, dass gleißend weißes Licht aus dem glorreichen Herzen der Quelle bis tief in die Erde fliegt und alle niedrigen Energien auflöst, die durch menschliche Indiskretion verursacht wurden, und dass unser wunderschöner Planet seinen rechtmäßigen Platz als ein Paradies der fünften Dimension bekommt.
So sei es. Es ist vollbracht.

Visualisierungsübung
Verbindung mit Erzengel Fhelyai aufnehmen

1. Suchen Sie sich einen ruhigen Ort, an dem Sie ungestört sind und entspannen können.
2. Senden Sie goldene Wurzeln in die Erde und rufen Sie den Schutz des goldenen Christusstrahls herbei.
3. Sie finden sich in einer großen, kühlen Erdhöhle wieder, wo Sie sich sehr sicher und geborgen fühlen.
4. Sie sind in einer magischen Welt, umgeben von Hunderten von Glühwürmchen. Das sind winzige geflügelte Elementargeister, die Esaks.
5. In ihrem Licht sehen Sie ganz deutlich, wie sich ein freundliches Erdferkel nähert. Es ist hocherfreut, Sie kennenzulernen und zu erfahren, dass Menschen bereit sind, den Erdferkeln bei der Erfüllung ihrer Aufgabe zu helfen.
6. Sie sehen die tiefe Traurigkeit in seinen Augen, wenn es daran denkt, wie die nukleare Umweltverschmutzung nach dem dritten Experiment von Atlantis den Tod allen Lebens auf der Erde verursacht hat.
7. Sie nicken, weil Sie jetzt verstehen, was diese Kreatur so lange in ihrem Energiefeld getragen hat.
8. Sagen Sie dem Erdferkel, dass Sie bereit sind, mit Ihrer Energie dazu beizutragen, dass ihm geholfen wird.
9. Visualisieren Sie dann eine intensiv reinweiß schimmernde Kugel aus Quelllicht, die von oben nach unten durch Ihre Aura rollt und dann durch Ihre Füße in den Erdkern.
10. Jede dieser Kugeln füllt sich mit schwarzen Verunreinigungen und wird von den Engeln zwecks gründlicher Reinigung und Regeneration zum Mond getragen.
11. Lassen Sie so viele dieser Kugeln aus reiner Quellenergie durch sich hindurchrollen, wie Sie heute für richtig halten.

12. Verabschieden Sie sich dann von dem Erdferkel und seien Sie sich dessen bewusst, dass Sie sich gegenseitig geholfen haben.
13. Als Sie zu Ihrem Ausgangspunkt zurückkehren, wissen Sie, dass Sie ein großes Stück anspruchsvolle Dienstleistungsarbeit verrichtet haben.
14. Nehmen Sie eine Kugel aus reinweiß schimmerndem Licht in Ihr Herz auf. Öffnen Sie dann die Augen.

Kapitel 2

Dachse

Botschaft der Dachse

Die ganze Welt kommt ins Gleichgewicht, und wir unterstützen diesen Prozess. Jemand hat euch verletzt? Sendet ihm Liebe und vertraut darauf, dass dies sein Herz erweicht. Dann wird derjenige weder euch noch jemand anderen noch irgendein Tier jemals mehr verletzen. Liebe ist der einzige Weg zur Heilung.

Dachse *(Melinae)* kommen ursprünglich vom Sirius. Sie haben sich auf der Seelenebene entschieden, schwarz und weiß zu sein, weil sie das Gleichgewicht zwischen männlich und weiblich demonstrieren wollten, indem sie die Yin- und Yang-Farben tragen – Weiß für Yin und Schwarz für Yang. So lernen und lehren sie etwas über Gleichgewicht.

Sie lernen und lehren auch etwas über das Leben in einer Familie. Eine Gruppe von sechs bis zehn Dachsen lebt gemeinsam in komplexen unterirdischen Dachsbauten, einem Höhlensystem, das die Tiere selbst anlegen, obwohl manche davon schon jahrhundertealt sind.

Diese Dachsbauten bestehen aus einer Reihe von Kammern. Manche sind Schlafhöhlen, in anderen bringen die Tiere ihre Jungen zur Welt und ziehen sie auf. Sie graben eine Reihe von Tunneln in die Außenwelt, damit sie leichter in ihren Bau kommen oder daraus fliehen können.

Diese hoch entwickelten Geschöpfe sind unglaublich sauber. Sie frischen ihre Schlafhöhlen regelmäßig auf und ziehen altes Gras, Heu oder Gestrüpp nach draußen, um zu verhindern, dass sich Fliegen oder Läuse ansiedeln. Sie bringen ihr Futter niemals in ihre Höhle und legen Gemeinschaftstoiletten weit entfernt von ihren Wohnhöhlen an den Grenzen ihres Territoriums an. Mit ihrer ausgeglichenen männlichen und weiblichen Energie kümmern sie sich sehr gut um ihre Jungen. Die Dächsin umsorgt ihre Jungen liebevoll und säugt sie etwa drei Monate lang, während das Männchen das Revier bewacht.

Dachse entscheiden sich für ein Leben unter der Erdoberfläche, denn ein Teil ihrer göttlichen Mission besteht darin, sich in ihre Energiesysteme zurückzuziehen und die Negativität zu verwandeln, die in der Erde festgehalten wird. Sie arbeiten mit Erzengel Sandalphon zusammen, um die Leylinien, jene Energiepfade, die Orte miteinander verbinden, sauber und im Gleichgewicht zu halten. Und sie senden Licht in das Erdsternchakra des Planeten und einzelner Menschen.

Dachse haben sehr gut entwickelte Herzzentren, und die Universalengelin Maria gießt reine Liebe aus der Quelle durch ihre Herzen in den Planeten. Die Universalengelin Maria versucht auch, sie in Frieden und Harmonie zu halten – trotz allem, was ihnen passiert. Über Jahrhunderte haben sie die niederen Frequenzen in der Erde aufgenommen und umgewandelt und diese spirituelle Aufgabe außerordentlich gut erfüllt. Doch in den letzten paar Hundert Jahren mit niedriger Frequenz haben Menschen diese liebevollen, freigiebigen Kreaturen gefangen und getötet. Wie nicht anders zu erwarten war, hat sie das unter Stress gesetzt. Es ist eigentlich unglaublich, dass diese wunderschönen Kreaturen von den Menschen so schlecht behandelt werden, obwohl sie ihren spirituellen Zweck seit einer Ewigkeit sehr kompetent erfüllen.

Wenn Sie verspottet und geködert würden, wären Sie zweifellos sehr verängstigt. Und noch schlimmer, Sie könnten das Gefühl haben, dass Sie irgendwie schlecht und unwürdig sind. Den sensiblen Dachsen geht es genauso.

Die Verfolgung der Dachse hat sie anfällig für Tuberkulose gemacht. Der metaphysische Verursacher von Tuberkulose ist ein Gefühl der Wertlosigkeit.

Erzengel Uriel versucht ihnen zu helfen, ihr Selbstvertrauen und ihre Bedeutung auf dem Planeten wiederzugewinnen. Wir sind alle ein Teil des Ganzen. Wenn Dachse ihre Schwingungsfrequenz wieder erhöhen und erkennen, wer sie sind, wird die Menschheit das Gleiche tun.

Die beste Art, wie wir den Dachsen helfen können, ist, ihnen Liebe und Wertschätzung zu schicken. Das wird dazu beitragen, ihr Immunsystem zu stärken, und sie wieder gesund machen. Dann wird es ihnen wieder möglich sein, ihre Aufgabe mit Freude zu erledigen. Wenn ihre Aura stark ist, werden sie einen Weg finden, sich gegen Schikanen zu wehren, und dann werden die Menschen sie nicht mehr belästigen.

Ich ging einmal die Straße entlang, als ich einen tätowierten jungen Mann traf, der stehen blieb, um mit Venus zu sprechen. Er erzählte mir, er habe einen Staffie (Staffordshire Bullterrier), den freundlichsten und liebevollsten Hund, den man sich denken konnte. Offenbar hatte er mit seinem alten Hund einen Abendspaziergang um den Block gemacht, als ein Transporter anhielt, drei Männer den Staffie aus dem Wagen warfen und einfach weiterfuhren. Der Hund war schwer verletzt und hatte Krallenspuren eines Dachses überall im Gesicht und auf dem ganzen Körper. Der Mann brachte den traumatisierten Hund zum Tierarzt. Dieser versorgte ihn und sagte, er sei für die Dachshatz benutzt worden. Als der junge Mann sagte, er wolle das Tier behalten und sich um es kümmern, nahm der Tierarzt kein Geld von ihm. Der Fremde sagte, dies sei der beste Hund, den er jemals hatte, und er sei der beste Freund seiner kleinen dreijährigen Tochter. Er holte seine Kamera heraus und zeigte mir Fotos von dem Staffie und seiner Tochter. Das Band der Liebe zwischen ihnen war offensichtlich.

Ich weiß wohl, dass dies eher eine Geschichte über einen Hund ist als über einen Dachs, der sich verteidigt hat. Doch dort, wo Menschen Tiere gegen andere Tiere einsetzen, können diejenigen, die Liebe in ihrem Herzen haben wie dieser junge Mann, anfangen, die Situation zu heilen. Die Engel sorgten dafür, dass er in der Nähe war, als der verletzte Staffie ausgesetzt wurde.

Visualisierungsübung
Hilfe für die Dachse

1. Nehmen Sie sich einen Moment, um ganz bequem zu atmen und sich zu entspannen.
2. Sehen Sie sich in einem Waldgebiet, in dem gerade die Abenddämmerung einsetzt.
3. Sie fühlen sich ziemlich sicher. Erzengel Michael hüllt Sie in seinen strahlend blauen Schutz ein.
4. Sie sehen einen Dachsbau vor sich, und eines dieser schönen schwarz-weißen Geschöpfe streckt seine Nase heraus.
5. Der Dachs merkt, dass Sie vollkommen harmlos sind. Also kommt er heraus und schlendert auf Sie zu.
6. Senden Sie dem Dachs eine telepathische Botschaft, die ihn daran erinnert, dass er besonders und wunderschön ist. Sagen Sie ihm, dass er seine Sache sehr gut macht, wenn es um die Reinigung des Planeten geht, und dass er sehr stolz auf sich sein kann. Danken Sie ihm dafür, dass er Licht und Gleichgewicht verbreitet, wo immer er hingeht.
7. Rufen Sie Erzengel Fhelyai herbei, den Engel der Tiere, und sehen Sie sein gelbes Licht durch die Bäume strahlen. Bauen Sie eine Regenbogenbrücke von Ihrem Herzen zu dem Dachs, und

bitten Sie Erzengel Fhelyai, das gesamte Reich der Dachse zu berühren und allen Dachsen zu helfen.

8. Sehen Sie den Dachs, umgeben von einer riesigen gelben Flamme.
9. Spüren Sie, wie er Ihnen ein dankbares Lächeln schenkt.
10. Kehren Sie zu Ihrem Ausgangspunkt zurück und seien Sie sich bewusst, dass Ihre Energie diesen wunderschönen Geschöpfen geholfen hat.

Kapitel 3

Fledermäuse

Botschaft der Fledermäuse

Wir haben euch viel beizubringen und leben in Frieden mit euch zusammen. Bitte akzeptiert uns und wisst, dass eure Welt ein höher entwickelter und glücklicherer Ort sein wird, wenn ihr die Echolot- und Echoorientierungstechniken weiterentwickelt, die wir nutzen. Dann kommuniziert ihr wie wir, nämlich mit offenem Herz- und Halschakra, und es wird nur die Wahrheit geben.

Fledermäuse oder Fledertiere *(Chiroptera)* kommen ursprünglich aus einem anderen Universum, weswegen sie oft gefürchtet und so wenig verstanden werden. Sie kommen über Sirius, wo sie ihre Kenntnisse über Echolot und Echoorientierung verfeinern, damit sie zu den atmosphärischen Störungen und zur Energie der Erde passen. Ursprünglich setzten sie das Echolot in Lemurien ein, wo sie Energiekörper hatten. Manche der Fledermausarten sind hier, um den Einsatz des Echolots zu lernen und zu demonstrieren. Alle lernen schon sehr früh etwas über Geburt und die Pflege des Lebens. Sie lernen und lehren auch etwas über das Leben und das Übernehmen von Verantwortung in einer Gemeinschaft. Manche gehören der vierten Dimension an, weil sie ihr Herz entwickelt haben und sich sehr gut um ihre Babys kümmern. Andere sind fünfdimensional.

Erzengel Fhelyai, der Engel der Tiere, trägt die Gesamtverantwortung für das Reich der Fledermäuse, aber Erzengelin Dorenka, die aus ihrem Universum stammt, wacht ebenfalls über sie. Die Schwingungsfrequenz dieses weiblichen Erzengels ist weder schneller noch langsamer als die der anderen Erzengel, wie wir sie verstehen. Sie schwingt einfach auf einer anderen Wellenlänge.

Fledermäuse brauchen die Menschen nicht und möchten auch nichts mit uns zu tun haben. Sie haben ein starkes Immunsystem, weil Fliegen eine Menge Energie verbraucht und es ihren physischen Körper stark hält. Ein starkes Immunsystem ist aber auch ein Zeichen für ein offenes Herzzentrum, und das entwickeln sie bei ihrer Suche nach der vollkommenen Fünfdimensionalität.

Wie viele Kreaturen lernen und lehren Fledermäuse etwas über das Familienleben auf der Erde. Fledermäuse haben starke familiäre Bindungen und verhalten sich den Mitgliedern ihrer Gruppe gegenüber sehr fürsorglich und sensibel. Sie sind soziale Geschöpfe und leben in großen Kolonien, wo Männchen und Weibchen tendenziell getrennt bleiben, außer wenn sie sich paaren. Wenn sie Junge bekommen, bilden die Weibchen einen Mutter-Kind-Flügel innerhalb der Gemeinschaft. Ein Weibchen bringt immer nur ein winziges lebendes Baby gleichzeitig zur Welt. Die Mutter muss auch während der gesamten Schwangerschaft, in der Stillzeit und beim Füttern des Jungen fliegen und erfüllt ihre mütterlichen Pflichten mit großer Hingabe.

Ein sehr ausgeprägtes Merkmal von Fledermäusen, das zum Teil für die Art verantwortlich ist, wie sie sich an das Leben auf der Erde angepasst haben, ist, dass das Weibchen das Sperma des Männchens in ihrem Körper festhält, bis die optimale Zeit zur Befruchtung eines Eis gekommen ist. Erst dann gibt sie es frei. Sie weiß, wann die Zeit reif ist, indem sie auf Erzengelin Dorenka hört und die Information telepathisch von ihr empfängt. Die Babys werden also geboren, wenn es warm genug ist, dass sie bequem überleben können und es reichlich Futter gibt.

In verschiedenen Teilen der Welt fressen Fledermäuse Unterschiedliches. Manche Fledermäuse fressen nur Insekten, andere ernähren sich von Fröschen, Früchten, Nektar, Blut, Pollen und Fisch. Dabei geht es darum, sich einfach an der Nahrung schadlos zu halten, die an dem Ort, an dem die Tiere leben, zur Verfügung steht. Natürlich haben sie sich an diesem bestimmten Ort verkörpert, um die jeweiligen Bedingungen kennenzulernen. Folglich haben sie verschiedene Verdauungsfähigkeiten entwickelt, die einen entsprechenden Einfluss auf sie haben. Dies sind alles Informationen, die sie sich bereit erklärt haben zu sammeln, während sie auf der Erde sind, um sie zurück zum Sirius und anschließend zu ihrem Heimatuniversum zu bringen.

Fledertiere variieren sehr stark in der Größe. Die größten sind die Flughunde mit wirklich riesigen Flügelspannweiten von bis zu zwei Metern. Das kleinste Säugetier der Welt ist die Hummelfledermaus. Sie heißt so, weil sie die Größe einer Biene hat. Fledertiere stellen 20 Prozent der Säugetiere auf der Erde und können aus einer breiten Palette von Erfahrungen lernen.

Sie sind die einzigen Säugetiere, die richtig fliegen, statt zu gleiten, und sie erinnern Menschen daran, dass es auch uns möglich ist, dies zu tun. In der Tat sind ihre Flügel Hände, die sie für das Fliegen angepasst haben. Das macht sie sehr flexibel! Manche Fledermäuse setzen Echoortung zum Navigieren und Jagen ein. Bei anderen ist diese Fähigkeit nicht ausgeprägt, und sie verlassen sich bei der Nahrungssuche auf ihren Geruchs- und Sehsinn.

Fledermäuse stehen auf einer sehr hohen Entwicklungsstufe, und wie ihre schwarze Farbe zeigt, tragen sie viel universelle Weisheit sowie göttlich weibliche Geheimnisse in sich. Ihr Dienst besteht darin, die Weisheit und das Wissen vom Sirius sowie aus ihrem Heimatuniversum mitzubringen und sie überall zu verbreiten. Sie belehren uns durch ihr Handeln und durch ihre energetische Verbindung zu uns. Wir können viel von ihnen lernen.

Fledermäuse können im Dunkeln sehen. Allerdings bedienen sich die meisten der Echoortung, um zu navigieren und Insekten zu fangen. Dies soll uns zeigen, dass es eine andere Art gibt, sich umherzubewegen, wenn wir Aspekte unserer rechten Gehirnhälfte entwickeln. Einige wenige blinde Menschen haben die Fähigkeit der Echoortung ebenfalls entwickelt.

Die fortgeschrittenen klanglichen Fähigkeiten der Fledermäuse sind das Ergebnis ihres hoch entwickelten Halschakras, das sich unter Anleitung von Erzengel Michael entwickelt hat. Alle Töne bilden Symbole im Äther. Die hochfrequenten Klangbilder, welche die Fledermäuse aussenden, bilden eine fantastische heilige Geometrie. Sie zieht die Engel an, die über ihr singen. Das bedeutet, dass Fledermäuse, wo immer sie hinfliegen, niedere Frequenzen löschen und eine Spur göttlich weiblicher Weisheit hinterlassen!

Im Halschakra werden übersinnliche Fähigkeiten wie Telepathie entwickelt. Wenn sich Fledermäuse in die fünfte Dimension entwickeln, verbinden sie sich mit Telephony, dem aufgestiegenen Teil von Merkur, und mit den Engeln und Meistern des goldenen Strahls – genau so, wie wir Menschen es tun, wenn wir unser fünfdimensionales Halschakra mit diesem aufgestiegenen Stern verbinden. An diesem Punkt bekommt ihre Aura, die gegenwärtig farblos oder schwarz ist, eine goldene Ausstrahlung.

Neugeborene Fledermäuse, bei denen alle geistigen Verbindungen noch intakt sind und die frisch aus der Liebe des Ursprungs kommen, haben auch Gold in ihrer Aura.

Licht enthält die Schlüssel und Codes der spirituellen Information, des Wissens und der Weisheit und kann sie an uns weitergeben. Die meisten Tiere brauchen Licht, um ihre Zirbeldrüse zu aktivieren, damit diese die Schlüssel und Codes der universellen Weisheit empfangen kann. Dunkelheit ist die Abwesenheit von Licht. In der Schwärze können Sie eine reine Verbindung mit der Quelle herstellen, und zwar ohne jede Beeinflussung. Deswegen schlafen die meisten Menschen nachts in einem dunklen Kokon mit zugezogenen Vorhängen. Hier können wir alles verarbeiten, was wir tagsüber vom Licht absorbiert haben. Wenn wir unsere niederen mentalen und emotionalen Grenzen überschritten haben, umarmen wir im Schlaf die reine Quellenergie.

Fledermäuse demonstrieren, dass sie auch andere Lichtquellen nutzen können, beispielsweise den Mond. Bei Vollmond sind sie weniger aktiv, weil sie lunare Energie und Information absorbieren. Die werden dann in der Dunkelheit verarbeitet. Die Mondenergie enthält die Eigenschaften des göttlich Weiblichen.

Die Fledermaus ist sehr sensibel für ihre Umgebung. Für die amerikanischen Ureinwohner ist sie ein Symbol der Intuition des Träumens und der Vorstellungskraft. Sie verweist auf die Fähigkeit, die Wahrheit jenseits der Illusion zu sehen. Das sind alles weibliche Eigenschaften.

Visualisierungsübung
Hilfe für die Fledermäuse

1. Suchen Sie sich einen ruhigen Ort, an dem Sie ungestört sind.
2. Rufen Sie Erzengel Fhelyai herbei, den Engel der Tiere, und sehen Sie, wie sich sein weiches gelbes Licht nähert, während er neben Ihnen steht.
3. Hinter ihm kommt Erzengelin Dorenka mit einer gelbbraunen Energie. Sie trägt ein winziges Fledermausbaby in den Händen.
4. Erzengelin Dorenka hält Ihnen die Fledermaus von der Größe einer Biene hin, und Sie nehmen sie sanft in beide Hände. Spüren Sie, wie weich und pelzig sie ist.
5. Nehmen Sie das goldene Licht wahr, das aus ihrer Kehle fließt, während sie quiekende Geräusche macht.
6. Spüren Sie, wie das reinweiße Licht aus ihrem Herzzentrum mit Ihrem Herzen in Verbindung tritt.
7. Bedanken Sie sich bei Erzengelin Dorenka und überreichen Sie ihr das Fledermausbaby, damit sie es seiner Mutter zurückgeben kann.

8. Nehmen Sie einen schwachen Lufthauch wahr, der Ihr Gesicht streift, als eine viel größere Fledermaus an Ihnen vorbeifliegt. Sie wissen, dass sie Sie niemals berühren würde.
9. Sehen Sie mit den Augen der Erleuchtung, dass sie überall, wo sie sich niederlässt und fliegt, eine Spur aus Licht hinterlässt, die Klangschlüssel und entsprechende Codes enthält.
10. Nehmen Sie dann wahr, dass die Engel Sie und diese große Fledermaus übertönen. Die Spuren werden golden, glitzern und breiten sich immer mehr aus. Wo immer sie fliegen, lösen sie die niederen Frequenzen auf.
11. Bleiben Sie offen für jede Botschaft, welche die Fledermaus Ihnen übermitteln möchte. Danken Sie ihr dann, dass sie zu Ihnen gekommen ist.
12. Die Fledermaus fliegt weg, und Sie spüren, dass Sie das Reich der Fledermäuse jetzt besser verstehen und es Ihnen ans Herz gewachsen ist.

Kapitel 4

Bären

Botschaft der Bären

Ihr seid wahrlich großartige Wesen auf diesem Planeten. Ja, ihr alle! Erinnert euch daran, wer ihr seid, und seid stolz und selbstbewusst. Dann könnt ihr andere mit dem Wissen und der Weisheit berühren, die jeder Einzelne von euch in seinem Energiefeld trägt. Menschen und Tiere werden euch ehren und euch vertrauen. Geht fröhlich alle allein, bis jeder von euch Gleichgesinnte findet, die mit ihm gehen.

Alle Bären *(Ursidae)*, ob Braunbären, Schwarzbären oder Grizzlybären, sind fünfdimensional und kommen ursprünglich vom Orion, dem Sternbild der Erleuchtung und Weisheit. Geschöpfe von dort verstehen, wie sie ihr Wissen zum Wohle aller nutzen können. Und mit dem Licht ihrer Aura veranlassen sie andere, das Gleiche zu tun.

Bären sind auf die Erde gekommen, um zu lernen und zu demonstrieren, wie man Macht korrekt einsetzt. Im natürlichen Lebensraum ihrer Art machen sie dies ganz großartig. Dann haben sie ein strahlend helles Solarplexuschakra und arbeiten direkt mit Erzengel Uriel zusammen, dem Erzengel, der für den Solarplexus zuständig ist, um dieses Chakra ausgeglichen und golden zu halten. Erzengel Uriels Heerscharen von Friedensengeln nehmen das Licht aus der Aura der Bären und verbreiten es, wo es benötigt wird.

Allerdings fällt es diesen Kreaturen sehr schwer, ihre Autorität und Würde zu wahren, wenn sie von den Orten in der Natur entfernt werden, wo sie sich naturgemäß wohlfühlen. Wenn sie gefangen und gefesselt oder in Käfigen gehalten werden, sinkt ihr Selbstwertgefühl, und sie sind deprimiert. Dann wird ihr Solarplexuschakra trüb. Dennoch strahlen sie die heilige Geometrie der Weisheit über ihre Energiefelder aus, sodass Menschen und andere Tiere es spüren. Erzengel Uriel arbeitet mit Erzengel Fhelyai, dem Engel der Tiere, um ihnen zu helfen und sie aufzumuntern.

Außer in der kurzen Paarungszeit und in der Zeit, in der sich die Bärin um ihre Jungen kümmert, sind Bären Einzelgänger. Sie zeigen uns, dass es durchaus möglich ist, allein zu leben, innerlich im Gleichgewicht zu bleiben und mit der eigenen Umgebung klarzukommen. Sie brauchen keine anderen Tiere um sich und sind sich selbst genug, solange sie in Freiheit leben. Sie machen lange Winterschlaf und befinden sich in dieser Zeit in ihrem dunklen Kokon, gehalten von der unbeschreiblichen Energie der Quelle. Die Meister des Orion haben eine sehr starke Verbindung zu ihnen und füttern sie mit der Energie der Weisheit, besonders in diesen langen Tiefschlafphasen.

Bären stehen nicht nur mit Erzengel Uriel in Verbindung. Auch Erzengel Jophiel, der Engel der Weisheit, bestrahlt sie mit seinem Licht. Seine blassgelbe Kristallenergie nimmt Verbindung mit ihnen auf und hält sie an den höheren Liebesaspekt von Orion angeschlossen. In der Weisheit ist immer auch Liebe. Erzengel Jophiel ist dann in der Lage, die Herzen der Bären mit den Herzen jener in Verbindung zu bringen, die rein genug sind, diese Liebe anzunehmen. Dies gilt besonders für Kinder und ist einer der Gründe, warum Kinder Teddybären lieben. Sie brauchen nur an einen Bären (oder Teddy) zu denken, und schon ist die Verbindung zum höheren Herzen des Orion aktiviert.

Eisbären

Der Lebensraum der Eisbären, eine schneebedeckte Wildnis ohne Vegetation, zwingt sie, hauptsächlich Fleischfresser zu sein. Trotzdem halten sie ein hohes Maß an Reinheit und Verbindung zum Göttlichen aufrecht. Ihre reinweiße Fellfarbe deutet darauf hin, dass sie sehr hoch entwickelt sind und sich für den Aufstieg am Ende ihres aktuellen Lebens bereit machen.

Eisbären stehen – wie die meisten Tiere, die im Schnee leben – in sehr enger Verbindung mit dem diamantweißen Licht des Erzengels Gabriel. Erzengel Gabriel gießt Licht in das Kronenchakra der Eisbären und macht es ihnen so möglich, die Verbindung zu ihrem höheren Selbst zu halten und die neundimensionalen Frequenzen des Christuslichts durchkommen zu lassen. Eisbären stehen unter dem Einfluss des großen Portals in der Arktis, das die reinweiße Christusenergie ausstrahlt.

Wegen ihrer symbiotischen Beziehung zum Wasser arbeiten sie auch mit Erzengel Joules, dem Engel der Meere, zusammen. Die Eisbären bringen ihr Hochfrequenzlicht in die Gewässer der Arktis und tun das Ihre, um die Energie dort auf einem hohen Niveau zu halten, während Erzengel Joules sie in der kosmischen Liebe badet, die in diesen Gewässern enthalten ist.

Wenn Sie an einen Eisbären denken, einen Eisbären sehen oder über einen Eisbären meditieren, verbinden Sie sich mit Erzengel Gabriel und seiner diamantweißen Flamme. Dadurch kann er Sie mit den Serafim sowie mit Serafina und ihren intergalaktischen Schulen in Verbindung bringen, wo Wesen aus dem gesamten Universum zu intergalaktischen Meistern ausgebildet werden. Ganz unbewusst leisten die Eisbären einen mächtigen kosmischen Dienst und tragen zu Ihrem Aufstieg und zum Aufstieg des Planeten bei.

Visualisierungsübung
Mit dem Bärenreich arbeiten

1. Suchen Sie sich einen ruhigen Ort, an dem Sie ungestört sind.
2. Zünden Sie eine Kerze an, wenn Sie möchten, und widmen Sie sie dem höheren Selbst der großartigen Bären.
3. Spüren oder sehen Sie sich an einem wunderschönen felsigen Platz in der freien Natur. In der Ferne sieht man schneebedeckte Berge, und ein breiter, klarer, schnell fließender Strom braust durch das Tal.
4. Sie sitzen ganz still auf einem großen flachen Stein im Fluss und genießen den strahlenden Sonnenschein, der Sie ganz einhüllt und entspannt. Alles ist ganz friedlich.
5. Erzengel Uriel sitzt neben Ihnen, eingehüllt in sein goldenes Licht. Sie fühlen sich vollkommen sicher.
6. Im Fluss bemerken Sie einen Bären. Er fischt in aller Ruhe und spielt ganz für sich allein. Ein blassgoldenes Licht verbindet ihn mit Erzengel Jophiel und darüber hinaus mit dem Liebesaspekt des Orion.
7. Erzengel Uriels Friedensengel singen für den Bären, und Sie spüren seine innere Kraft und Harmonie.
8. Der Bär schaut auf, sieht Sie an, und ein Pfad aus flüssigem Gold bildet sich zwischen Ihnen beiden. Golden schimmernde Liebe ergießt sich über Sie. Baden Sie in diesem wundersamen energetischen Geschenk und entspannen Sie sich.
9. Danken Sie dem Bären und den Erzengeln Uriel und Jophiel.
10. Sie finden sich in einer reinweißen Welt wieder, eingehüllt in einen sehr warmen Mantel, mit einer Mütze auf dem Kopf und Stiefeln an den Beinen.
11. Ein Eisbär sitzt auf einer Eisscholle und beobachtet seelenruhig das geschmolzene Eiswasser um sich herum.
12. Sie sind sich bewusst, dass das schimmernde diamantweiße Licht über ihm Erzengel Gabriel ist, und ganz plötzlich spüren

Sie seine wundersam reinen, weichen Flügel um sich. Ihr Herz fühlt sich warm und sicher!

13. Plötzlich taucht eine gewaltige schneeweiße Aufstiegsflamme vor Ihnen auf, und Serafina, die wundersame Serafim, lächelt Sie aus ihrem Zentrum heraus an.
14. Sie berührt sie, und Sie spüren, wie ihre flammende Energie auf Sie übergeht. Sie dehnen sich aus.
15. Jetzt stehen Ihnen neue Wahlmöglichkeiten offen. Entspannen Sie sich und seien Sie sich bewusst, dass Ihre Verbindung mit Serafina, die durch den Eisbären zustande gekommen ist, etwas Erstaunliches in Ihnen verändert hat.
16. Bedanken Sie sich bei Serafina und dem Eisbären. Kehren Sie zu Ihrem Ausgangspunkt zurück und öffnen Sie die Augen.

Kapitel 5

Biber

Botschaft der Biber

Arbeitet unermüdlich für eure Vision und denkt daran, es mit Liebe zu tun. Und wisst, dass klares fließendes Wasser euer Herz und euren Geist rein halten wird. Dann könnt ihr leichter mit den Engeln in Verbindung treten.

Biber *(Castoridae)* kommen ursprünglich von Lakumay, dem aufgestiegenen Aspekt des Sirius. Sie sind hauptsächlich nachtaktive Nager, die viel Zeit im Wasser verbringen. Wie alle Wassertiere haben sie eine reine, klare Aura und verbinden sich über Erzengel Joules mit der Hohlerde, dem siebendimensionalen Chakra im Zentrum der Erde.

Ihr wichtigster Seelenauftrag ist, die Gewässer sauber und rein zu halten sowie das Ökosystem der Wasserwege, in denen sie leben, aufzubauen und zu erhalten. Seit Tausenden von Jahren tragen sie dazu bei, ihre unmittelbare Umgebung sauber zu halten, indem sie Teiche anlegen, und dabei entfernen sie Schlamm und Unkräuter aus dem Wasser. Ihre Arbeit schafft auch Feuchtgebiete und damit ein Ökosystem, das vielen anderen Tierarten eine nicht kontaminierte Umgebung bietet. Sie sind bekannt für ihre Emsigkeit und ihre Fähigkeit, Bäume zu fällen, um Dämme zu bauen, und ihre Behausungen, die Wohnkessel genannt werden. Eine Biberkolonie arbeitet zusammen, um einen Damm zu bauen und damit stehendes

Tiefenwasser zu erzeugen. Ihre Bautechniken sind sehr ausgefeilt. Sie stellen zunächst einen Rahmen aus vertikalen Pfosten auf und füllen ihn dann mit kreuz und quer angeordneten Ästen und Zweigen. Schließlich dichten sie das Ganze mit Schlamm und Unkraut ab, bis ein wasserdichter Damm entstanden ist. Dieses Bauwissen bringen sie vom Sirius mit. Und als die Menschen sich allmählich entwickelten, zeigten die Biber ihnen, wie man Häuser baut.

Der Eingang zu ihrem Wohnkessel liegt unter der Wasseroberfläche. Sie haben also schlauerweise zwei Höhlen. In der ersten trocknen sie ihren Pelz. Die zweite ist ihr trockener Wohnkessel. Hier können die erwachsenen Biber mit mehreren ihrer Babys und deren älteren Geschwistern leben.

Biber lernen und lehren auch etwas über das Leben in einem Familienverbund mit einem monogamen Paar an der Spitze. Männchen und Weibchen gehen eine lebenslange Partnerschaft ein. Nur wenn der Partner stirbt, sucht sich ein Biber einen anderen Gefährten. Das Gleichgewicht zwischen männlich und weiblich entdecken sie ständig neu. Beide Eltern ziehen die Jungen gemeinsam auf. Beide markieren ihr Revier und verteidigen es. Nach der Geburt der Jungen kümmert sich die Mutter einen Monat lang vorrangig um den Nachwuchs, wie die Natur es verlangt, während der Vater den Schutz des Reviers übernimmt.

Es gibt zwei Arten von Bibern, den Europäischen oder Eurasischen Biber *(Castor fiber)* und den Kanadischen oder Nordamerikanischen Biber *(Castor canadensis)*. Sie weisen körperliche Unterschiede auf und sind genetisch nicht kompatibel, inkarnieren aber mit dem gleichen Seelenauftrag.

Ihre mit Schwimmhäuten ausgestatteten Füße ermöglichen es den Bibern, schnell und geschmeidig zu schwimmen. Auf ihrem breiten, flachen Schwanz können sie ihre Jungen tragen, wenn sie möchten. Sie sehen ziemlich schlecht, müssen aber auch nicht gut sehen, weil sie einen sehr gut entwickelten Hör-, Geruchs- und Tastsinn haben.

Seit Tausenden von Jahren fangen Menschen Biber. Aufgrund dieser Erfahrungen sind diese schönen Tiere Menschen gegenüber sehr zurückhaltend, aber sie demonstrieren fünfdimensionale offene Herzzentren und eine hoch entwickelte Art, die Welt von einer höheren Warte aus zu sehen. Sie zeigen uns, dass es möglich ist, glücklich zu sein und das Leben zu genießen, egal unter welchen Umständen. Wie allen Tierarten geht es ihnen um die Sicherung ihres Überlebens, aber Biber sind auch sehr darauf konzentriert, zum Wohle aller zu handeln.

Visualisierungsübung
Die Welt der Biber verstehen

1. Suchen Sie sich einen ruhigen Ort, an dem Sie gänzlich ungestört sind.
2. Zünden Sie eine Kerze an und wünschen Sie sich Verständnis für die Welt der Biber.
3. Sie sitzen ganz friedlich am Rand eines Wasserwegs.
4. Ein prächtiger Biber mit herrlich glattem und glänzendem Fell taucht neben Ihnen auf.
5. Sie streicheln seinen dicken, luxuriösen Pelz und spüren plötzlich, dass Sie in einem ähnlichen Pelz stecken.
6. Sie haben das Gefühl, dass Ihr Körper immer kleiner wird. Ihre Zähne wachsen, und Sie haben plötzlich Schnurrhaare, winzige Ohren und einen breiten, flachen Schwanz. Sie haben sich in einen Biber verwandelt.
7. Ihr Bibergefährte taucht in den Teich, und Sie tauchen frei und fröhlich hinter ihm her. Dabei setzen Sie Ihre Hinterfüße mit den Schwimmhäuten ein, um sich im Wasser kraftvoll vorwärtszustoßen. Sie spielen und schlagen mit Ihrem Schwanz auf das Wasser. Schauen Sie sich die Bäume an, die Sie gefällt haben, um einen Damm zu bauen. Nehmen Sie sich Zeit, um alles zu genießen.

8. Schlüpfen Sie jetzt durch ein unter der Wasseroberfläche gelegenes Loch in Ihre erste Höhle, wo Sie sich schütteln und Ihren Pelz trocknen können.
9. Und jetzt bewegen Sie sich mit Ihrem neuen Freund in die innere Kammer, den Wohnkessel, und stellen ihn Ihrer Familie vor. Sie sind glücklich, zuversichtlich und entspannt.
10. Schließlich schlüpfen Sie aus dem Wohnkessel und kehren zum Rand des Teiches zurück.
11. Sie danken den Bibern für dieses Erlebnis und finden sich in Ihrem menschlichen Körper wieder.

Kapitel 6

Kamele

Botschaft der Kamele

Rohstoffe sind begrenzt, aber es gibt genug für alle, wenn sie mit Weisheit und gesundem Menschenverstand geteilt werden. Gemeinsam können wir aus diesem Planeten wieder ein wunderschönes Paradies machen.

Kamele haben zwei Höcker, Dromedare einen. Bei diesen Tieren handelt es sich um sehr alte Wesen, die ursprünglich vor etwa 45 Millionen Jahren auf die Erde kamen, und zwar nach Nordamerika, Kanada und in die Arktis. Damals waren sie riesig, viel größer als die Kamele, die wir heute kennen, und ohne die Höcker. Vor etwa vier Millionen Jahren wanderten sie über die Beringstraße nach Asien und weiter nach Süden, wo sie heute hauptsächlich zu finden sind. Deswegen bringen wir sie immer mit Asien, Afrika und sogar Teilen von Australien in Verbindung. In diesen alten Zeiten gehörten sie der dritten Dimension an.

Zeitgleich mit der Ära von Atlantis überwachte das Intergalaktische Konzil andere Experimente auf der Erde, darunter eines in Afrika und eines in Asien. Wie die Herausforderung von Atlantis waren diese Prüfungen darauf ausgelegt, die beste Art zu finden, wie Seelen in einen Körper eintreten und ihre Verbindung zum Göttlichen dennoch beibehalten konnen. Die Überseele der Kamele hat angeboten, sich an dieser göttlichen Aufgabe zu beteiligen, um zu dienen und zu lernen. Diejenigen, die zu Lakumay, dem höheren Aspekt von Sirius, aufgestiegen waren und der fünften Dimension angehörten, waren einverstanden, sich in Asien und Afrika zu verkörpern, und zwar als die Kamele, die wir heute kennen.

Diese sehr klugen, wissenden und intelligenten Tiere inkarnierten also in kleineren Körpern mit fetthaltigen Höckern, um den Menschen dieser Regionen ihre Milch, ihre Haut, ihre Kraft und ihre Seelenstärke anzubieten. Im Gegenzug lernen sie, der Menschheit mit Geduld und Ausdauer zu dienen, und geben das Gelernte an andere weiter. Es braucht mächtige Wesen, die sich einverstanden erklären, Extreme von Hitze und Kälte zu ertragen, die lange Strecken in einer gleichbleibenden Geschwindigkeit von 40 Kilometern pro Stunde zurücklegen, die Nahrung und Wasser auf ihrem Rücken speichern und die für höchst anspruchsvolle und fordernde Zuchtmeister arbeiten, die Menschen. Sie tun dies, um Eigenschaften wie Demut, Geduld und Nachsicht zu entwickeln, die sie in ihrem Energiefeld mit zurücknehmen zum Lakumay. Sie stellen auch die Macht ihrer körperlichen Ausdauer auf die Probe.

Als Atlantis unterging, war die ganze Welt betroffen, und große Teile davon stürzten ins Chaos. Die Kamele jedoch blieben auf ihrer fünfdimensionalen Ebene – trotz allem, was um sie herum geschah. Und jetzt lernen sie etwas über Gleichgewicht und darüber, wie Negativität in Licht verwandelt werden kann. Einerseits tragen sie schwere Lasten kilometerweit durch unwirtliche Wüsten, wo sie viel Zeit und Raum zum Nachdenken haben. Andererseits stehen sie mitten auf chaotischen, lauten und oft vollkommen überfüllten Plätzen und müssen ihre Energie stabil halten, während sie die niedrigen Frequenzen um sich herum aufnehmen und umwandeln. Sie lernen, im Gleichgewicht zu bleiben. Erzengel Jophiel hilft ihnen dabei, aber es ist trotzdem kein Wunder, dass sie in dem Ruf stehen, manchmal schlecht gelaunt zu sein.

In einer dritten Lektion, die sie uns erteilen, geht es darum, Ressourcen klug zu nutzen. Sie müssen feste und flüssige Nahrung bei sich tragen und haben möglicherweise längere Zeit keine Gelegenheit, ihre Vorräte zu ergänzen. Sie lernen schnell, das zu bewahren, was sie haben, und es mit Bedacht zu nutzen. Dies ist ein besonders wichtiges Konzept, das Menschen gerade in dieser Zeit begreifen müssen.

Das einzige Mal, als ich vor vielen Jahren bei einem Urlaub in Afrika auf einem Kamel saß, war ich furchtbar nervös angesichts seines fordernden, fast bösartigen Blicks und seiner abgerissenen Erscheinung. Außerdem wirkte es riesig. Als es mit mir auf dem Rücken vom Boden aufstand und beim Gehen in alarmierender Weise schwankte, bekam ich es richtig mit der Angst zu tun. Ich war sehr erleichtert, als mein Ausritt vorbei war. Das war, lange bevor ich auf meinem spirituellen Weg war. Und von Engeln wusste ich damals noch nichts. Ich schäme mich, sagen zu müssen, dass ich mich nicht einmal daran erinnern kann, mich bei dem Kamel für seine Dienste bedankt zu haben.

Die Kamele sind in Asien, Afrika und dem Nahen Osten geblieben, weil ihre Dienste dort am meisten gebraucht wurden. Wenn genügend Menschen in diesen Regionen fünfdimensional geworden sind, werden die Kamele Informationen an sie weitergeben, um ihnen durch die Übergangsphase in das 2032 beginnende neue Goldene Zeitalter zu helfen. Dies tun sie auf zwei Arten. Während immer mehr Menschen telepathisch empfänglich werden, gießen die Kamele Downloads direkt in ihre Köpfe. Und wenn Menschen dazu bereit sind, legt sich die heilige geometrische Blaupause der Kamele über die dieser Menschen, und das setzt deren eigene angeborene Weisheit sowie das entsprechende Wissen frei.

Die Blaupause, die Kamele in sich tragen, enthält viel heiliges Wissen vom Sirius. Wenn diese Tiere durch die Wüste laufen, lassen sie diese Informationen und goldenes Licht in die Leylinien fließen. Ein Teil ihres Dienstes besteht darin, die Drachenlinien, die fünfdimensionalen Leylinien des Planeten, instand zu halten. Damit leisten sie ihren Beitrag zur Erhaltung des gesamten Leyliniennetzes für uns alle.

Engel und Meister, die mit Kamelen arbeiten

Wie alle Tiere haben auch Kamele zwei Schutzengel, die sich um sie kümmern und bei der Erfüllung ihrer Aufgaben unterstützen. Wenn sie mutlos sind, ist es die Aufgabe ihrer Engel, sie wieder aufzubauen und an die Vereinbarung zu erinnern, die ihre Seele akzeptiert hat. Ihre Schutzengel verbinden sich auch mit den Schutzengeln ihrer Reiter, sodass sie auf ihren Reisen von vielen Lichtwesen begleitet werden. Diese Engel tragen dazu bei, ihre Last leichter zu machen und ihre Nöte zu lindern sowie mit denen zu kommunizieren, die auf ihnen reiten oder sie führen.

Natürlich bleibt der Engel der Tiere, Erzengel Fhelyai, ständig bei ihnen und bietet ihnen sowohl Trost als auch Anleitung.

Erzengel Jophiel, der gelbe Engel der Weisheit, ist verantwortlich für die Entwicklung in ganz Asien. Er überwacht das Leben dieser Tiere, denn das Wissen, das sie in sich tragen, ist wesentlich für die Entfaltung von Asien nach der göttlichen Ordnung.

El Morya war ein Hohepriester in Atlantis und arbeitete konsequent daran, Wissen und spirituelles Verständnis in diesem Teil der Welt weiterzuentwickeln. Jetzt arbeitet er eng mit Kamelen zusammen, obwohl sie nicht Teil des Experiments von Atlantis waren.

Apollo war ebenfalls Hohepriester in Atlantis. Nach dem Untergang von Atlantis führte er seinen Stamm nach Mesopotamien und brachte dessen ganzes Wissen dorthin. Er kannte sich besonders gut mit Wasser und seinen kosmischen Eigenschaften sowie mit der Kunst der Bewässerung aus. Kamele erinnern sich noch an die Zeit, als die Wüsten grün und fruchtbar waren und wie sie damals unterhalten wurden. Weil sie das Recht bekamen, sie zu erhalten, wurde ein Großteil dieser Informationen anschließend in diesen Tieren verschlüsselt, sodass diese sie an diejenigen weitergeben können, die zur richtigen Zeit dafür bereit sind.

Die Zukunft

Während wir uns dem Jahr 2032 und damit dem neuen Goldenen Zeitalter nähern, geschehen zwei Dinge. Erstens wird das Klima extremer, sodass Informationen über Wassersparmöglichkeiten und Bewässerung immer wichtiger werden, und zweitens wird die Menschheit ihre Schwingungsfrequenz in die fünfte Dimension heben, sodass wir empfänglich werden für das Wissen und die Weisheit, die Kamele zu bieten haben.

Im Jahr 2012 begannen sich die 33 kosmischen Portale rund um den Planeten zu öffnen. Christuslicht und noch viel höheres Wissen, verschlüsselt in Formen aus der heiligen Geometrie, ergossen sich daraus. Unterstützt von ihren Schutzengeln, bewahren diese erstaunlichen Tiere dieses Licht in ihrem Aurafeld, während sie geduldig darauf warten, dass wir bereit dafür sind.

Jetzt möchte ich Sie durch eine Visualisierungsübung führen und Ihnen so helfen, sich mit dem außerordentlichen Wissen und der Weisheit des Kamelreichs zu verbinden. Als ich darüber meditierte, machte ich die Erfahrung, dass ich energetisch mit dem höheren Selbst des Kamels nicht verschmelzen konnte. Die Erzengel Jophiel und Fhelyai boten an, das höhere Selbst des Kamels und meines zusammen in einen Kokon zu platzieren. Der Kokon besteht aus ihrer gemeinsamen Energie, und als wir darin waren, konnten wir auf einer Seelenebene Licht austauschen, das spirituelle Informationen und Wissen enthält. Dieses Licht wird dann in unseren menschlichen Energiefeldern bewahrt, bis wir bereit sind, es zum Wohle der ganzen Welt zu nutzen.

Die Erzengel hoffen, dass die Schwingungsfrequenz des Planeten umso schneller steigt, je mehr Menschen diese Meditation machen.

Visualisierungsübung
Verbindung zu den Kamelen aufnehmen und ihnen helfen

1. Suchen Sie sich einen ruhigen Ort, an dem Sie ungestört sind.
2. Zünden Sie, wenn Sie möchten, eine Kerze an.
3. Rufen Sie Erzengel Fhelyai, den großartigen gelben Engel der Tiere, herbei und fühlen Sie sich von seiner Energie umgeben.
4. Rufen Sie Erzengel Jophiel herbei und spüren Sie, wie sich sein blassgelbes Kristalllicht durch Sie ergießt.
5. Die Erzengelenergie erhöht Ihre Schwingungsfrequenz, und Sie steigen durch die Dimensionen zu einem Ort auf Lakumay auf, wo alles in einem wunderschönen Licht schimmert.
6. Das höhere Selbst eines Repräsentanten des Kamelreichs kommt in seinem fantastischen Licht auf Sie zu.
7. Sie sitzen ganz still neben diesem Wesen und spüren, wie sich die Liebe aus Ihrem Herzen mit seiner Herzenergie verbindet.
8. Die Erzengel Fhelyai und Jophiel lassen ihr außerordentliches gelb schimmerndes Licht ineinander übergehen. So bildet sich ein sonnengelber Kokon um Sie beide.
9. Ruhen Sie sich aus und entspannen Sie. Achten Sie darauf, dass Ihr Geist dabei so ruhig wie möglich bleibt. Währenddessen treten Ihre Seelen in Verbindung miteinander und erleuchten sich gegenseitig.
10. Wenn sich der Kokon hebt, danken Sie dem höheren Selbst des Kamels, das sich allmählich aus Ihrem Gesichtsfeld zurückzieht.
11. Erlauben Sie den Erzengeln Fhelyai und Jophiel, Sie liebevoll zu Ihrem Ausgangspunkt zurückzubegleiten.
12. Danken Sie den Kamelen, die unserem Planeten dienen, und halten Sie Ihr Herz für sie offen.

Kapitel 7

Katzen

Botschaft der Katzen

Wir sehen und wissen alles, weil wir erleuchtete Wesen sind. Wir wachen über euer Heim und den Planeten und halten die Schwingungsfrequenz hoch. Selbst wenn wir nur in der Sonne dösen, erweisen wir euch einen wichtigen Dienst. Auch ihr leistet oft spirituelle Arbeit, wenn ihr entspannt. Also lernt von uns und ruht euch mehr aus.

Alle Katzen *(Felidae)* kommen ursprünglich vom Orion, dem Sternbild der Erleuchtung und Weisheit, und demonstrieren viele Eigenschaften der Erleuchtung. Orion ist aufgestiegen, also sind alle Wesen von dort fünfdimensional. Wissen ist nutzlos, solange Sie nicht wissen, wie Sie es weise einsetzen können. Und alle Geschöpfe, die vom Orion stammen, nehmen Informationen auf und nutzen sie weise.

Katzen verbreiten Weisheit einfach durch ihre Präsenz, und ihre Aura bringt unsere eigene angeborene Weisheit zum Vorschein. Diese Tiere bringen auch Eigenschaften der Erleuchtung auf die Erde. Sie verbreiten Frieden und Heilung und zeigen uns, wie man sich bis in die Zellebene tief entspannt und wunderbar fließend bewegt.

Katzen sind Heiler und arbeiten mit Erzengel Raphael zusammen. Seit dem kosmischen Moment im Jahr 2012 – in diesem Moment um 11:11 Uhr am 21. Dezember 2012, der das Ende der

Zivilisation von Atlantis kennzeichnete, berührte die Ursprungsenergie das Herz jedes fühlenden Wesens im ganzen Universum und brachte den Aufstieg aller in Gang – stehen sie in Verbindung mit Erzengel Mariel, der durch sie höhere Seelenheilung bringt – ein Versuch, die Schwingungsfrequenz des Planeten schneller zu erhöhen. Alle Katzen, seien es nun kleine Hauskatzen oder gewaltige Löwen und Tiger, sind unabhängige Wesen und ganz entspannt, wenn dies angemessen ist. Sie brauchen die Menschen nicht, sondern sind hier, um uns zu dienen.

Hauskatzen

Die Hauskatzen, die im Goldenen Zeitalter von Atlantis hier ankamen, übernahmen eine dienende Rolle. Sie hielten die Häuser oder Tempel, in denen sie lebten, frei von niederen Energien. Zu dieser Zeit hatte jedes Heim oder Gebäude seine eigene Hauskatze, die sehr geachtet war. Alle Katzen dieser Ära waren schwarz und brachten damit das göttlich Weibliche, das Mysteriöse und das Außersinnliche zum Ausdruck.

Als sich die goldene Hochfrequenzenergie von Atlantis aufzulösen begann, schickten die Magier als Erstes Boten zum Orion, um mehr Katzen anzufordern, die versuchen sollten, die Schwingungsfrequenz zu halten. Leider war es schon zu spät.

Hin und wieder helfen Hauskatzen Menschen, Situationen mit den Augen der Weisheit zu sehen und zu verstehen. Dies geschieht unterschwellig, und wir Menschen können uns gar nicht vorstellen, wie viel Hilfe wir von unseren Katzenfreunden bekommen. Katzen sind sehr übersinnlich begabt. Sie wissen immer genau, was passiert und wo Menschen gerade sind. Jeder Katzenbesitzer (und das Wort »Besitzer« gebrauche ich hier ziemlich leichtfertig) weiß das.

Als ich einmal in meine Garage fuhr, nachdem ich zehn Wochen nicht zu Hause gewesen war, wunderte ich mich keineswegs darüber, dass meine kleine graue Mieze auftauchte, sich neben die Fahrertür stellte und mich begrüßte, als ich aus dem Auto stieg.

Wenn Katzen schnurren, signalisieren sie in der Regel, dass sie glücklich und zufrieden sind. Vielleicht wollen sie auch sagen, dass sie einem freundlich gesinnt sind. Katzen können auch schnurren, um Sie oder einen potenziellen Feind zu beschwichtigen. Sie schnurren möglicherweise aber auch, um sich selbst zu beruhigen und zu entspannen. Wenn sie schnurren, werden Endorphine freigesetzt, die Schmerzen lindern können.

Es ist faszinierend, dass eine Katze mit 150 Hertz schnurrt. Das ist die Frequenz, die körperliche Heilung unterstützt und Knochen wieder zusammenwachsen lässt. Ihre Katze heilt sich also selbst und gibt diese Heilung möglicherweise sogar an Sie weiter.

Wildkatzen und Großkatzen

Wildkatzen haben nichts mit Menschen zu tun. Sie dienen dem Planeten und anderen Tieren. Sie kümmern sich mit um das Revier, in dem sie leben, und halten unerwünschte Energien davon fern.

Die Großkatzen wachen über unseren Planeten und schützen ihn vor unerwünschten Entitäten oder negativen Energien, die sich der Erde nähern. Sie helfen uns, in einer Linie mit anderen Planeten und Sternen des Universums zu bleiben. Sie fungieren auch als Heiler.

Im Goldenen Zeitalter von Atlantis gab es keine Großkatzen. Die Energie war damals so harmonisch, dass die kleinen Katzen alles Nötige tun konnten. Die großen Katzen auf der Erde waren zu jener Zeit Teil eines anderen Experiments.

Die Pharaonen bedienten sich der Großkatzen, um ihre Macht zu stärken, weil die Schwingungsfrequenz mittlerweile deutlich niedriger war.

Schwarzer Panther

Schwarze Panther, Pumas, Leoparden, Berglöwen und Jaguare mit schwarzer Fellfarbe sind hoch entwickelte, fünfdimensionale Wesen. Sie verkörpern sich, um Menschen, anderen Tieren und dem Planeten zu dienen. Sie kommen aus Nordamerika, Lateinamerika, Asien und Afrika, aber viele sind aus Zoos oder Privatsammlungen entflohen und nun auch in Europa und auf anderen Kontinenten zu finden. Die Fluchten dieser Tiere werden von den Engeln inszeniert und sind Teil eines spirituellen Plans, um der Menschheit zu helfen. Sie sind extrem schwer fassbar, und daher ist es fast unmöglich, sie zu lokalisieren und wieder einzufangen.

Wenn ein notwendiges spirituelles Erwachen ansteht, könnte ein schwarzer Panther in Erscheinung treten, um Sie aufzurütteln. Diese Tiere würden Sie niemals körperlich verletzen – sie haben eine spirituelle Aufgabe zu erfüllen, wenn sie Ihnen begegnen. Wenn jedoch ein schwarzer Panther geschickt wird, um Sie aufzuwecken, und Sie sich dem Prozess widersetzen, indem Sie wegrennen, könnten Sie sich dabei selbst verletzen.

Der Sohn einer Freundin von mir war Alkoholiker. Er war ziemlich weit von seinem Lebenspfad abgekommen und brauchte einen ordentlichen Schubs von seiner Seele. Eines späten Abends ging er mit seinem jungen Hund an einem Kanal entlang Gassi, als er in den Büschen am Wegesrand ein Rascheln hörte. Er schwenkte seine Taschenlampe in Richtung des Geräuschs, und zu seinem Entsetzen fiel der Lichtschein auf zwei riesige leuchtende Katzenaugen. Sofort brachte er sich mit einem Sprung in den Kanal, der gerade ausgebaggert wurde, in Sicherheit. Er blieb im Schlamm stecken und konnte sich überhaupt nicht mehr bewegen – eine exakte Analogie seiner Situation.

Zum Glück kam er an sein Handy. Doch dann musste er seine Frau davon überzeugen, dass dies kein Scherz war. Sie machte sich mehr Sorgen um ihren kostbaren Welpen als um ihn. Schließlich wurde er gerettet, und der kleine Hund wurde unter einem Auto kauernd gefunden. Tags darauf waren die Abdrücke großer Katzenpfoten immer noch sichtbar, aber obwohl die Polizei das ganze Gebiet abriegelte, wurde das Tier nie gefunden. Der Panther war vermutlich in einer anderen Mission irgendwo weit weg.

Der Mann erkannte, dass sein Leben buchstäblich im Schlamm steckte. Ihm war jedoch nicht klar, dass ihm der schwarze Panther erschienen war, um ihn aufzuwecken. Als Ergebnis dieser Begegnung hatte er fast einen Zusammenbruch, der zu einem Durchbruch in seinem Leben wurde, als er an einem Zwölf-Schritte-Programm teilnahm. Weil er mit dem Trinken aufhörte, rettete er ein Jahr später seine schwankende Ehe und fand einen Job, mit dem seine Seele zufrieden war.

Leoparden

Dies sind Katzen von großer Anmut, Geschicklichkeit und Schönheit. Sie legen auch erstaunliche Kraft an den Tag. Nach dem großen Plan hat jede Katzenart etwas andere Eigenschaften und Fähigkeiten entwickelt, um sie später mit zurückzunehmen zum Orion. Der Leopard ist die schönste und am weitesten verbreitete aller Großkatzen. Zwar können alle Katzen klettern, aber der Leopard hat diese Fähigkeit weiter entwickelt als alle anderen Katzenarten. Er kann Beute, die doppelt so viel wiegt wie er selbst, auf einen Baum schleppen.

Geparden

Bei Geparden ist die Geschwindigkeit besonders gut entwickelt. Geparden sind die schnellsten Landsäugetiere der Welt. Sie können mit einer Geschwindigkeit von bis zu 113 Kilometern pro Stunde laufen und mit einem Sprung bis zu acht Metern zurücklegen! Geparden brüllen nicht wie andere Großkatzen. Sie schnurren. Dieses laute Schnurren verbreitet Heilung und Behagen, und auf die jungen Geparden wirkt es beruhigend.

Löwen

Der Löwe ist als König der Tiere bekannt und wird manchmal mit einer Krone auf dem Kopf dargestellt, die symbolisiert, dass sein Kronenchakra für die höheren Energien des Universums offen ist. Löwen arbeiten mit Erzengel Jophiel, der für das Kronenchakra verantwortlich ist und ihnen hilft, ihre stellaren Verbindungen herzustellen. Ihre Seelenmission besteht wie die anderer Katzen darin, die Schwingungsfrequenz in ihrem Revier hoch zu halten. Löwen (und Tiger) wachen in besonderer Weise über die Erde, und gleichzeitig heilen und schützen sie unseren Planeten.

Ein erwachsener Löwe hat ein sehr gut entwickeltes Halschakra, und sein Brüllen ist bis zu acht Kilometer weit zu hören. Mit seinem Brüllen proklamiert der Löwe nicht nur sein Territorium und teilt streunenden Mitgliedern seines Rudels mit, wo er zu finden ist. In der Regel gibt er sein schreckliches Gebrüll nachts von sich, wenn der Schall weiter in die Atmosphäre vordringen kann. Es breitet sich bis in den Weltraum aus, wo es negative Entitäten, die sich uns mit niederen Absichten nähern wollen, warnt und abschreckt. Gleichzeitig enthält die Schwingung des Löwengebrülls heilende Vibrationen, die in den Boden gehen.

Löwen sind die einzigen Katzen, die im Rudel leben. Ein Rudel ist ein Familienverbund aus Löwinnen mit einem männlichen Löwen. Sie lernen spirituelle Lektionen über das Familienleben, indem sie neue Aspekte ihrer weiblichen Natur entwickeln.

Groß-Simbabwe wird manchmal als Rastplatz der Löwen bezeichnet. Es ist eines der vier interdimensionalen Zweiwegeportale auf diesem Planeten.

Tiger

Diese prächtigen, vollkommen übersinnlichen Tiere inkarnieren mit einem wichtigen Seelenauftrag, und sie erfüllen ihn mit Liebe für die Menschheit und dem Planeten in ihrem Herzen: auf niedere Wesen oder Energien zu achten, die sich dem Planeten nähern, und die Energie um sie herum zu erhöhen in der Absicht, sie zu verwandeln. Wie das von Löwen ist auch ihr Gebrüll darauf ausgelegt, andere Kreaturen vor dem Betreten ihres Territoriums zu warnen. Es ist auch eine verbale Warnung an alle Wesen, die vorhaben, die Erde anzugreifen, besonders heutzutage, wo unsere planetare Aura so schwach ist. Ihre Streifen sind so einzigartig wie menschliche Fingerabdrücke. Keine zwei Tiere haben das gleiche Muster.

Die meisten Katzen mögen kein Wasser und meiden es. Es gehört jedoch zum Seelenauftrag der Tiger, eine Beziehung zum Wasser aufzubauen und es zu verstehen. Auf dem Weg zu diesem Ziel haben sie das Wasser lieben gelernt. Sie schwimmen gern und fangen gern Fische. Sie werden das, was sie verstanden haben, mit zurücknehmen zu den Meistern des Orion, und sie werden die universelle Liebe, die im Wasser enthalten ist, in ihren Energiefeldern tragen.

Trotz der Tatsache, dass nur noch wenige von ihnen übrig sind, geben Tiger mit offenherziger Großzügigkeit ihr Bestes, wenn es darum geht, sich um alle Bewohner dieses Planeten zu kümmern.

Der Tigertempel

2008 verbrachte ich meinen Urlaub mit meiner Freundin Rosemary in Thailand. Am Tag vor unserem Abflug zeigte ihr Sohn ihr ein Video von den Tigern, die von den Mönchen gerettet worden waren und jetzt im Tigertempel versorgt wurden. Wir waren fest entschlossen, uns das anzuschauen.

Wir erfuhren, dass die Mönche im Tigertempel Tiefenmeditati on üben und außerdem ein Wildreservat unterhalten, wo verletzte Tiere mit Liebe und Mitgefühl behandelt werden und sich auf dem Gelände frei bewegen dürfen. Mehrere Tigerjungen, deren Mütter von Wilderern getötet worden waren, hatte man zu den

Mönchen gebracht. Sie wurden von ihnen gepflegt, sodass sie alle überlebten und bestens wuchsen und gediehen.

Zuerst sahen wir drei flauschige, vier Wochen alte Tigerbabys, die mit ihren Wärtern im Sand spielten. Andere Tiger lagen lässig herum, und wir wurden gewarnt, nicht vor ihnen vorbeizugehen, aber wir durften sie von hinten berühren. Bevor wir den großen Tigern begegneten und mit ihnen in die Schlucht gingen, wurden sie zur Abkühlung mit Wasser besprüht. Ich ging neben dem ältesten Tiger, einem riesigen Männchen. Eine meiner Hände lag fest auf seinem Rücken. Ich spürte seine Kraft und konnte sein nasses Fell riechen. Sieben Tiger wurden hinunter in die Schlucht gebracht, wo sie in der brütenden Sonne schnell in einen tiefen Schlaf fielen.

Großkatzen sind Wächter der Erde und schützen sie, genau wie Hauskatzen ein Heim vor allen möglichen Entitäten schützen. Als ich neben dem großen Tiger auf dem Boden saß und seinen prächtigen Kopf in meinem Schoß wiegte, dankte ich ihm telepathisch für seinen Wächterdienst an unserem Planeten. Es war klar, dass er die Botschaft empfangen hatte, denn plötzlich hob er den Kopf und schaute sich um, als suche er die Quelle der Kommunikation. Dies beunruhigte die Mönche, die sofort bei mir waren. Sie zogen den Tiger von mir weg und veranlassten ihn, sich wieder hinzulegen! Aber ich war begeistert.

Später sagte Kumeka, der mich durch das Gelände geführt hatte, der Tiger habe die Botschaft, die ich ihm geschickt hatte, tatsächlich empfangen und sei dadurch sehr ermutigt worden. Er sagte, ich sei dorthin geschickt worden, um dem Tiger Hoffnung zu geben. Seitdem habe ich verschiedene und kontroverse Berichte über das, was in diesem Tigerheiligtum passiert, gehört und gelesen. Ich kann also nur meine Erfahrung teilen und das folgende Gebet anbieten.

Gebet für die Tiger, die Löwen und alle Großkatzen

Geliebte Quelle, lieber Erzengel Fhelyai, Engel der Tiere,
aus tiefstem Herzen bitte ich euch, die Herzen aller Menschen mit Liebe und Respekt für die Tiger, Löwen und alle Großkatzen zu erfüllen und den Geist aller Menschen mit Erkenntnis und der Absicht, ihnen zu helfen.
Bitte überbringt diesen wunderschönen Tieren, die über unseren Planeten wachen und dazu beitragen, seine Schwingungsfrequenz so hoch wie möglich zu halten, den Dank der Menschheit. Erfüllt sie mit Hoffnung.
Danke.

Kapitel 8

Kühe

Botschaft der Kühe

Wir lieben die Erde und die Menschheit und sind sehr froh, dass wir ihnen dienen können, indem wir unsere Milch anbieten. Im Gegenzug erwarten wir allerdings Dankbarkeit und Fürsorge. Dadurch wird das Karma zwischen uns ausgeglichen.

Kühe kommen ursprünglich von Lakumay, dem aufgestiegenen Aspekt des Sirius. Sie gehörten zu den ersten Nutztieren, die im Goldenen Zeitalter von Atlantis auf die Erde kamen, um der Menschheit ihre Milch anzubieten. Zu dieser Zeit war ihre Milch perfekt auf die Bedürfnisse der Menschen abgestimmt, weil das Gras und die Wildpflanzen, die sie fraßen, eine viel höhere Schwingungsfrequenz hatten als heute. Auch das Wasser war rein und gesegnet. Die Menschen aßen kein Fleisch und profitierten daher in ganz besonderer Weise von der Milch. Als fünfdimensionale Wesen von Lakumay bringen Kühe die bedingungslose Liebe und das göttlich weibliche Licht des goldenen Christusstrahls und geben sie mit ihrer Milch weiter.

Kühe legen gemütliche, mütterliche, nährende und gebende Eigenschaften an den Tag. Sie sind warm und robust, sanft und geerdet. Sie haben sich ursprünglich verkörpert, um diese stabilen, verlässlichen Aspekte ihres Wesens zu entwickeln, was ihnen sehr gut gelungen ist. Die Kuh ist das ultimativ weibliche, wohlwollende, liebevolle Tier. Und die große geistige Mutter, die Universalengelin Maria, hält und badet sie permanent in ihrem liebenden Licht. Stiere sind zäh und stabil. Sie stehen für männliche Kraft und Schutz. Gemeinsam bieten sie das perfekte Gleichgewicht von männlicher und weiblicher Energie.

Im Goldenen Zeitalter von Atlantis wurden Kühe und Stiere als Familienmitglieder betrachtet. Sie wurden geliebt und umsorgt. Die Menschen labten sich an der köstlichen Milch der Kühe, bedankten sich dafür, und jedes Tier wurde als Individuum geschätzt. Die Kühe bekamen ebenso viel Liebe, wie sie gaben.

Als die Welt dreidimensional wurde, wurden Kühe als Wirtschaftsgüter behandelt und litten bis zur Unerträglichkeit. Sie bekamen unangemessenes Futter, und man erwartete von ihnen, dass sie ihre Milchquoten erfüllten oder starben. Ihre Kälber wurden getötet und gegessen. Dies setzte die Kühe unter großen Stress und machte die Stiere wütend. Gestresste Menschen und Tiere sind anfälliger für Krankheiten. Schließlich breitete sich in vielen Herden Rinderwahn aus, und Tausende von Tieren wurden geschlachtet. Endlich begannen wir Menschen zu erkennen, dass wir die Kühe mehr brauchen als sie uns.

Damals diskutierte die hoch entwickelte Überseele der Hausrinder ernsthaft mit dem Intergalaktischen Konzil, ob sie sich von der Erde zurückziehen und das Experiment auf einem anderen Planeten ihrer Wahl weiterführen solle. Dies hätte ein schreckliches Loch in den Plan für die Erde gerissen und auch viel schlechtes Karma für die Menschheit und diesen Planeten bedeutet, welchen die Kühe wirklich von Herzen lieben. Hingabe ist eine weibliche Eigenschaft, und die Kühe demonstrierten sie, als sie zuließen, dass sie zu Hunderten geopfert und auf lodernden Scheiterhaufen verbrannt wurden. Die Flammen trugen dazu bei, die Energie des Schmerzes, des Leidens und der Respektlosigkeit, unter der sie seit Tausenden von Jahren gelitten hatten, zu verwandeln und zu läutern. Es ist unglaublich, dass die Menschen ihre Lektion immer noch nicht gelernt haben und diese schönen Tiere nach wie vor misshandeln.

So viele Gebete und Fürbitten wurden damals für die Kühe ausgesendet. Seitdem wurden große Lichtportale geschaffen, und Erzengel Fhelyais Engel fluteten auf den Planeten, um ihnen zu helfen. Erzengel Zadkiel füllte diese Portale mit seiner gold- und silbervioletten Flamme, um Wandlung und Heilung herbeizuführen. Die Erzengel Raphael und Gabriel schickten Tausende von Engeln, um die Kühe, die auf diese Weise gestorben waren, auf die andere Seite zu begleiten. Die tapferen Seelen dieser Tiere wurden in einer großartigen Zeremonie und mit umfassender Begrüßung wieder auf Lakumay empfangen.

Doch zum Glück für die Erde hörte die Überseele der Kühe auf die Argumente des Intergalaktischen Konzils. Weil wir in die 20 Jahre dauernde Phase des Übergangs in die fünfte Dimension eintraten, in der die Schwingungsfrequenz des gesamten Planeten ansteigt, beschloss das Reich der Rinder, uns noch etwas länger mit seiner Anwesenheit zu beehren.

Zwischen 2012 und 2032 befinden sich alle Tiere, Menschen und der Planet selbst auf einer Reise in die fünfte Dimension. Wenn die Welt in diesem erweiterten Bewusstseinszustand lebt, werden Kühe und Stiere wieder mit Respekt und Dankbarkeit behandelt werden. Dann werden sie wirklich in der Lage sein, in Liebe zu geben und zu empfangen. Sie werden es endlich genießen, hier zu sein, um ihr spirituelles Wachstum fortzusetzen und zu lernen, wie sie es ursprünglich erwartet hatten.

Heilige Kühe

Der mächtige Hindugott oder große Meister Krishna wird häufig als Kuhhirte dargestellt. Sein Name Bala Gopala bedeutet »das Kind, das die Kühe schützt«. Einer seiner anderen Namen,

Govinda, bedeutet »derjenige, der den Kühen Zufriedenheit schenkt«. Im Hinduismus wird die Kuh als großzügige Mutter betrachtet, weil ihre Milch die Menschen ernährt und jeder Teil von ihr auf nützliche Weise verwendet werden kann. Sie wird verehrt und gilt als heilig. Wo dieser Glaube echt und ehrlich ist, hilft die Energie, die Schwingungsfrequenz von Kühen weltweit anzuheben. Das hat sie erhalten.

Visualisierungsübung

In der Zeit zurückreisen, um sich mit den Kühen zu verbinden

1. Suchen Sie sich einen ruhigen Ort, an dem Sie ungestört sind.
2. Zünden Sie, wenn möglich, eine Kerze an, um die Schwingungsfrequenz zu erhöhen.
3. Schließen Sie die Augen und lassen Sie Ihre Augenlider schwer werden, sehr schwer, während Sie immer tiefer atmen.
4. Eine schimmernde goldene Brücke taucht vor Ihnen auf.
5. Sie wissen, dass dies ein Zugang zur unglaublichen Ära des goldenen Atlantis ist.
6. Überqueren Sie die Brücke in dem Wissen, dass Sie von den Engeln geführt und gehalten werden.
7. Am Ende der Brücke können Sie das goldene Atlantis vor sich liegen sehen. Alles schimmert mit einer goldenen Aura – die Bäume, das Gras, die runden, dicht gedrängten Häuser, das strömende Wasser, die Vögel, alles.
8. Voll Staunen und Entzücken gehen Sie an Land und fühlen sich sofort willkommen und glücklich.
9. Während Sie sich einem der runden Häuser nähern, hören Sie schöne Musik, freudvolles Lachen und das Plätschern von fließendem Wasser.
10. Der Garten ist eine bunte Wiese, übersät mit duftenden Wildblumen.

11. Eine Familie spielt im Sonnenschein. Vater, Mutter, drei Kinder und drei Hunde planschen in einem kristallklaren Pool. Sie werden beobachtet von ihrer schwarzen Katze, einem Pferd, einer Kuh, einem Schaf und einer Ziege, die alle zusammen unter einem Baum Rast machen.
12. Die Familienmitglieder rufen Sie zu sich, und Sie schwimmen mit ihnen im Wasser.
13. Dann kommt die zufriedene Kuh auf Sie zu und schaut Sie mit feuchten Augen liebevoll an.
14. Sie streicheln sie und wundern sich über ihre funkelnde goldene Aura.
15. Sie teilt Ihnen telepathisch mit, dass sie der Familie liebevoll dient, indem sie ihr reichlich Milch für Käse und Butter bietet. Sie wiederum bekommt Schutz, eine schöne Weide und liebevolle Dankbarkeit.
16. Alle sind zufrieden und gern auf der Erde.
17. Die Mutter fragt die Kuh höflich, ob sie ihr ein wenig Milch für Sie abnehmen darf, und die Kuh stimmt liebenswürdig zu.
18. Die Mutter melkt die Kuh und bietet Ihnen die Milch in einer Tasse an. Diese Milch ist perfekt auf eine fünfdimensionale Schwingung abgestimmt, und Sie nehmen sie dankend an.
19. Als Sie dieses fünfdimensionale Elixier trinken, spüren Sie, wie sich jede Zelle Ihres Körpers aufhellt.
20. Mit einer tiefen Verbindung zum Reich der Rinder gehen Sie über die Brücke wieder zurück. Dessen Licht und Liebe sind jetzt in Ihrer Aura.
21. Wenn Sie in Zukunft eine Kuh sehen, wird die Energie in Ihrer Aura sie daran erinnern, wer sie wirklich ist. Es kommt ganz auf Sie an.

Kapitel 9

Hirsche

Botschaft der Hirsche

Wenn ihr einen Hirsch oder ein Reh seht, seid ihr aufgefordert, dem Universum oder eurer eigenen Intuition zu vertrauen. Schaut nach innen und stärkt euren inneren Prozess. Wir strahlen den Mut, die Kraft, die Anmut und die innere Harmonie aus, die ihr braucht. Steht zu eurer Weisheit und eurer Macht.

Hirsche *(Cervidae)* in all ihren verschiedenen Formen stammen von Lakumay, dem aufgestiegenen Aspekt des Sirius, und haben sich hier verkörpert, um etwas über Vertrauen zu lernen und zu lehren. Die sanfte Hirschkuh wirkt nervös und scheint allzeit bereit, beim kleinsten Anzeichen einer Störung die Flucht zu ergreifen. Sie prüft die Energien, schnüffelt die Luft und ist ständig auf der Hut, wobei ihr Drittes Auge immer offen ist.

Mein kleiner Hund Venus hat jedoch herausgefunden, dass sich die Hirschkuh wie ein wilder Tiger aufführt, wenn ihrem Kitz Gefahr droht. Venus war ein Rehjäger, und Rehe gibt es viele in unserem Wald. Doch eines Tages rannte sie einfach los, völlig fixiert auf ihre Verfolgungsjagd. Ich hörte ein lautes Krachen aus dem Unterholz, gefolgt von einem Quietschgeräusch, das mein Hund ausstieß. Ich dachte, damit wolle Venus ihrer Begeisterung über die Verfolgungsjagd Ausdruck verleihen. Ein paar Sekunden später schoss mein Hund aus dem Farndickicht, verfolgt von einer sehr wütenden Hirschkuh. Venus flüchtete sich an meine Seite, und die Hirschkuh blieb stehen, blitzte uns an und stampfte mit den Hufen, bis wir uns ganz leise zurückzogen. Sie hatte wahrscheinlich ein Kitz in einem nahe gelegenen Versteck. Wie auch immer, Venus hat ihre Lektion gelernt. Sie hat seitdem kein einziges Reh mehr verfolgt.

Hirsch und Hirschkuh oder Reh und Rehbock sorgen für ein Gleichgewicht zwischen männlicher und weiblicher Energie. Der Hirsch oder Rehbock ist stark, mutig, würdevoll und stolz. Er gilt oft als die Verkörperung von Kraft und Stärke, und sein fabelhaftes Geweih symbolisiert Macht und Dominanz. Er ist in seiner Macht geerdet.

Das Geweih des Hirschs wächst im Frühling, und das bedeutet Geburt und Erneuerung. Im Winter werfen die Hirsche ihr Geweih ab. Das steht für Tod, das Ende eines Prozesses, Innenschau und Verlust. Wenn Sie also einen Hirsch sehen, kann dies bedeuten, dass Ihnen ein Richtungswechsel oder ein Neubeginn in irgendeinem Bereich Ihres Lebens bevorsteht. Eine solche Begegnung legt auch nahe, dass Sie das Selbstvertrauen und die innere Stärke haben, den Neubeginn zu schaffen. Hirsche stehen in Verbindung mit Erzengel Michael, der durch dieses Tier wirkt, um Menschen zu berühren und ihnen die Kraft zu geben, die sie brauchen, um zu tun, was sie tun müssen. Erzengel Michael verbindet sich über die Hirsche auch mit Menschen, um ihnen einzuschärfen, sich um diejenigen zu kümmern, die schwächer sind als sie selbst.

Hirschkühe sind sanft, liebevoll und ausgeglichen (es sei denn, ihr Kitz ist in Gefahr). Sie stehen auch für Unschuld. Sie sind anmutig und zierlich. Menschen sind oft ganz fasziniert vom Anblick einer Hirschkuh in ihrer ganzen Schönheit und Anmut. Erzengel Michael und seine Zwillingsflamme Erzengel Faith sind häufig mit einer ganzen Herde Hirsche zu sehen. Erzengel Michael gibt ihnen Kraft und Stärke, während Erzengel Faith ihr Vertrauen und ihre Zuversicht stärkt.

Während es ihr Seelenauftrag ist, etwas über Schönheit, Anmut und Vertrauen in das Universum zu lernen und zu lehren, besteht ihr dienender Auftrag darin, frisches Gras und frische Blätter zu fressen, um neues Wachstum zu stimulieren. Sie lernen und lehren auch etwas über ihre Art des Familienlebens, in dem die Männchen tendenziell Einzelgänger sind, während das Weibchen die Kitze aufzieht. Die Hirschkuh lernt etwas über Kooperation und das Zusammenarbeiten als Gruppe.

Wie viele hoch entwickelte Tiere nehmen sie jede mögliche Gelegenheit wahr, die Schwingungsfrequenz der Menschheit zu erhöhen. In meinem Buch *Venus. Ein kleiner Hund, sein Engel und seine Erlebnisse mit der geistigen Welt* erzähle ich die Geschichte eines Hirschs, der aus einer nahe gelegenen Hirschfarm entkommen war und beschlossen hatte, in einer frisch gepflanzten Nadelbaumplantage zu leben. Er beehrte seinen kleinen Fleck im Sonnenschein jeden Tag, und die Nachricht von seiner Anwesenheit verbreitete sich bald wie ein Lauffeuer. Menschen reisten kilometerweit an, um einen Blick auf ihn zu werfen. Zuerst strahlte er eine Energie aus, die Menschen half, Vertrauen in das Universum zu entwickeln. Nach ein paar Tagen änderte sich die Botschaft, die er aussendete. Jetzt ging es um das Zusammensein in einer Gemeinschaft. Seine Anwesenheit inspirierte die Menschen, Verbindung zueinander aufzunehmen und miteinander zu sprechen. Erzengel Michael gab diese Energie durch sein Halschakra an uns alle weiter.

Wie alle Tiere von Lakumay, die sich hier verkörpern, laden die Hirsche sowohl Wissen über die geistige Technologie der Zukunft als auch über die heilige Geometrie in die Aura derer herunter, die dafür bereit sind. Die Engel singen über ihnen, wie sie es tun, damit die Schlüssel und Codes leichter übertragen werden können.

Sie können die Engel bitten, jedem Tier zu helfen. Ich ging einmal an einer Herde von Hirschen vorbei, die ganz ruhig graste. Ich hatte die Eingebung, Erzengel Fhelyai, den Engel der Tiere, zu bitten, einen seiner Engel zu jedem dieser Tiere zu schicken. Sofort sah ich, wie ein gelbes Licht bei einem auftauchte, dann bei einem anderen, und im Nu waren alle von gelben Lichtern beleuchtet. Es war wirklich schön. Ob sie die Lichter nun sehen oder spüren können oder auch nicht: Wenn Sie um die Hilfe der Engel bitten, geschieht dies automatisch.

Visualisierungsübung
Mit den Hirschen in Verbindung treten

1. Suchen Sie sich einen Ort, an dem Sie ungestört sind und gut entspannen können.
2. Zünden Sie, wenn möglich, eine Kerze an. Schließen Sie die Augen und atmen Sie ganz entspannt.
3. Wenn sich Ihre Augenlider richtig schwer anfühlen, stellen Sie sich vor, dass Sie das Morgenkonzert der Singvögel hören können.
4. Sehen Sie sich selbst auf der Kuppe eines grünen, von Wildblumen bedeckten Hügels. Vielleicht riechen Sie sogar deren Duft.
5. Als eine strahlend orangerote Sonne über der Kuppe des Hügels aufgeht, sehen Sie, wie sich ein majestätischer Hirsch als Silhouette gegen die Sonne abhebt.
6. Das Licht funkelt auf seinem edlen Geweih.
7. Eine Hirschkuh kommt leise herbei und stellt sich neben ihn.
8. Aus seinem glühenden Herzen strahlt der Hirsch Eigenschaften wie Majestät, Stärke, Mut und Kraft aus und gibt sie an Sie weiter. Ihre Aura füllt sich mit königsblauem Licht.
9. Aus ihrem glühenden Herzen strahlt die Hirschkuh Eigenschaften wie Sanftmut, Grazie, Liebe, Harmonie und Unschuld aus und gibt sie an Sie weiter. Ihre Aura füllt sich mit schimmerndem, milchig weißem Licht.
10. In dem Wissen, dass Sie in Sicherheit sind, schauen Sie durch die Augen der Tiere in ihre Seele. Symbole der heiligen Geome-

trie und Codes der geistigen Technologie ergießen sich in Ihre Aura.

11. Sie spüren, wie Ihre Aura aufleuchtet und geradezu in Flammen steht.
12. Strahlen Sie diese Energie jetzt in die Welt und seien Sie sich bewusst, dass Sie dem Reich der Hirsche damit wahrlich die Ehre erweisen.

Kapitel 10

Hunde

Botschaft aus dem Reich der Hunde

Deine Familie ist deine Basis. Sie enthält die Essenz der Lektionen, die sich deine Seele für dieses Leben ausgesucht hat. Wahre Disziplin und Respekt hält sie zusammen und macht es dir möglich, deinen spirituellen Weg mit Freude zu gehen.

Alle Hundeartigen *(Canidae)* kommen ursprünglich von Sirius. Sie sind vor allem hier, um verschiedene Familienstrukturen zu erkunden und zu erleben.

Haushunde

Zu Beginn des fünften Experiments von Atlantis, der Geburt des Goldenen Zeitalters, gab es viele Gespräche zwischen dem Intergalaktischen Konzil und den Meistern des Sirius. Ergebnis war der Beschluss, dass Hunde die besten tierischen Begleiter für jene fünfdimensionalen Wesen sind, die sich verkörperten, um die neue Erfahrung zu machen. Der goldene Christusstrahl wird auf dem Sirius verwahrt, und alle Wesen von dort tragen etwas von dieser bedingungslosen goldenen Liebe in ihrem Energiefeld.

Sie erkannten, dass diese neuen Menschen, die noch nie zuvor auf der Erde gewesen waren, von der bedingungslosen Liebe der

Hunde profitieren würden. Es würde auch helfen, die Herzzentren der Menschen weiterzuentwickeln, wenn sie sich um die täglichen Bedürfnisse eines Tieres kümmern mussten. Und Hunde würden auch etwas über menschliche Familien erfahren und lernen, ihnen zu vertrauen. Und so bekam eine neue Art von Hund, eine Art Lurcher, die Erlaubnis der Quelle, sich auf der Erde zu verkörpern. Kurzfristig herrschte große Aufregung im ganzen Universum. Noch nie hatten Tiere so eng mit Menschen zusammengelebt oder waren so vollständig von ihnen abhängig gewesen wie die Tiere, die jetzt geboren werden sollten.

Diese Tiere kamen auf einzigartige Weise hier an. Ursprünglich tauchten ein paar junge Hunde vom Sirius auf. Häuser und Wohnungen waren sorgfältig für sie vorbereitet worden, und wenn sie ankamen, trottete jeder zu der für ihn bestimmten Familie. Diese sechs Familien hatten jeweils ein Kind. Sie warteten auf die Ankunft des jungen Hundes. Und sobald er auftauchte, erkannten ihn das Kind und seine Eltern sofort als das neue Mitglied ihrer Familie. Das Kind entwickelte eine Bindung zu seinem Haustier und war dafür verantwortlich, es zu füttern, sein Fell zu pflegen und mit ihm Gassi zu gehen. Im Gegenzug begleitete der Hund das Kind als sein Freund und Beschützer zur Schule. Diese Hunde vertraten eine männliche Energie in dem Haushalt, in dem es bereits ein Kaninchen und eine Katze gab, die weiblich orientiert waren.

Seit der Zeit, in der sich diese ursprünglichen Hunde vermehrten, hat sich dieses System fortgesetzt. Jeder Welpe ging zu einem Kind, das bereits für ihn ausgewählt war, und wurde liebevoll umarmt und als Teil der Familie aufgenommen. Sie spielten, machten Quatsch, rannten um die Wette und gaben sich gegenseitig Kameradschaft, Liebe und Freude. Wenn ein neues Baby in eine Familie geboren wurde, rechneten die Eltern automatisch damit, dass ein Welpe auftauchen und das Baby auf seiner Reise durch die Kindheit begleiten würde. In der Tat, als das Kind im Alter von 13–16 Jahren erwachsen wurde, verließ es sein Elternhaus, und der Hund entschlief automatisch, denn er hatte seine Aufgabe erfüllt. Eine enorme unauflösliche Bindung hatte sich zwischen dem Hund und dem Menschen gebildet, und Tausende von Jahren später zieht dieses Band der Liebe Mensch und Tier immer noch zueinander. Wir verlieren unsere geliebten Haustiere niemals. Wir begegnen ihnen immer wieder.

Dieser Zustand des glücklichen und liebevollen Miteinanders dauerte 1.500 Jahre, bis die Energie allmählich degenerierte und die Menschen in ein Bewusstsein der dritten Dimension gerieten. Als die menschlichen Egos allmählich die Führung übernahmen, fanden manche Menschen, dass sie das Recht hatten, sich in die göttliche Blaupause der Tiere einzumischen. Sie dachten, sie könnten sie genetisch verändern und Hunde für ihre eigene Genugtuung züchten. So wurden Hunde zu Spielzeugen des Menschen.

Sie wurden selektiv modifiziert, um andere Tiere zu jagen, zu kämpfen, um die Wette zu laufen, Dinge zu apportieren und für viele andere Zwecke. Sie wurden Nutztiere, unser Eigentum, und viele wurden auch entsprechend behandelt. Und doch haben sich diese schönen Geschöpfe immer wieder verkörpert, und zwar mit offenen und hoffungsvollen Herzen.

In der heutigen Zeit kann man bei Haushunden eine enorme Vielfalt an Formen, Größen, Farben und Temperamenten beobachten. Sie erfüllen alle möglichen »Zwecke«, vom Ersatzbaby über den Jagdhund bis zum Rattenfänger oder Drogenschnüffler und noch viele andere. Sie sind mittlerweile derart überzüchtet, dass sie viele genetische Defekte haben. Jetzt erkennen die Menschen ihre Torheit, und das Wort Straßenköter, das einen nicht reinrassigen Hund beschreibt, wird zunehmend ersetzt durch den eher akzeptablen Begriff Mischling für einen Hund, bei dem weniger wahrscheinlich ist, dass er genetische Defekte hat.

Der geistige Auftrag, den sie mit ihrer Inkarnation annehmen, besteht immer noch darin, Liebe zu geben und zu empfangen und etwas über Disziplin zu lernen und weiterzugeben.

Ihr Hund liebt Sie und war vielleicht schon in vielen Leben bei Ihnen. Hunde »wählen« ihre Besitzer in der gleichen Weise, wie ein Baby auf der geistigen Ebene zu seinen Eltern gezogen wird. Das bedeutet, dass Sie niemals das falsche Haustier bekommen können. Diese wichtigen Entscheidungen werden auf der Seelenebene getroffen.

Wenn Sie das Gefühl haben, Ihren Hund schon früher gekannt zu haben, dann ist das vermutlich auch so.

Wölfe

Wölfe waren schon immer königliche *Canidae*, stark und unabhängig. Sie haben sich hier verkörpert, um den goldenen Christusstrahl von Sirius zu bringen und ihn überall dort zu verbreiten, wo sie umherzogen, und um etwas über Disziplin und das Leben in einer Familie oder einem Rudel zu lernen. Sie lernten und lehrten auch, dass es effektiver ist, mit anderen zusammenzuarbeiten als allein. Das Einzige, was sie fürchteten, waren die Menschen.

Als Atlantis unterging, führte der Hohepriester Imhotep seinen Stamm nach Amerika, und die Stämme der amerikanischen Ureinwohner entwickelten sich daraus. Sein Volk war höher entwickelt als alle früheren »Menschen«, die auf diesem Kontinent gelebt hatten. Der Wolf stellte sich seiner Angst und fing an, den Menschen zu vertrauen, und die wiederum begannen, den Wölfen zu vertrauen. In den alten Geschichten ist von Wölfen und Menschen die Rede, und in den Malereien der ältesten Völker sind Mensch und Wolf zusammen dargestellt. In manchen Legenden hat der Wolf heilende Kräfte, und in einer rettet der Wolf die Menschen vor einer großen Flut. Viele Indianer waren sich der tiefen Verbundenheit von Mensch und Wolf zutiefst bewusst.

Graue Wölfe lebten in weiten Teilen der Vereinigten Staaten. Es ist unglaublich, aber wahr, dass sie in den 1960er-Jahren für

Schädlinge erklärt und praktisch ausgerottet wurden. Nur dadurch, dass sie sich in den ausgedehnten Wäldern versteckten, konnten einige von ihnen überleben. Erst als sie fast ausgestorben waren, erklärten die Menschen sie zur schützenswerten, weil bedrohten Tierart. Das erste Rudel wilder Wölfe kam von Kanada nach Montana und wurde als Magic Pack (das magische Rudel) bekannt. Endlich werden es wieder mehr, und sie können ihre Auffassung von einem Familienleben mit einer sehr strengen Hierarchie und klaren Regeln auch weiterhin pflegen. Männliche und weibliche Wölfe werden im Rudel als tendenziell gleichwertig betrachtet. Sie halten das Gleichgewicht zwischen männlichen und weiblichen Energien aus der goldenen Ära von Atlantis aufrecht. Gemeinsam sorgen sie dafür, dass jedes Mitglied des Rudels eine Rolle zu spielen hat und niemand vernachlässigt wird.

Weil Wölfe den goldenen Christusstrahl verbreiten, wo immer sie herumstreifen, kümmern sich sowohl Erzengel Zariel als auch der Engel der Tiere, Erzengel Fhelyai, um sie. Sie sind aber auch selbst spirituelle Lehrer und verbreiten viel Licht unter anderen Mitgliedern des Tierreichs sowie unter Bäumen und anderen Pflanzen und geben es auch an Menschen ab, wenn diese es aufnehmen.

Füchse

Füchse verkörperten sich ursprünglich in der nördlichen Hemisphäre, aber als Menschen sie in anderen Teilen der Welt einführten, nahmen sie die Gelegenheit, sich dort auszubreiten und mehr zu lernen, bereitwillig wahr. Eine der Seelenqualitäten, die sie entwickeln, ist die Anpassungsfähigkeit. Sie haben bewiesen, dass sie sich erstaunlich gut an ihre Umgebung anpassen können. Es gibt Füchse, die auf Bäume klettern können, Füchse, die riesige Ohren entwickelt haben, damit sie die Hitze in heißen Klimazonen besser abstrahlen können, oder Polarfüchse, denen im Schnee ein dichtes reinweißes Fell wächst. Sie haben also hinreichend bewiesen, dass sie mit fast allen Umweltbedingungen klarkommen.

Füchse haben sich nicht verkörpert, um mit Menschen zusammenzuleben, aber an manchen Orten wurden sie regelrecht gezwungen, sich in diesem Punkt schnell anzupassen. Wo wir in ihre natürlichen Lebensräume eingedrungen sind, mussten sie sich einfach anpassen. Sie haben ihre Energiefelder entsprechend programmiert, um ihre natürliche Furcht vor uns zu überwinden. Füchse bewohnen unsere Städte und Dörfer mehr oder weniger mit uns.

Ich erinnere mich, wie ich in den späten 1990er-Jahren zum ersten Mal meine Tochter in ihrem neuen Zuhause in einer kleinen Stadt in Surrey besuchte. Zu meinem Erschrecken war der gemeinschaftlich genutzte Carport von sechs Füchsen bevölkert. Als ich auf Laurens Haustür zuging, räkelte sich eine große Füchsin auf der Türschwelle. Sie erhob sich und lief weg, als ich näher kam. Als ich meiner Tochter gegenüber erwähnte, dies komme mir doch eher außergewöhnlich vor, zuckte sie nur mit den Schultern und meinte, die Füchse seien immer da, störten aber niemanden. Jetzt, 20 Jahre später, ist dies ein häufig zu beobachtendes Phänomen.

Wie alle Hundeartigen lernen und lehren Füchse etwas über Familienleben und Disziplin. Anders als Wölfe sind sie in der Regel Einzelgänger oder leben in kleinen Familienverbänden. Sie können uns Menschen eine Menge beibringen. Bis ich meinen geliebten Hund Venus hatte, waren Füchse in meinem Garten häufig zu sehen.

Eines Tages saß ich auf der Terrasse, als eine Füchsin, gefolgt von drei Jungen, durch die Hecke marschierte. Sie tappten still hinter ihr her, doch plötzlich drehte sie den Kopf und schaute sie an – offenbar, um ihnen eine Anweisung zu geben. Ohne Murren drehten sich alle drei um und trabten dorthin zurück, wo sie hergekommen waren. Ich erinnerte mich an meine eigenen drei ausgesprochen unabhängigen und streitsüchtigen Kinder und war beeindruckt von ihrem sofortigen Gehorsam, ihrem absoluten Glauben an die Instinkte ihrer Mutter und ihrer Disziplin.

In einem der Nachbargärten gab es einmal zwei Füchsinnen, die fast zur gleichen Zeit zusammen drei Junge zur Welt gebracht hatten. Sie gründeten so etwas wie eine Krippe, und jeweils eine Mutter kümmerte sich um die drei Jungen und spielte oft auf meinem Rasen mit ihnen. Es war nicht nur sehr nett anzusehen, wie die Kleinen unter den wachsamen Augen ihrer Mutter oder Tante dort spielten, es war auch eine Demonstration enormen Vertrauens, das es möglich machte, den eigenen Nachwuchs von jemand anderem betreuen zu lassen.

Bei mehreren anderen Gelegenheiten saß ich auf dem Rasen, während ein Fuchs ein paar Meter vor mir in der Sonne lag, einen Knochen abnagte oder sich schlicht wie ein Haushund benahm. Jetzt, wo ich einen kleinen Hund habe, der sein Revier entschieden verteidigt, huschen die Füchse durch meinen Garten, und ich sehe nur noch ab und zu die Spitze eines Fuchsschwanzes.

Wie alle Tiere, die gern in der Erde buddeln, stehen auch Füchse mit dem Element Erde und Lady Gaia in Verbindung. Wenn sie einen Bau oder eine Höhle anlegen, bringen sie das Christuslicht direkt in das Land. Viele Menschen verjagen Füchse, weil sie fürchten, dass sie Krankheiten wie Räude oder sogar Tollwut haben. Und das könnte in der Tat sein, denn Füchse stehen seit Jahrhunderten, genauer gesagt seit Menschen sie zu ihrem Vergnügen jagen, unter Stress und sind daher anfällig für Krankheiten. Es ist zumindest ein Anzeichen für das aufstrebende Bewusstsein der Menschheit, dass die Fuchsjagd in Großbritannien mittlerweile verboten ist. Andere verjagen Füchse, weil sie ihr Geflügel töten oder die Vögel, die sie gezüchtet haben, um sie als Sportschützen selbst zu erschießen.

Dingos und Wildhunde

Der australische Dingo stammt von Haushunden ab, die über viele Generationen verwildert sind. Sie können immer noch mit Haushunden gekreuzt werden. Es gibt viele verwilderte Hunde auf der ganzen Welt, die beschlossen haben, sich lieber allein durchzuschlagen, als darauf zu vertrauen, dass sich Menschen um sie kümmern. Sie waren nie in Kontakt mit Menschen.

Aus spiritueller Sicht ist so ein wilder Hund ein bisschen wie ein junger Mensch, der beschließt, seine Familie zu verlassen und auszuwandern, um ein neues Leben anzufangen. Sie entwickeln unter anderem Eigenschaften wie Unabhängigkeit, Einfallsreichtum, Mut, Abenteuerlust und Anpassungsfähigkeit. Oft gründen sie ihr eigenes Rudel, ähnlich wie Wölfe, und lassen ihre ursprüngliche spirituelle Intention, etwas über das Leben in einer Familie zu lernen und weiterzugeben, wieder aufleben.

In der Regel verlassen die Männchen das Rudel, um sich eine Gefährtin zu suchen, aber in den Rudeln einiger afrikanischer Wildhunde probiert das Reich der Hunde ein anderes Experiment aus. Die Männchen bleiben bei ihrer Geburtsfamilie, und die Weibchen verlassen das Rudel als Gruppe, wenn sie alt genug sind. Sie suchen sich Männchen, um mit ihnen ein neues Rudel zu gründen.

Erzengel Fhelyai, der Engel der Tiere, überwacht dies und hilft ihnen, ihre neuen Erkenntnisse zu integrieren und nach ihrem Tod mit zurückzunehmen zum Sirius.

Schakale und Kojoten

Schakale sind Wildhunde, die in Afrika, Europa und Teilen von Asien vorkommen. Sie jagen allein oder im Rudel und bilden manchmal auch kleine Gruppen. Kojoten leben in Nordamerika und sind das Gegenstück von Schakalen. Beide sind Raubtiere, die ihre äußerst tiefe Angst vor dem Menschen überwunden haben und Vieh reißen oder die Mülltonnen plündern.

Vor vielen Jahren machte ich mit meiner Familie Urlaub in den USA. Damals aßen wir alle noch Fleisch und grillten uns dicke Steaks zum Abendessen. Da rannte ein Kojote blitzschnell an uns vorbei, schnappte sich das Fleisch vom Grill und verschwand damit. Wir trauten unseren Augen kaum und blieben hungrig, aber auch voller Ehrfurcht vor dem Mut und der Kühnheit des Tieres zurück. Ich hoffe, es konnte seine hungrige Familie gut füttern!

Auf der spirituellen Ebene hat die menschliche Übernahme des Planeten Schakale und Kojoten gezwungen, sich an die Gegebenheiten in ihrem Umfeld anzupassen. Ihr wichtigster Seelenauftrag ist jedoch immer noch, etwas über das Leben in einer Familie zu lernen und zu lehren und die Energien der transzendenten Liebe zu verbreiten, die in ihrem Energiefeld festgehalten werden.

Visualisierungsübung
Ein Energieball für die Hunde

1. Suchen Sie sich einen ruhigen Ort, an dem Sie ungestört sind.
2. Atmen Sie ganz ruhig, und rufen Sie den goldenen Christusstrahl zu Ihrem vollkommenen Schutz herbei. Spüren Sie, wie die goldene Energie Sie von oben durchströmt.
3. Atmen Sie tief ein. Mit dem Ausatmen stellen Sie sich vor, dass gelbes Licht aus Ihrem Herzen fließt und sich vor Ihnen zu einer Kugel formt.
4. Senden Sie mit den nächsten paar Ausatmungen weiter gelbes Licht aus, und machen Sie die Energiekugel so immer größer.
5. Wenn Sie eine große leuchtende sonnengelbe Kugel vor sich haben, rufen Sie Erzengel Fhelyai, den Engel der Tiere, zu Hilfe. Sehen oder spüren Sie, wie er neben Ihnen steht.

6. Rufen Sie jeden beliebigen Hund oder jede Art von Hund, die Sie möchten, herbei und lassen Sie ihn in der sonnengelben Lichtkugel baden.
7. Seien Sie sich, während sich der Hund in der riesigen Energiekugel entspannt, dessen bewusst, dass Erzengel Fhelyai ihm alles gibt, was er braucht. Das kann Heilung, Entspannung, Vertrauen, Stärke oder jede andere Qualität sein.
8. Sehen Sie, wie der Hund glücklich, gesund und frei daraus hervorgeht.
9. Bedanken Sie sich bei Erzengel Fhelyai, öffnen Sie die Augen und seien Sie sich bewusst, dass Sie damit etwas bewirkt haben.

Kapitel 11

Elefanten

Botschaft der Elefanten

Wir repräsentieren kosmische Fülle, und wenn ihr bereit seid, diese Fülle in euer Leben zu lassen, können wir in Frieden leben. Bringt also wahre Fülle in euer Bewusstsein, wenn ihr uns wirklich helfen wollt.

Fünf Millionen Jahre nach dem Aussterben der Dinosaurier gehörten prähistorische Elefanten zu den größten Landsäugetieren. Mit ihren gewaltigen geschwungenen und sehr sperrigen Stoßzähnen unterschieden sie sich deutlich von den heute lebenden, viel kleineren afrikanischen und asiatischen Elefanten, die trotzdem immer noch die größten Landlebewesen sind.

In Atlantis gab es keine Elefanten, aber als das erste Experiment auf diesem Kontinent geplant wurde, fanden gleichzeitig auch Experimente in Afrika und Asien statt. Damals inkarnierten Elefanten in der Form, die wir heute kennen, auf diesen beiden Kontinenten, und zwar in fünfdimensionalen Körpern. Sie kommen von Lakumay, dem aufgestiegenen Aspekt des Sirius, und überbringen eine fünfdimensionale Blaupause für das Familienleben in einer perfekten matriarchalen Gesellschaft.

Diese geduldigen, sanften und weisen Tiere haben sich verkörpert, um etwas über Familienleben und Familienstruktur zu lernen und den Menschen beides zu demonstrieren. Sie lernten schnell, dass die liebevollen, fürsorglichen und aufopfernden Eigenschaften des göttlich Weiblichen notwendig sind, wenn man Nachkommen aufzieht. Daher wurden Mütter verehrt und in den Mittelpunkt des Familienlebens gestellt. Sie waren stark, geduldig und dominant. Die Elefantenbullen waren die Beschützer, wurden aber vom Kern der Familie ferngehalten. Elefanten lernten auch, dass fröhlich unschuldiger Spaß ihre Schwingungsfrequenz hoch hält und den Zusammenhalt der Gruppe stärkt. Mütter und Kinder spielen gern im Schlamm und bespritzen sich gegenseitig mit Wasser. Wasser war ihnen besonders wichtig, weil sie erkannten, dass es kosmische Eigenschaften hat, und wenn es auf einer fünfdimensionalen Frequenz gehalten wird, hilft es, die niederen Frequenzen aufzulösen, die sie beeinträchtigen könnten.

Elefanten sind sehr intelligent und auch sensibel. Sie haben Emotionen und Gefühle, die verletzt werden können. Ich erinnere mich an einen Aufenthalt in einer Safari-Lodge in Südafrika. Ein Wildhüter beleidigte einen der Elefanten vor einer Besuchergruppe, indem er ihn aus dem Hotel jagte und sich über ihn lustig machte. Der Mann benahm sich wie ein ausgemachter Macho, fuchtelte mit seinem Stock herum, und der Elefant rannte buchstäblich mit eingezogenem Schwanz weg. Aber er vergaß den Vorfall nicht. Die Wildhüter wohnten in Hütten auf dem Gelände, und der Elefant kehrte in der Nacht zurück und riss sämtliche Wasserleitungen heraus, welche die Hütte dieses Mannes versorgten. Alle anderen Hütten blieben verschont. Dieses Tier wusste ganz genau, wo sein Peiniger wohnte. Und für den Mann war es Instant-Karma.

Die Elefanten gingen frei ein und aus, und eines Morgens fand ich einen riesigen Abfallhaufen auf der kleinen Veranda vor meinem Zimmer. Ich fragte mich, was mir dieser Dickhäuter wohl sagen wollte. Er versuchte auf jeden Fall, meine Aufmerksamkeit auf seine Anwesenheit zu lenken.

Die Überseele der Elefanten ist sich ihrer Aufgabe, etwas über das Familienleben zu vermitteln, sehr bewusst. Vor ein paar Jahren richtete eine Gruppe von jungen Elefantenmännchen eine schwere Verwüstung an. Sie zogen als Teenagergang los, entwurzelten Bäume, kämpften miteinander und benahmen sich wie Elefantengangster. Inspiriert von Erzengel Michael, brachten die Wildhüter einen starken, dominanten Elefantenbullen auf das Gelände, der nicht mit sich spaßen ließ. Die draufgängerischen Teenager beruhigten sich auf der Stelle. Sie wurden erwachsen und benahmen sich dem großen Bullen gegenüber mit gebührendem Respekt. Sie machten keine Schwierigkeiten mehr und schienen überdies alle viel glücklicher mit einem starken männlichen Vorbild, an dem sie sich orientieren konnten. Diese Situation ermöglichte den Elefanten, mehr über ein strukturiertes Familienleben zu erfahren, und Menschen zeigt sie, wie man jugendliche Banden effektiv in den Griff bekommt, falls sie sich ein Beispiel an den Elefanten nehmen.

Weil es ihre Aufgabe ist, die Botschaft eines glücklichen Familienlebens in die Welt zu tragen, arbeiten die Elefanten mit der großen Universalengelin Maria. Sie fungiert als liebevolle Beraterin und flüstert ihnen Mut, Hoffnung und rechtes Handeln ein. Zwillingsflamme der Universalengelin Maria ist Erzengel Raphael, der smaragdgrüne Engel, der für die Entwicklung des Dritten Auges aller fühlenden Wesen verantwortlich ist. Diese großartigen Tiere verständigen sich über mehrere Kilometer Entfernung per Infraschall mit einer sehr viel höheren Frequenz, als wir sie nutzen. Diese Töne sind also für uns nicht hörbar. Hinzu kommt, dass sie über telepathische Fähigkeiten verfügen und sich über ihren Rüssel und ihr Drittes Auge auf außersinnliche Informationen einstimmen. Erzengel Raphael ist auch für Heilung und Fülle verantwortlich. Elefanten stehen in sehr enger Verbindung zu ihm, und er heilt durch sie. Sie hinterlassen eine Spur seines smaragdkristallenen Heilungslichts, wo immer sie auch hingehen, und das trägt dazu bei, die Schwingungsfrequenz des Landes zu erhöhen.

Ein Spitzname für Elefanten lautet Jumbo, was »riesig« bedeutet. Es ist kein Zufall, dass das kosmische Dritte-Auge-Chakra Jupiter ist. Sein aufgestiegener Aspekt ist Jumbay, was »ausgedehnte, erweiterte, höhere Perspektive« bedeutet. Wenn das Dritte Auge eines Menschen bereit ist, sich auf Jumbay einzustimmen, hat er Zugang zu einer ausgedehnten, erweiterten, höheren und erleuchteten Perspektive auf das Leben. Solche Menschen können sich auf eine kosmische Fülle einstimmen, die alle Arten von Wohlstand, Liebe, Glück und Erfolg umfasst, auf eine höhere Art des Seins. Elefanten können dies die ganze Zeit tun, und es ist Teil ihrer Mission, das Bewusstsein der Fülle zu verbreiten.

Elefanten sind sehr stark mit der Erde verbunden. Sie verankern sich im Erdsternchakra des Planeten und arbeiten mit Erzengel Sandalphon, dem schwarz-weißen Engel, der für den Erdstern verantwortlich ist. Er hilft ihnen, ihre Energie mit den Leylinien zu verknüpfen. Seit Jahrhunderten beleuchten sie die Leylinien der dritten Dimension auf ihren Wanderungen. Außerdem hilft die geometrische Struktur in ihren Energiefeldern bei der energetischen Reparatur defekter Leylinien. Seit 2012 gießt Erzengel Metatron goldenes Licht in die alten Leylinienmuster und legt allmählich ein kristallenes Lichtnetz mit einer siebendimensionalen Frequenz um den Planeten. Die Elefanten helfen dabei, indem sie sich auf Lakumay einstimmen, von dem sie ursprünglich stammen. So erleichtern sie den Informationstransfer von hier direkt in die neuen Linien. Sie helfen, das neue spirituelle Kommunikationssystem für das neue Goldene Zeitalter anzulegen.

Elefanten und die Plejaden

Elefanten sind auch Heiler und arbeiten mit den Engeln der Plejaden zusammen, um Heilung aus der Quelle zu verbreiten.

Elefanten und Elementarwesen

Elefanten sind reinen und unschuldigen Herzens. Das haben sie mit vielen großen Tieren, die in Afrika und Asien die Ebenen durchstreifen, gemeinsam. Die Elementarwesen versammeln sich um sie, und diese enorm entwickelten Tiere belehren sie und tragen dazu bei, sie zu heilen und zu schützen.

Wie man den Elefanten helfen kann

Die Situation auf der Erde ist mittlerweile so schlimm, dass Elefanten sehr viel Schutz brauchen. Menschen sind eine Brücke zwischen den Reichen der Engel und allen Bewohnern der Erde. Es liegt in unserer Macht, etwas zu bewirken. Wenn genügend Menschen, die guten Willens sind, zu Erzengel Fhelyai, dem Engel der Tiere, beten und ihn bitten würden, den Elefanten zu helfen, dann würde dies die gegenwärtige Situation verändern. Und wir brauchen Menschen, die Erzengel Fhelyais Engel bitten, mit dem höheren Selbst von Wilderern, Elfenbeinimporteuren, anderen Elfenbeinkäufern und Touristen zu sprechen, um sie an die Bedeutung dieser majestätischen Dickhäuter zu erinnern. Diese Menschen erklären uns auch, dass es andere Möglichkeiten gibt, reich zu werden – Möglichkeiten, mit denen man keine Karmaschuld auf sich lädt und die Welt positiv beeinflusst.

Gebet um Hilfe für die Elefanten

Geliebte Quelle, liebe Erzengel Fhelyai, Sandalphon, Maria und Raphael,
ich öffne mein fünfdimensionales Herz für euch und bitte mit dem ganzen Feuer meiner Seele um Schutz für die Elefanten dieser Welt.

Ich bitte euch, die Herzen aller Menschen für sie zu öffnen, damit wir sie mit Liebe, Achtung und Respekt behandeln und von ihnen lernen.
Ich bitte euch auch, den kollektiven Geist der Menschheit zu berühren und uns allen ein tiefes Verständnis für die Bedeutung und den Wert des Elefantenreiches einzuprägen sowie den aufrichtigen Wunsch, den Elefanten zu helfen.
Ich bitte darum, dass die Energie derer, die Elefanten Schaden zugefügt haben, in lohnenswerte Beschäftigungen fließt und dass sie zu ihrem eigenen Besten in den Mantel der wahren Fülle gehüllt werden.
Es ist mein Wunsch, dass das Elefantenreich diese Energie der Liebe empfängt.
So sei es. Es ist vollbracht.

Sie können dieses Gebet auch für jedes andere ausgebeutete Tier sprechen, dem Sie helfen möchten.

Kapitel 12

Giraffen

Botschaft der Giraffen

Wenn ihr euch auf die Giraffen einstimmt, beginnt ihr das Leben von einer höheren Warte aus zu sehen. Bringt mehr Gleichgewicht, Anmut und Weisheit in euer Leben. Fügt mehr Mut, Freundlichkeit und Gelassenheit hinzu. Dann werdet ihr die Lektion gelernt haben, die zu lehren wir gekommen sind.

Die Verkörperung der Giraffen in ihrer jetzigen Gestalt war Teil eines göttlichen Experiments in Afrika. Dieses spezielle Projekt brachte einige der erstaunlich geformten Tiere hervor, die wir heutzutage auf diesem Kontinent für selbstverständlich halten. Giraffen stammen vom Orion, dem Sternbild des Lichtes und der Weisheit. Also tragen sie automatisch etwas von dem erhellenden Licht dieses Planeten in ihren Energiefeldern. Sie werden betreut von den Meistern und Engeln des Orion, die mit liebevoller Sorgfalt über sie wachen. Diese entzückenden fünfdimensionalen Geschöpfe waren einverstanden, überaus groß zu sein, mit langen spindeldürren Beinen und einem sehr langen Hals, damit sie ihre dienende Aufgabe, das Trimmen der Baumkronen, erfüllen konnten. Sie reichen bis weit oben, dünnen die Blätter aus und ziehen tote Zweige heraus, um neues Wachstum zu ermöglichen. Sie sind auf einer Wellenlänge mit der Natur und der natürlichen Welt.

Diese weisen Tiere legen Eigenschaften wie Zartheit, Würde und Anmut an den Tag. Obwohl sie, oberflächlich betrachtet, mehr weibliche Eigenschaften haben, sind sie sehr gut im Gleichgewicht und können sich bei Bedarf selbst schützen. Ihr Tritt ist eindrucksvoll und nicht zu unterschätzen. Und bei Gefahr können sie weggaloppieren.

In Kinderbüchern werden Giraffen oft mit einer Krone auf dem Kopf dargestellt. Das liegt daran, dass viele Künstler oft unbewusst durch den Schleier der Illusion schauen, der die physische Welt von den höheren geistigen Dimensionen trennt. Sie nehmen wahr, dass die Blütenblätter der Kronenchakras bei den Giraffen weit offen sind und bis ins Universum reichen, um Wissen und Weisheit von dort aufzunehmen. Erzengel Jophiel, der Erzengel der Weisheit, der für die Entwicklung des Kronenchakras verantwortlich ist, arbeitet mit dem Reich der Giraffen zusammen. Er hilft ihnen, dieses spirituelle Zentrum offen und aktiv zu halten, damit sie mit ihrer Heimat Orion und auch mit vielen anderen Planeten, Sternen und Galaxien in Verbindung bleiben können. Auch die Meister und Engel des Orion gießen Licht, das umfassende spirituelle Informationen und entsprechendes Wissen enthält, mittels eines Strahls der Wahrheit in das Kronenchakra der Giraffen.

Während ihre dienende Aufgabe darin besteht, die Bäume zu trimmen, ist es ihre Seelenaufgabe, die Weisheit des Orion durch ihren physischen Körper in die Erde weiterzuleiten und über die Leylinien des Planeten zu verbreiten. Allein ihre Gestalt symbolisiert das Erreichen großer Höhen. Sie steht für Majestät, Erhabenheit, das Hinausgehen über das Gewöhnliche zum Außergewöhnlichen. Die Giraffen erinnern uns daran, dass es eine erweiterte Perspektive gibt, eine höhere Warte, von der aus man das Leben betrachten kann. Sie lernen und lehren auch etwas über Koordination, also beispielsweise darüber, wie sie ihren Körper beim Galoppieren perfekt im Gleichgewicht halten können.

Wenn ein Giraffenbaby geboren wird, fällt es beachtliche 2,40 Meter weit nach unten, landet mit einem dumpfen Geräusch auf dem Boden und muss sich dann aus eigener Kraft hochrappeln, um an Nahrung zu kommen. Sie müssen wirklich an der Vision ihres göttlichen Plans festhalten und sich zwingen, zu stehen und zu gehen.

Es ist faszinierend, diese Tiere zu beobachten. Eine meiner Töchter und ihre Familie nahmen mich einmal mit zu dem berühmten Safaripark Longleat in Großbritannien, wo viele herrliche Tiere frei herumlaufen. Weil es mein Geburtstag war, spendierten sie mir ein Salatblatt, um die Giraffe zu füttern! Dieses Salatblatt kostete die unvorstellbare Summe von zwei Pfund. Statt unsere Kameras herauszuholen, regten wir und andere Touristen uns über den absurden Preis für ein einziges Salatblatt auf. Während wir damit beschäftigt und entsprechend abgelenkt waren, beugte sich die mir am nächsten stehende Giraffe herüber, streckte ihre dunkelblaue, gewundene Zunge heraus und schnappte sich mein Salatblatt! Und ich hatte noch nicht einmal ein Foto, das ich später hätte zeigen können. Schließlich gab mir meine Tochter ein zweites Salatblatt aus, und wir bekamen ein Foto, auf dem zu sehen ist, wie dieses erstaunliche, stattliche Geschöpf es frisst.

Visualisierungsübung
Das Leben einer Giraffe erkunden

1. Suchen Sie sich einen ruhigen Ort, an dem Sie ungestört sind.
2. Atmen Sie ganz ruhig und entspannen Sie sich.
3. Bitten Sie den Engel der Tiere, Erzengel Fhelyai, Sie mit seinem sonnengelben Licht zu umgeben.
4. Bitten Sie dann Erzengel Jophiel, den Erzengel der Weisheit, Ihr Kronenchakra zu berühren. Spüren Sie, wie es glüht und pulsiert.
5. Sie stellen fest, dass Sie immer größer werden. Ihr Hals wird immer länger. Und Ihre Beine auch ... Und jetzt haben Sie vier davon.

6. Sie spüren sich im Körper einer Giraffe.
7. Ein Strahl aus blassgelbem Licht ergießt sich von oben in Ihr Kronenchakra. Das fühlt sich warm und angenehm an, und Sie spüren, dass dieses Licht voll ist von codierten Informationen vom Orion. Es zeigt Ihnen, wie Sie Wissen weise einsetzen können.
8. Betrachten Sie Ihr Leben von oben. Wie können Sie diese Weisheit in Ihrem Zuhause, in Ihrer Familie, bei der Arbeit und in allen Bereichen Ihrer Inkarnation nutzen?
9. Denken Sie an Anmut und Liebenswürdigkeit. Wie können Sie diese Eigenschaften in Ihren Alltag bringen?
10. Ein einfacher Dienst an der Natur. Was können Sie an Hilfreichem tun?
11. Erheben Sie Ihren Blick und sehen Sie das gesamte vereinigte Universum. Bringen Sie dieses Wissen um die Einheit in Ihren physischen Körper.
12. Nehmen Sie sich die Zeit, die Sie brauchen, um die Vernetzung aller Dinge und die Weisheit, die darin liegt, wirklich zu spüren.
13. Und jetzt ist es Zeit, wieder auf Ihre normale Größe zu schrumpfen.
14. Bedanken Sie sich bei den Giraffen und bei den Erzengeln Fhelyai und Jophiel.
15. Spüren Sie Ihre Finger und Zehen und kehren Sie in Ihren menschlichen Körper zurück.

Vielleicht möchten Sie aufschreiben, was Sie gelernt und gefühlt haben.

Kapitel 13

Ziegen

Botschaft der Ziegen

Wenn ihr die Welt aus einer erleuchteten Perspektive betrachtet, seht ihr nur Liebe und Frieden. Unsere Botschaft an euch lautet: Schaut mit unseren Augen und sendet die Energie der Einheit an alle. Ihr werdet Träger der göttlichen Weisheit sein und die Welt verändern können.

Ziegen sind hochintelligente Tiere, die vom Orion stammen, dem Sternbild der Erleuchtung und Weisheit. Sie bringen sowohl hochfrequentes Licht und Weisheit in die Welt als auch Heilung, Großzügigkeit und Bescheidenheit. Die dienende Aufgabe der Ziegen besteht in der Beseitigung von Abfall. Sie essen und verdauen viel unerwünschte physische Materie und wandeln sie um. Gleichzeitig reinigen sie die Energie von dem Müll. Sie helfen auch der lokalen Ökologie. Beispielsweise gibt es giftige Pflanzen, die andere Tiere nicht fressen können, Ziegen aber bereitwillig konsumieren. Sie räumen das Land auf, damit neuen Samen ausgesät werden können.

Als sich ihre Überseele mit dem Intergalaktischen Konzil und den Meistern des Orion über ihre Rolle auf der Erde beriet, wollten die Ziegen den Menschen ihre Milch und ihre Haare anbieten. Nicht zufällig wird die weibliche Ziege Mutterziege (engl. *nanny goat*) genannt, denn eine Mutter kümmert sich (genau wie eine

Nanny) sehr gut um die Babys und nährt sie entsprechend. Und eine Mutterziege macht genau das. Sie waren auch sehr froh, dass ihre Felle noch lange nach ihrem Tod Verwendung fanden, denn das war nicht selbstverständlich.

Sie sehnen sich danach, frei herumzustreifen, den Planeten zu erfahren und aus ihrer angeborenen Weisheit heraus zu handeln. Sie tragen Weisheit in ihrer Seele und möchten sie verbreiten, aber vor allem streben sie nach Freiheit und Raum, um ganz sie selbst zu sein.

Ziegen haben viel mit Schafen gemeinsam. Schafe kommen allerdings als Heiler von den Plejaden und unterscheiden sich energetisch sehr von den Ziegen des Orion, die vor allem Weisheit verbreiten und erst in zweiter Linie als Heiler fungieren. Schafe kommen gern in Herden zusammen. Ziegen leben zwar ebenfalls in Herden, sind aber auch gern unabhängig.

Diese besonderen Tiere haben einen wunderbaren Gleichgewichtssinn. Sie lieben es, in den Bergen herumzuklettern, auf Felsen und Berggipfeln zu stehen, in die Welt zu schauen und alles von einer höheren Warte aus zu betrachten. Wenn Sie eine Bergziege auf einem Gipfel stehen sehen, verbindet diese Sie vielleicht mit Orion und sorgt so für Inspiration und Anschluss an etwas Höheres.

Mythologie

Nach der nordischen Mythologie hat Thor, der Gott des Donners, einen Wagen, der von den Ziegenbocken Tanngrisnir und Tanngnjóstr gezogen wird. In der Nacht isst er das Fleisch der Ziegen, lässt aber ihre Knochen intakt, sodass sie am Morgen ins Leben zurückkehren und erneut seinen Wagen ziehen können. Eines Nachts lädt Thor einen Gast ein, sein Ziegenmahl mit ihm zu teilen. Der Gast bricht einen der Beinknochen, weil er das Mark essen will. Am Morgen ist das Bein immer noch gebrochen, und der Gast muss Thors Diener werden, um den Verlust zu kompensieren. Ich interpretiere dies so, dass der mächtige Thor zwar an der Weisheit der Ziegen teilhaben, aber nicht deren Wesen beeinträchtigen kann.

Pan, der Gott der Natur, ist ein neundimensionaler Meister mit enormer Verantwortung. Weil er eine derart hochfrequente Schwingung ausstrahlt, während er über die Welt der Natur wacht, haben Menschen seine Rolle und sein Wesen immer falsch verstanden. Die ganze Natur erschafft und erzeugt, und der Ziegenbock ist voller Kraft und hat einen starken Schaffensdrang. Im alten Griechenland sagte man über den Gott Pan, er habe den Oberkörper eines Menschen und die Hörner sowie den Unterkörper einer Ziege. Und weil Ziegen die Weisheit des Orion in sich tragen, stehen sie tatsächlich mit Pan, dem Gott der Natur, in Verbindung und arbeiten mit ihm zusammen.

Ziegen arbeiten besonders hart daran, die Schwingung unseres Planeten energetisch aufzuhellen. Wenn Sie in die Augen einer Ziege schauen, sehen Sie Achtsamkeit, Intelligenz, Weisheit und Erleuchtung. Dennoch können sie, wenn sie angemessen behandelt werden, liebevoll, warmherzig und loyal sein. Wo Weisheit ist, ist immer auch Liebe.

Visualisierungsübung
Die Ziegen verstehen

1. Suchen Sie sich einen ruhigen Ort, an dem Sie ungestört sind.
2. Entspannen Sie sich und atmen Sie ganz ruhig.
3. Stimmen Sie sich dann auf das Reich der Ziegen ein und sehen Sie eine prächtige Bergziege, die auf einer Felsnase steht und den Blick über das Tal schweifen lässt.
4. Schauen Sie mit den Augen der Ziege auf die Welt, die sich unter Ihnen ausbreitet.

5. Spüren Sie, wie sich in Ihrem Herzen ein rosafarben-goldenes Licht ausbildet. Es besteht aus Weisheit und Liebe und strahlt von Ihrem Herzen aus in die ganze Welt.
6. Sie wissen, was überall geschieht.
7. Sie verbinden sich mit Orion, dem Sternbild der Weisheit und Erleuchtung, und ein goldener Strahl hüllt Sie ein.
8. Von dieser höheren Warte aus sehen Sie die Einheit. Sie sind weise genug, alles mit Liebe zu klären. Da ist nichts als Frieden. Alles ist gut.
9. In Worten oder Farben senden Sie diese Botschaft an Menschen, die bereit sind, sie zu hören.
10. Danken Sie der Bergziege und ziehen Sie sich zurück.
11. Öffnen Sie die Augen und senden Sie Liebe in das Reich der Ziegen.

Kapitel 14

Meerschweinchen

Botschaft der Meerschweinchen

Es gibt nur Liebe. Es spielt weder eine Rolle, wie groß oder klein ihr seid, noch, wie wichtig oder unbedeutend. Wenn Liebe aus eurem Herzen fließt, entflammt sie die Herzen aller in eurer Umgebung. Nehmt Verbindung mit einem Meerschweinchen auf, und ihr könnt dazu beitragen, das Universum zu erleuchten.

Diese kleinen, schüchternen, quiekenden Tiere sind von der Venus! Es sind die einzigen Tiere, die vom Planeten der Liebe stammen und sich hier verkörpern. Sie haben ein riesengroßes offenes Herz und eine heilende Aufgabe auf der Erde. Ihre Seelenaufgabe ist es, Liebe zu geben und zu empfangen.

Venus ist das kosmische Herz, der Planet der Liebe. Dieser Planet strahlt ein schönes rosafarbenes Licht aus. Alle Wesen, die von dort stammen, tragen die Liebe in ihrer Seele. Dies gilt auch für uns Menschen. Ich kenne eine Familie, in der die Mutter sowie alle ihre Kinder und Enkel von der Venus kommen. Sie haben Partner von der Venus angezogen und strahlen als Familie herzliche Liebe und Großzügigkeit aus.

Als das Intergalaktische Konzil beschloss, ein Tier zu schicken, um der Menschheit bei der Heilung ihres kollektiven Herzens zu helfen, erkannten seine Mitglieder, dass es ein kleines, verwundbares und schüchternes Tier sein müsse, um das Mitgefühl der

Menschen anzusprechen. Wenn Sie ein Meerschweinchen halten, erleben Sie einen Download der Liebe von der Venus. Diese besondere kosmische Liebe eignet sich wunderbar zur Heilung der Herzen von missbrauchten Kindern und Erwachsenen. Es ist also kein Wunder, dass Kinder Meerschweinchen lieben. Sie spielen eine enorm wichtige Rolle für die Heilung unseres Planeten.

Erzengel Chamuel, der rosafarbene Engel der Liebe, ist verantwortlich für Südamerika, den Kontinent des Herzens. Dieser Kontinent steht in Verbindung mit der Venus. Daher ließ sich das Meerschweinchen ursprünglich dort nieder, wo es sich zu Hause fühlte, denn im Land selbst ist Liebe. Südamerika strahlt ein rosafarbenes Licht aus. Es ist der Kontinent, der sich am leichtesten in das neue Goldene Zeitalter bewegen wird.

Meerschweinchen stellen nicht nur eine Verbindung zwischen Menschen und der Venus her. Ihr Licht verbindet sie über die Venus mit allen Sternen, Planeten und Konstellationen in diesem Universum. Stellen Sie sich vor, dass alle Fasern, die den gesamten Kosmos zusammenhalten, von rosafarbener Liebe erleuchtet sind. Dies wird von den Meerschweinchen aktiviert. Diese kleinen Geschöpfe tragen dazu bei, dieses gewaltige und schöne Universum mit Liebe zusammenzubringen, und Sie können es mit ihnen zusammen tun.

Wenn Sie der fünften Dimension angehören und Ihre zwölf Chakras wach und aktiv sind, können Sie sie mit bestimmten Sternen, Planeten und Konstellationen verbinden. Die Meerschweinchen können diese Verbindung mit ihrer strahlenden rosafarbenen Liebe stärken und Ihnen dann helfen, die Fasern aus Licht und Liebe in den Rest des Universums zu senden.

Meerschweinchen sind einzigartige, hoch entwickelte Wesen dieses Universums. Die Wombats aus Australien sowie die Capybaras (Wasserschweine) und Agutis aus Südamerika sind mit ihnen verwandt, haben aber nicht die gleichen Eigenschaften oder die gleiche Seelenaufgabe.

Visualisierungsübung
Über die Meerschweinchen Verbindung mit der Liebe aufnehmen

1. Suchen Sie sich einen ruhigen Ort, an dem Sie ungestört sind.
2. Zünden Sie, wenn möglich, eine Kerze an, um das Universum mit Liebe zu erhellen.
3. Schließen Sie die Augen und atmen Sie ganz entspannt in Ihr Herz – ein und wieder aus.
4. Stellen Sie sich vor, dass Sie ein Meerschweinchen auf dem Arm halten und es streicheln.
5. Ein rosafarbenes Licht geht von dem Meerschweinchen aus und öffnet Ihr Herz. Sie sehen oder spüren, wie das geschieht.
6. Ein reinweißes Einhorn erscheint vor Ihnen und berührt Ihr Drittes Auge ganz sanft mit seinem Horn aus Licht.
7. Sofort spüren, sehen oder wissen Sie, dass sich das Licht aus Ihren Chakras mit der rosafarbenen Herzenergie des Meerschweinchens mischt.
   - Rosafarbenes Licht fließt von Ihrem Erdstern zum Neptun und seinem aufgestiegenen Aspekt Toutillay.
   - Rosafarbenes Licht fließt von Ihrem Basischakra zum Saturn und seinem aufgestiegenen Aspekt Quishy.
   - Rosafarbenes Licht fließt von Ihrem Sakralchakra zum Sirius und seinem aufgestiegenen Aspekt Lakumay.
   - Rosafarbenes Licht fließt von Ihrem Nabelchakra zur Sonne.
   - Rosafarbenes Licht fließt von Ihrem Solarplexuschakra zur Erde und ihrem aufgestiegenen Aspekt Pilchay.
   - Rosafarbenes Licht fließt von Ihrem Herzchakra zur Venus.
   - Rosafarbenes Licht fließt von Ihrem Halschakra zum Merkur und seinem aufgestiegenen Aspekt Telephony.
   - Rosafarbenes Licht fließt von Ihrem Dritte-Auge-Chakra zum Jupiter und seinem aufgestiegenen Aspekt Jumbay.

- Rosafarbenes Licht fließt von Ihrem Kronenchakra zum Uranus und seinem aufgestiegenen Aspekt Curonay.
- Rosafarbenes Licht fließt von Ihrem Kausalchakra zum Mond.
- Rosafarbenes Licht fließt von Ihrem Seelensternchakra zum Orion.
- Rosafarbenes Licht fließt von Ihrem Sternentorchakra zum Mars und seinem aufgestiegenen Aspekt Nigellay.

8. Dann sorgt ein explosionsartiger Ausbruch rosafarbener Energie dafür, dass Verbindungen zwischen diesen Sternen, Planeten und Konstellationen und allen anderen in diesem Universum entstehen.
9. Sie und das Meerschweinchen befinden sich im Zentrum eines geometrischen Musters aus rosafarbenen Liebesverbindungen.
10. Entspannen Sie sich und seien Sie zufrieden, dass Sie magische Verbindungen geknüpft haben. Ihnen ist nicht klar, wie viel Gutes Sie getan haben.
11. Bedanken Sie sich bei Ihrem Freund, dem Meerschweinchen.
12. Kehren Sie ins Wachbewusstsein zurück. Ihr Meerschweinchen ist in den Äther zurückgekehrt, aber Sie können diesen Liebesdienst verrichten, wann immer Sie möchten.

Kapitel 15

Igel

Botschaft der Igel

Lachen heilt euer Herz, klärt eure Vergangenheit und erhellt eure Zukunft. Lacht über eure Probleme und verbreitet Freude, wo immer ihr geht und steht. Und ihr werdet Licht, Liebe und Glück magnetisch anziehen.

Igel, diese herrlichen kleinen Geschöpfe, stammen vom Orion, dem Sternbild der Weisheit und Erleuchtung, und berühren jeden Menschen und jedes Tier, dem sie begegnen, mit den Frequenzen der Weisheit und des höheren Bewusstseins. Sie machen es Menschen möglich, die Dinge von einem glücklicheren, höheren Standpunkt aus zu sehen.

Trotz der Stacheln, die sie aus Hilflosigkeit entwickeln mussten, ist Harmlosigkeit eine der fünfdimensionalen Eigenschaften, die sie ausstrahlen. Menschen spüren diese Seelenqualität in ihnen und auch ihre Verwundbarkeit und lieben sie dafür.

Wenn eine Kreatur Harmlosigkeit ausstrahlt, fühlen sich alle um sie herum sicher und sind daher ganz entspannt. Durch ihre pure Anwesenheit lösen Igel eine Entspannungsreaktion in Menschen aus. Sie reduzieren Stress. Wenn Menschen entspannt sind, werden sie offen für die Informationen, das Wissen und die Weisheit, die im Licht enthalten sind, und können sie leichter absorbieren. Igel sind Initiatoren des Lichts, das heißt, dass sie es Menschen möglich machen, sich dem Licht, das spirituelle Informationen und entsprechendes Wissen enthält, zu öffnen und es anzunehmen.

Ihre Seelenaufgabe ist es, Licht, Freude und Glück zu verbreiten. Sie zaubern Menschen ein Lächeln ins Gesicht oder bringen sie zum Lachen. Deswegen tauchen sie oft in Kinderbüchern oder auf Grußkarten auf.

Igel stehen in sehr enger Verbindung mit Erzengel Gabriel, und es ist ihre Seelenaufgabe, das Licht und die Freude dieses mächtigen Erzengels zu verbreiten, wo immer sie hingehen. Sie strahlen sein reinweißes Licht an alle ab, denen sie begegnen, und in diesem weißen Licht sind die Schlüssel und Codes des Glücks und der Freude enthalten sowie andere Aufstiegsqualitäten wie Klarheit, Ruhe, Frieden und Mitgefühl.

Darüber hinaus ist ein Teil der heiligen siebendimensionalen geometrischen Blaupause des Orion in ihren Energiefeldern verschlüsselt, und das macht es den Engeln des Orion möglich, über ihnen zu singen. Diese Engelklänge tragen dazu bei, ihre ganze Umgebung zu reinigen und zu klären.

Igel hinterlassen eine Spur aus reinem Licht, wohin sie auch gehen. Ein Großteil der Welt, die sie früher bewohnten, ist jetzt von Beton und Asphalt bedeckt, sodass sie ihre Lichtspuren nicht über eine so große Fläche verbreiten können. Und doch werden ihre Wanderungen von Erzengel Gabriel geführt, sodass sie niemals zufällig an einem bestimmten Ort sind.

Ihre dienende Aufgabe besteht darin, unerwünschte Maden zu fressen. Und als Menschen Hecken pflanzten, suchten die Igel darunter Schutz und fraßen die Schnecken und Insekten, die dort lebten. Beim Gehen machten sie kleine grunzende Geräusche wie winzige Schweinchen. So bekamen sie ihren englischen Namen *hedgehog* (von *hedge* = »Hecke« und *hog* = »Hausschwein«). Jetzt wandern sie von einer Stelle zur anderen und oft auch von Garten zu Garten und tun ihre Arbeit.

Erst jetzt, wo Igel immer seltener werden, merken die Menschen, dass sie wahrlich gesegnet sind, wenn einer in ihrem Garten einzieht. Wenn Sie sich ein wenig Zeit nehmen und die folgende Meditation machen, um den Igeln zu helfen, verbinden Sie sich mit Erzengel Gabriel, bringen mehr Licht und Freude in Ihr Leben und geben sie an andere weiter.

Visualisierungsübung
Über die Igel mit dem Licht und der Freude von Erzengel Gabriel in Verbindung treten

1. Sie sitzen still mit geschlossenen Augen.
2. Bitten Sie Erzengel Gabriel, für Klarheit und Schutz zu sorgen, indem er seinen riesigen, perfekt schimmernden Diamanten über Ihrem Energiefeld platziert.
3. Sehen Sie sich in einem schönen verwilderten Garten sitzen, wo es ganz still und friedlich ist.
4. Nehmen Sie sich etwas Zeit, um den Frieden und die Stille ganz tief in sich einsickern zu lassen.
5. Seien Sie sich dann bewusst, dass ein kleiner Igel auf sie zukommt. Sie hören vielleicht, wie das Gras raschelt, wenn er sich bewegt, oder hören sein leises Grunzen.
6. Während er näher kommt, stellen Sie fest, dass Sie lächeln. Vielleicht möchten Sie sogar laut lachen.
7. Die Engelklänge berühren Sie.
8. Durch seine Anwesenheit erhalten Sie einen Download von reinweißem Licht und großer Freude von Erzengel Gabriel. Beides strömt durch den Diamanten und schimmert bis in Ihre Zellen.
9. Die Engel des Orion umgeben Sie mit strahlend blauem Licht. Sie steigern das Wissen, das Sie in Ihrer Seele tragen, zur Weisheit.
10. Und der Igel lacht und geht dann wieder weg.
11. Bitten Sie die Engel des Orion und Erzengel Gabriel, sich um die Igel zu kümmern.
12. Bedanken Sie sich bei allen, dass sie zu Ihnen gekommen sind.

Kapitel 16

Pferde, Zebras und Esel

Botschaft aus dem Reich der Pferde

Unsere Herzen sind riesig und haben eine entsprechende Ausstrahlung. Daher geben wir Liebe an unsere ganze Umgebung weiter. Auf diese Weise heilen wir Menschen, andere Tiere und die Erde. Auch ihr könnt das. Öffnet einfach euer Herz und lasst die Flammen der Liebe herauslodern.

Sehr edle, schöne Pferde kamen von Lakumay, dem aufgestiegenen Aspekt des Sirius, und verkörperten sich im Goldenen Zeitalter von Atlantis, um den Menschen zu dienen und sie zu unterstützen. Damals befanden sich alle Freiwilligen, die den Boden für das große Experiment von Atlantis bereiteten, von ihrer Schwingung her auf der oberen Ebene der fünften Dimension. Sie nutzten die Pferde dankbar als Transportmittel, ritten sie ohne Sattel und lenkten sie telepathisch. Im Gegenzug sorgten die Menschen für die Tiere. Sie brachten sie geschützt unter und stellten sicher, dass sie gut gefüttert wurden. Es gab ein starkes Band der Liebe zwischen den Pferden und ihren menschlichen Freunden. Erst nach dem Untergang von Atlantis wurden Pferde *(Equidae)* mit Sattel und Zaumzeug geritten und für die Verrichtung schwerer Arbeit gezüchtet und eingesetzt.

Die Seelenaufgabe dieser großartigen und ehrwürdigen Geschöpfe ist es, der Menschheit zu dienen. Und wir haben uns im

Gegenzug verpflichtet, sie zu ehren und uns gut um sie zu kümmern.

Pferde waren und sind Heiler mit einem sehr großen Herzen. Viele stehen nach wie vor für Qualitäten wie Würde, Ehre, Liebe, Mitgefühl, Freiheit und Freude. Sie strahlen auch göttlich weibliche Energie aus und sind auf Universalengelin Maria eingestimmt, die über die Venus, das kosmische Herz, mit ihnen in Verbindung tritt.

Als Heiler haben Pferde eine große Affinität zu Kindern, vor allem zu Kindern mit körperlichen oder emotionalen Defiziten. Sie können helfen, diese Kinder zu trösten und zu beruhigen. Wie die meisten vierbeinigen Tiere sind Pferde sehr in ihrem Körper und helfen auch den Kindern, sich zu entspannen und ganz in ihrem Körper anzukommen. Das kann sehr hilfreich sein, besonders für sensible und hochfrequente Kinder, die sich energetisch von der Erde abkoppeln und ihre Erdung verlieren, weil das Leben unangenehm ist oder die Energien um sie herum zu niedrig sind, aber trotzdem darauf angewiesen sind, die Erde voll und ganz zu erfahren. Und Universalengelin Maria arbeitet durch die Pferde mit den Kindern.

Als die Menschen allmählich ihre zwölf fünfdimensionalen Chakras ins Spiel brachten, betrat Erzengel Christiel dieses Universum durch sein kreuzförmiges Sternentor auf Lyra. Er fing an, göttlich weibliches Licht über den Mond in die Kausalchakras derer zu gießen, die bereit dafür waren. Das Kausalzentrum ist ein mondweißes transzendentes Chakra über der Krone. Durch dieses Zentrum können sich Menschen ganz mit Engeln, Einhörnern, erleuchteten Meistern und der siebendimensionalen geistigen Welt verbinden. Wenn Menschen ihre Schwingungsfrequenz auf die höheren Ebenen der fünften Dimension gebracht haben, wird ihr Kausalchakra zum Portal, durch das Einhörner in den Wellenlängenbereich der Erde eintreten können.

Im Jahr 2012 öffneten noch viele weitere Menschen ihre Kausalchakras. Dann, im Jahr 2015, ergoss sich, beeinflusst vom Supermond und vom Aufstieg von Lady Gaia, eine Flut der glorreichen weiblichen Energie des Erzengels Christiel gleichermaßen auf Menschen und Tiere. Sie betraf vor allem die Pferde, die bereits göttlich weibliche Energie in sich tragen, und reaktivierte ihre höhere Mission, die göttlich männlichen und die göttlich weiblichen Anteile des Planeten in ein Gleichgewicht zu bringen.

Wenn im Goldenen Zeitalter von Atlantis ein geliebtes Pferd starb, konnten seine menschlichen Freunde zuschauen, wie es sich in ein Einhorn verwandelte und in den Himmel aufstieg. Ich bin überglücklich sagen zu können, dass ein paar Menschen kürzlich eine großartige Erfahrung mit mir teilten. Sie hatten beobachtet, wie sich der Geist ihres Pferdes aus seinem Körper erhob und in ein reinweißes Einhorn verwandelte, während er in das Licht aufstieg. Was für ein Privileg, so etwas zu beobachten. Das Ereignis ist ähnlich wie die Zeremonie, die auf den inneren Ebenen stattfindet, wenn ein Mensch nach seinem Tod in den Himmel aufsteigt. Engel und Erzengel erwarten ihn schon. Trompeten erschallen durch das ganze Universum, und im Himmel herrschen Jubel und Begeisterung.

Eine von Erzengel Gabriels zahlreichen Aufgaben besteht darin, den Wesen des Universums zu helfen, Freiheit und Freude zum Ausdruck zu bringen. Es ist also nicht verwunderlich, dass sie über die Pferde wachen und ihnen helfen, ihr Potenzial auszuschöpfen. Ein überaus anregender Anblick ist der eines glücklichen Pferdes, das durch den Sand galoppiert und dessen Mähne frei im Wind weht.

Wildpferde

Wildpferde sind Nachfahren der Pferde, die einst domestiziert waren und entlaufen sind. Sie leben in Gruppen mit einem Hengst, der den Harem beschützt. Junge Hengstfohlen verlassen die Familie im Alter von zwei Jahren und treiben sich mit anderen Hengsten herum, bis sie ihre eigene Familie gründen. Diese Pferde lernen etwas über Familienleben und Freiheit. Auf ihrem Weg spielen Menschen keine Rolle.

Zebras

In Atlantis gab es keine Zebras. Nach Afrika kamen sie im Rahmen eines Experiments, das gleichzeitig mit dem von Atlantis durchgeführt wurde, aus dem aber nie ein Goldenes Zeitalter hervorging. Es war nicht ihre Absicht, der Menschheit oder einzelnen Individuen zu dienen, wie Pferde es tun, sondern vielmehr, Erfahrungen mit dem Leben auf der Erde zu machen. Ihr Dienst besteht darin, im ganzen Land Heilung und Gleichgewicht zu verbreiten.

Zebras inkarnierten vom Sirius und haben sich für ein schwarzweißes Aussehen entschieden, und dies nicht nur wegen der besseren Tarnung, sondern auch um Gleichgewicht zum Ausdruck zu bringen. Als Herde und daher Teil eines Gruppenbewusstseins wollte die ganze Menge etwas über das Gleichgewicht zwischen männlichen und weiblichen Anteilen lernen und lehren. Dies schließt das Gleichgewicht zwischen Freiheit und Anpassung an die Bedürfnisse der Herde ein. Sie lernen, dass eine Gruppe sicherer ist als ein Einzelwesen und dass ein Fohlen von mehreren Erwachsenen besser beschützt werden kann.

Erzengel Gabriel arbeitet mit ihnen zusammen und hilft ihnen, Freude, Sicherheit und Gemeinschaft zu erfahren, während Erzengel Sandalphon ihre heilende Energie in die Erde aufnimmt und sie über die Leylinien verbreitet.

Esel

Wildesel inkarnierten ursprünglich in Mesopotamien, um Erfahrungen mit dem Leben in den wilderen Wüstenregionen der Erde zu machen. Sie liebten die Berge und die sandige Wildnis. Auf einer Seelenebene wollten sie Freiheit, Ausdauer, Geduld, Lektionen im Leben mit anderen Familienmitgliedern und Liebe erleben. Sie brauchen Gesellschaft, und weil ihre Herzen so groß und so weit offen sind, knüpfen sie starke emotionale Bindungen. Die wundersame, strahlende Universalengelin Maria, die Liebe im ganzen Universum verbreitet, arbeitet mit ihnen zusammen und hilft ihnen, ihr Herz offen zu halten.

Weil sie stämmiger und zäher sind als Pferde, wurden im Laufe von Äonen viele von ihnen gefangen, domestiziert und von den Menschen zur Arbeit eingesetzt. Wie viele Tiere durchlaufen sie viele Initiationen zu höheren Frequenzen.

Pferde und Esel können sich fortpflanzen, aber während Pferde 64 Chromosomen haben, haben Esel nur 62. Das bedeutet, dass die Mischlinge 63 Chromosomen haben, was sie unfruchtbar macht.

Auch Erzengel Gabriel steht mit den Eseln in Verbindung und hilft ihnen, ihre Kreuzigungen und Initiationen durchzustehen, indem er sie ermutigt und aufzumuntern versucht, wenn sie es am meisten brauchen. Wenn wir uns energetisch mit den Eseln verbinden, hilft uns Erzengel Gabriel automatisch bei unseren eigenen Prüfungen.

Eine Initiation ist ein sehr anspruchsvoller Test. Wenn Sie ihn bestehen, bewegen Sie sich automatisch in eine höhere Frequenz. Eine wahre Kreuzigung ist die vierte Initiation, die Prüfung des Herzens, die am schwersten zu ertragen ist.

Die Bruderschaft der Goldenen Robe hat sich verpflichtet, das Planetenkarma dadurch abzumildern, dass sie die Lasten der Welt durch das Energiesystem ihrer Mitglieder passieren lässt. Esel sind die tierischen Repräsentanten der Bruderschaft der Goldenen Robe, und es spornt sie an, wenn Sie ihnen ein geistiges Dankeschön schicken. Jedes Mal, wenn Sie das tun, fliegt ein kleiner goldener Funke von Ihnen weg und berührt ihr Herz.

Es gab der Welt der Esel einen enormen Auftrieb, als einer aus ihren Reihen ausgewählt wurde, die Jungfrau Maria nach Bethlehem zu tragen. Ein Esel wurde zum einen für diese Aufgabe auserwählt, weil er das einzig geeignete Geschöpf war, das zur Verfügung stand, zum anderen aber auch, weil die spirituelle Hierarchie seine Eigenschaften Geduld, Ausdauer und Liebe anerkennen wollte. Ob Sie nun ein Mensch oder ein Tier sind, gute Taten werden letztendlich immer belohnt.

Maultiere und Maulesel

Ein Maultier ist der Nachkomme aus der Paarung einer Pferdestute mit einem männlichen Esel. Ein Maulesel ist das Ergebnis einer Kreuzung von Hengst und weiblichem Esel.

Erzengel Gabriel arbeitet mit allen diesen Tieren und liebt und ehrt sie gleichermaßen. Warum möchte sich die Seele eines Pferdes oder eines Esels als Mischlingsgeschöpf verkörpern? Genau wie für Menschen bieten verschiedene Erfahrungen auch in der Tierwelt eine Vielzahl von Möglichkeiten für spirituelles Wachstum. Es gibt immer einige mutige Seelen, die bereit sind, eine solche Verpflichtung einzugehen. Und einige dieser Tiere inkarnieren mit liebenden Herzen, um Mitgefühl oder die Macht der Entschlossenheit zu demonstrieren oder eine ganze Reihe weiterer Lektionen zu erteilen.

Visualisierungsübung
Pferde verstehen

1. Suchen Sie sich einen ruhigen Ort, an dem Sie gut entspannen können.
2. Ziehen Sie Erzengel Gabriels Diamanten der Reinheit und des Schutzes über sich und atmen Sie ganz bequem.
3. Stellen Sie sich vor, dass Sie an einem warmen Frühlingstag an einem langen Sandstrand sitzen. Die Wellen rollen heran, und Sie fühlen sich sehr behaglich.
4. Ein elegantes Pferd trabt über den Strand auf Sie zu. Es strahlt Gelassenheit, Liebe und Frieden aus.
5. Es bleibt neben Ihnen stehen und lädt Sie telepathisch ein, auf ihm zu reiten. Ihr Schutzengel ist ganz in Ihrer Nähe. Sie wissen also, dass Sie in Sicherheit sind. Sie streichen Ihrem Pferd über die Nüstern.
6. Ihr Engel hebt Sie auf das Pferd, setzt sich hinter Sie und hält Sie fest. Nehmen Sie sich einen Moment, um eine Bindung zu Ihrem Ross aufzubauen.
7. Dann galoppieren Sie auf Ihrem Pferd den Strand entlang, und Ihr Haar weht im Wind. Das seichte Meerwasser spritzt unter den Hufen des Pferdes auf.
8. Geborgen in einem reinweißen Kokon aus Liebe und Vertrauen, erleben Sie den Rausch, die Freude und die Freiheit, das Entzücken und das Staunen, eins zu sein mit diesem Tier. Genießen Sie dies, solange Sie möchten.
9. Während Sie so reiten, erhalten Sie einen Download göttlich weiblicher Energie.
10. Wenn das Pferd stehen bleibt, tätscheln Sie es und bedanken sich bei ihm.
11. Lassen Sie zu, dass Ihr Schutzengel Ihnen beim Absteigen hilft.
12. Und jetzt kümmern Sie sich um das Pferd, indem Sie es striegeln, seine Mähne und seinen Schwanz kämmen, es sachte zu einer

besonderen Weide führen und ihm eine Karotte geben. Sprechen Sie dabei sanft mit ihm und erinnern Sie es daran, was für ein großartiges Tier es ist.

13. Dann öffnen Sie die Augen und fühlen sich belebt und voller Liebe.

Dankgebet an die Esel

Geliebte Quelle, ich danke dir, dass du die Esel erschaffen hast, damit sie mir Eigenschaften wie Geduld, Ausdauer und Pflichteifer vorleben.
Universalengelin Maria, ich danke dir dafür, dass du Liebe in die Esel gießt und mir diese Liebe schickst, wenn ich an diese Tiere denke.
Erzengel Gabriel, ich danke dir für die Unterstützung, die du den Eseln gibst, während sie durch ihre Initiationen immer weiter aufsteigen, und dafür, dass du mich mit ihrem Aufstiegslicht berührst, wenn ich an sie denke.
Erzengel Fhelyai, Engel der Tiere, ich bitte dich, das Reich der Esel zu umfangen, ihm zu helfen und das Bewusstsein der Menschheit zu berühren, damit wir die Esel als diejenigen würdigen, die sie wirklich sind.
Gesegnet seien die Esel. Gesegnet seien die Esel. Gesegnet seien die Esel.
So sei es.

Kapitel 17

Hyänen

Botschaft der Hyänen

Traut euch, anders zu sein. Wie niedrig eure Position auch ist oder wie gewöhnlich eure Lebensaufgabe, erfüllt sie auf eure Weise. Bleibt euch selbst treu und sprecht eure Wahrheit aus. Dann werden die Menschen auf euch hören und euch respektieren.

Hyänen *(Hyaenidae)* gehören weder zu den Hundeartigen *(Canidae)*, noch sind sie Mitglieder der Katzenfamilie *(Felidae)*. Diese sehr ungewöhnlichen Tiere sind eher wie Katzen, obwohl sie wie Hunde aussehen und sich auch so verhalten. Es gibt Streifenhyänen, Tüpfelhyänen, auch als Lachhyänen bekannt, und Schabrackenhyänen.

Sie sind auch in Asien und Europa zu finden, aber hauptsächlich in Afrika, und sie haben sich mit einem komplexen Seelenauftrag verkörpert. Ursprünglich kommen sie vom Uranus. Und auf dem Weg über Sirius senken sie ihre Energie stufenweise ab, bis sie auf der Erde ankommen. Wesen vom Uranus kommen, um für Veränderung zu sorgen. Sie verhalten sich oft bizarr oder irgendwie anders, stellen die Normen infrage und bringen sozialen Wandel hervor. Im Tierreich passt diese Beschreibung auf Hyänen. Erzengel Jophiel arbeitet mit ihnen zusammen, um ihre Verbindung zum Uranus rein zu halten.

Ihre dienende Aufgabe ist ein wenig wie die von Ratten, die kommen, um sämtliche Abfälle zu beseitigen, sodass unser Planet physisch und energetisch sauber bleibt. Die Seelenaufgabe von Hyänen ist, ihre Eigenschaften ins Gleichgewicht zu bringen. Sie stehen in dem Ruf, feige und ängstlich zu sein, aber gleichzeitig können sie wagemutig und gefährlich sein. Immerhin sind sie dafür bekannt, dass sie sowohl Menschen als auch andere Tiere angreifen. Klarheit in der Kommunikation ist eine ihrer Stärken. Sie setzen ihren Schwanz ein, um ihre Absichten anzukündigen. Wenn er gerade nach hinten gestreckt wird, haben sie die Absicht anzugreifen. Bei Erregung strecken sie ihren Schwanz nach oben und über den Rücken nach vorn. Wenn sie sich wohlfühlen, hängt ihr Schwanz nach unten, und Angst wird durch den zwischen die Hinterbeine geklemmten Schwanz angezeigt.

Hyänen sind höchst gesellige und soziale und auch sehr intelligente Tiere. Sie lernen und lehren etwas über Liebe und die Familie. Die Jungen werden in einer Höhle aufgezogen, die im Zentrum ihres Reviers liegt und auch als Treffpunkt der Gemeinschaft fungiert. Die Eingänge dieser Höhle stehen mit einer komplexen Reihe unterirdischer Tunnel in Verbindung. Die Tiere sind extrem diszipliniert und haben ein sehr enges Sozialgefüge, in dem jedes Tier seine genaue Position kennt. Sie gehen starke, dauerhafte Freundschaften mit bestimmten Mitgliedern ihres Clans ein, genau wie Menschen es in einer Gemeinschaft tun können. Wenn Menschen friedliche Absichten haben, erlauben ihnen die Hyänen, sich mit ihnen anzufreunden. Weil immer mehr Menschen ihre Frequenz erhöhen, gibt es immer mehr Berichte über Freundschaften zwischen Menschen und Hyänen.

Weil sie vom Uranus stammen, machen sie alles anders. Sie testen die Normen auf der Erde aus. Es ist beispielsweise ziemlich ungewöhnlich, dass die Weibchen größer und schwerer sind als die Männchen. Ihre Clans von etwa 80 Hyänen werden von Weibchen angeführt. Ihre Jungen werden mit offenen Augen geboren. Sie sind sowohl Aasfresser als auch geschickte Jäger, fressen fast alles und lernen dabei etwas über die Erweiterung ihrer Verdauungsfähigkeiten. Sie haben sogar lange Vorderbeine und kurze Hinterbeine. Das ist ein Experiment, um zu sehen, wie agil sie mit dieser Variante sein können. Und in der Tat können sie mit Leichtigkeit gehen, trotten oder laufen.

Mit einer Vielzahl von Tönen und Rufen, darunter Jaulen, Heulen, Schreien und Lachen, entwickeln sie ihre Halschakras. Im Internet gibt es viele Videos, die zeigen, wie der außergewöhnliche Tierfreund Kevin Richardson mit Hyänen umgeht. Er streicht ihnen kräftig über den Hals und sagt, dies sei die Stelle, wo sie am liebsten gekitzelt werden. Dies deutet darauf hin, dass diese Tiere ihr Halschakra erweitern, das Chakra der Ehrlichkeit, der Wahrheit, der höheren Verbindungen, des Mutes und der Kommunikation.

Hyänen gehören der dritten Dimension an. Wenn sie in die fünfte Dimension aufsteigen, werden sie in der Lage sein, sich auf den aufgestiegenen Aspekt des Uranus einzustimmen, nämlich Curonay. Dann werden sie Zugriff haben auf das Licht von dort, das höheres geistiges Wissen und entsprechende Informationen enthält. Dies wird Veränderungen auf der Erde herbeiführen, die in Übereinstimmung mit der aufgestiegenen Blaupause der fünften Dimension sind. Hyänen sind Vorboten des Wandels.

Visualisierungsübung

Über die Hyänen Verbindung mit Uranus und seinem aufgestiegenen Aspekt Curonay aufnehmen

1. Suchen Sie sich einen ruhigen Ort, an dem Sie ungestört sind.
2. Zünden Sie, wenn möglich, eine Kerze an, um die Schwingungsfrequenz zu erhöhen.
3. Nehmen Sie sich vor, sich über die Hyänen mit Erzengel Jophiel zu verbinden und dann mit Uranus und seinem aufgestiegenen Aspekt Curonay.
4. Sehen Sie sich an einem unerwarteten Ort sitzen, wo alles sehr schön, aber auch ganz anders ist.

5. Sie sind vielleicht erstaunt, einen glorreichen strahlend kristallgelben Erzengel neben sich zu finden, der seine Hände auf die Krone Ihres Kopfes gelegt hat. Dies ist Erzengel Jophiel. Spüren Sie die Wärme, den Frieden und die Sicherheit.
6. Und eine Tüpfelhyäne springt auf Sie zu und grüßt sie auf sehr harmlose und freundliche Weise.
7. Streicheln Sie ihren Hals und spüren Sie, wie sie sich noch mehr entspannt, bis sie neben Ihnen liegt.
8. Und nun geht ein schimmernder, leuchtend kristallgelber Lichtstrahl von Erzengel Jophiel aus und umgibt die Hyäne und dich. Dann erstreckt er sich durch das ganze Universum bis zum Uranus und dann zu Curonay.
9. Plötzlich sehen Sie, wie sich Ihr ganzes Leben verwandelt. Dinge, die Sie für selbstverständlich gehalten haben, ändern sich. Sie erleben, dass Ihnen neue und unerwartete Dinge widerfahren. Nehmen Sie sich Zeit, sie zu erforschen.
10. Und jetzt werden Sie sich aufregender Veränderungen in der Welt um Sie herum bewusst, während verstärkt Vorbereitungen für das neue Goldene Zeitalter getroffen werden. Nehmen Sie sich Zeit, die Möglichkeiten zu erkunden.
11. Indem Sie eine Verbindung mit den Hyänen und Erzengel Jophiel, mit Uranus und Curonay eingegangen sind, haben Sie die Schlüssel und Codes für neue und unerwartete positive Veränderungen aktiviert.
12. Bedanken Sie sich bei allen. Öffnen Sie dann die Augen.
13. Rechnen Sie mit einer Transformation.

Kapitel 18

Kängurus und Wallabys

Botschaft der Kängurus und Wallabys

Wir möchten euch daran erinnern, dass ihr, wenn ihr selbst verletzlich seid, empfänglich werdet für die Bedürfnisse anderer und der Erde selbst. Dies verstärkt euer göttlich weibliches Licht. Und wenn ihr dieses Licht mit eurer männlichen Energie ins Gleichgewicht bringt, werdet ihr für immer eine starke Antriebskraft.

Lemurien war das Goldene Zeitalter nach Mu und vor Atlantis. Die erstaunlichen und einzigartigen Kängurus und Wallabys *(Macropodidae)* kamen ursprünglich am Ende des Goldenen Zeitalters von Lemurien auf die Erde. Die Lemurier waren ätherische Wesen und nahmen niemals physische Körper an. Allerdings liebten sie den Planeten und die Natur leidenschaftlich. Schon damals wussten sie, dass es eine Periode von 20 Jahren zwischen 2012, dem Ende des Zeitalters von Atlantis, und 2032, dem Beginn des nächsten Goldenen Zeitalters, geben würde. Also hinterließen sie ein unglaubliches Erbe, nämlich spezielle lemurische Kristalle, die eigens geschaffen worden waren, um Menschen durch diese gegenwärtig so herausfordernde Zwanzigjahresphase zu helfen. Sie hinterließen auch eine ätherische Bibliothek voller Informationen über die Natur, den Planeten sowie unsere Beziehung zu anderen Planetensystemen und vor allem die vier Aufstiegssterne, -planeten und -konstellationen: Neptun, Orion, die Plejaden und Sirius.

Wenn Menschen bereit dafür sind, können sie auf diese Informationen zugreifen.

Die Aborigines und die Kängurus und Wallabys inkarnierten gleichzeitig, um die Weisheit und Energie von Lemurien zu erden. Sie konnten sich aus einiger Entfernung auf die lemurischen Kristalle einstimmen, um Zugang zu den Informationen zu bekommen, die sie brauchten, um zu überleben und den Planeten zu ehren.

Die Aborigines sind auf die Sonne eingestimmt und durch sie auf die große Zentralsonne, die Quelle des Lichts für dieses Universum. Dies ist eine maskuline Energie, die ihre feminine Orientierung ausgleicht. Die Kängurus und Wallabys stammen von Nigellay, dem aufgestiegenen Aspekt des Mars, und haben die Eigenschaften des friedvollen Kriegers.

Weder die Aborigines noch die Kängurus waren Teil des atlantischen Experiments, beteiligten sich aber an einer anderen Vision, die in Australien in Angriff genommen wurde. Weil das Ökosystem und die Bodenstruktur in Australien sehr fragil sind, gestaltete die Quelle die Kängurus so, dass sie ihre Kundalini, die Lebenskraft, die an der Basis der Wirbelsäule sitzt, anders einsetzen als andere Tiere und damit Licht auf dem Land sein können. Diese Tiere zeigen, dass man mithilfe der Kundalini hüpfen kann, damit die Bodenstruktur nicht zerstört wird. Kängurus sind Heiler. Weil sie die Natur und die Erde selbst so sehr lieben, heilen sie das Land, wohin sie auch gehen. Sie senden lemurische Heilung die Leylinien entlang und halten sie so hell und klar. Sie sind auf die Engel von Lemurien eingestimmt und bringen deren reines weißgoldenes Heilungslicht über ihre Chakrasysteme in die Erde. Wo immer es geht, machen sie es den Leylinien möglich, eine fünfdimensionale Frequenz zu transportieren.

Die Lemurier zogen das Licht und die Liebe der Quelle durch das kosmische Herz bis hinunter in die Erde selbst. Auch die Kängurus können sich mit dem kosmischen Herzen verbinden und das Licht und die Liebe durch ihr Herz in die Erde bringen. Mutter Maria überwachte den lemurischen Einfluss auf die Erde, und die Kängurus sind auf diese große Meisterin eingestimmt, die mit dem Licht des kosmischen Christus arbeitet. Es ist ihre zärtliche, reine Liebe, die das Mutterkänguru und ihr sehr verwundbares Junges mit Aquamarinlicht umgibt, damit sie eine enge Bindung aufbauen und beide überleben können.

Weil die Kängurus und Wallabys vom aufgestiegenen Aspekt des Mars stammen, dem Planeten, der die Qualitäten des friedvollen Kriegers in der ganzen Welt verbreitet, haben sie Eigenschaften wie Widerstandskraft, Mut, Entschlossenheit, Führungsqualität, die Macht, diejenigen zu schützen, die schwächer sind als sie selbst, sowie eine ausgewogene maskuline Energie in ihrem Aurafeld. Ähnlich ausgewogen sind ihre göttlich weiblichen Eigenschaften: Zartheit, Liebe, Weisheit, die Fähigkeit, die Schwachen und Verletzlichen zu unterstützen und sich um sie zu kümmern. Dieses perfekte Gleichgewicht zwischen männlicher und weiblicher Energie macht sie zu etwas Besonderem im Tierreich. Die Männchen demonstrieren ihre maskuline Stärke durch die Art, wie sie sich und ihre Jungen erbittert verteidigen und um ihre Paarungsrechte kämpfen. Als Teil dieses besonderen Experiments wollte man sehen, wie der mütterliche Instinkt des Weibchens wohl mit einem unglaublich verletzlichen Jungen umging. Das Baby hat etwa die Größe einer Bohne oder Erdnuss. Es hat keine Haare und ist völlig hilflos, abgesehen von seinem Instinkt, in den Beutel der Mutter zu klettern, wo es neun Monate lang bleibt. Und die Mutter hat sehr gut entwickelte mütterliche Instinkte. Sie kümmert sich sehr sanft und fürsorglich um ihr verletzliches Junges. Wenn das Junge reif genug ist, ermutigt es die Mutter, sich kurzfristig hinauszuwagen, während sie es sorgsam beschützt.

Die Kängurus und Wallabys hatten eine besonders symbiotische Beziehung zu den Aborigines. Sie waren in der Lage, telepathisch zu kommunizieren. Sie achteten, respektierten und liebten einander. Wenn die Aborigines für ihr Überleben Fleisch brauchten, gab ein schwaches Känguru, das für seinen Heimgang bereit war, den Jägern telepathisch ein entsprechendes Signal und opferte sich ihnen. Dieses Opfer wurde auf der spirituellen Reise des Tieres registriert und angemessen belohnt.

Kängurus sind extrem einfühlsam. Sie nehmen die Schwingungen von allem um sich herum auf, vom Wachsen der Pflanzen bis zur Energie des Windes und den Bewegungen in der Erde selbst. Wenn alles in Harmonie ist, bleiben sie vollkommen im Gleichgewicht. Sie sind besonders empfindlich für die Schwingungen von Menschen, und wenn Menschen negativ sind, kann sie das aus der Bahn werfen.

Erzengel Roquiel lässt sein Licht über Australien erstrahlen. Sein ätherischer Zufluchtsort liegt über dem Uluru, und er arbeitet mit der göttlich weiblichen Schwingung der Farbe Schwarz. Und tief im Innern des Planeten stimmt er sich mit Erzengel Sandalphon ab, um die Energie rund um das Erdsternchakra der Menschheit zu klären. Selbst wenn die Menschen geistig schlafen, arbeitet er daran, die Energie rund um ihre Erdsterne so vorzubereiten, dass sich, wenn die betreffende Person bereit dafür ist, das Licht aus dem glorreichen Herzen der Quelle durch sie ergießen und in die Erde eindringen kann. Gleichzeitig hilft Erzengel Gersisa, die Erde ins Gleichgewicht zu bringen und zu heilen, indem er die lemurische Weisheit im Zentrum, in der Hohlerde, stabil hält. Gemeinsam halten sie die Leylinien Australiens klar und auf einer hohen Schwingungsfrequenz. Die Kängurus stehen mit diesen drei Erzengeln in Verbindung. Jedes Mal, wenn sie einen Sprung auf die Erde machen, findet ein Zwei-Wege-Energieaustausch statt. Die Erzengel unterstützen die Tiere, und die Kängurus empfangen einen Lichtschub von den Erzengeln. Wenn eine Leylinie blockiert ist, teilen die Erzengel dies den Kängurus mit, die dorthin gezogen werden, um die betreffende Leylinie zu heilen.

Diese außerordentlichen Kreaturen sind regelrechte Verbindungen zwischen Himmel und Erde, und als hochfrequente Wesen vom aufgestiegenen Aspekt des Mars müssen sie auf ruhige, zentrierte Weise leben, um ihre Aufgabe erfüllen zu können, nämlich Frieden und Heilung auf der Erde zu verbreiten.

Visualisierungsübung
Verbindung mit den Kängurus aufnehmen

1. Suchen Sie sich einen ruhigen Ort, an dem Sie ungestört sind.
2. Bitten Sie Erzengel Michael, Sie zu beschützen und die göttlich männlichen Eigenschaften in Ihrer Aura aufleuchten zu lassen.
3. Bitten Sie die Universalengelin Maria, Sie mit Liebe zu erfüllen und die göttlich weiblichen Eigenschaften in Ihrer Aura aufleuchten zu lassen.
4. Nehmen Sie sich einen Moment Zeit und stellen Sie sich vor, dass Sie die Erde berühren. Wie fühlt es sich an? Was braucht sie?
5. Kümmern Sie sich um sie. Geben Sie ihr, was sie braucht.
6. Wie muss die Erde geschützt werden? Setzen Sie Ihre männliche Energie ein, um zu tun, was getan werden muss.
7. Denken Sie einen Moment lang an Ihre Freunde und Ihre Familie. Wie geht es ihnen? Was brauchen sie?
8. Kümmern Sie sich um sie. Geben Sie ihnen, was sie brauchen.
9. Und jetzt, wie müssen Ihre Freunde und Ihre Familie beschützt werden? Setzen Sie Ihre männliche Energie ein, um zu tun, was getan werden muss.
10. Sehen Sie ein Känguru vor Ihrem inneren Auge und danken Sie ihm für seinen Einfluss.
11. Lassen Sie zu, dass seine Energie Ihre Energien erhellt und ins Gleichgewicht bringt.
12. Machen Sie die Augen auf und erinnern Sie sich an die Kängurus, wenn Sie wieder ins Gleichgewicht kommen müssen.

Kapitel 19

Lamas und Alpakas

Botschaft der Lamas und Alpakas

Wenn euer Herz offen und eure Absicht rein ist, könnt ihr Wunder geschehen lassen. Denkt an uns, und wir werden eure Frequenz automatisch erhöhen. Wir werden euch mit dem kosmischen Herzen in Verbindung bringen und in das goldene Christuslicht einhüllen. Dann könnt ihr Wunder erwarten.

Lamas sind mit den Kamelen verwandt, auch wenn sie keinen Höcker haben und spirituell ziemlich anders sind. Sie stammen vom Sirius. Verkörpert haben sie sich in Südamerika, das von der Venus, dem Planeten der Liebe, regiert wird. Daher haben sie eine starke Verbindung zu diesem Planeten. Sie tragen die weiß-rosafarbene Rose mit den 33 Blütenblättern in ihrer Aura und strahlen das Christuslicht aus. Dies hilft, die Herzen der Menschen, die mit ihnen zusammenleben, offen zu halten.

Sie haben sich verkörpert, um den Menschen zu dienen, die in den Anden lebten, und das haben sie immer mit Anmut getan. Sie bieten ihnen ihre schöne und luxuriöse Wolle dar. Außerdem haben Lamas enorme Kraft und erklären sich willentlich bereit, als Packtiere eingesetzt zu werden, um den Menschen zu helfen, mit denen sie zusammenleben. Wenn sie allerdings überladen werden, weigern sie sich, die Last zu tragen, und spucken oder zischen ihre Besitzer vielleicht an oder treten nach ihnen, bis sie entfernt wird.

Sie lernen und lehren etwas darüber, wie man Grenzen setzt. Anders als Kamele können Lamas kein Wasser im Körper speichern. Sie müssen also häufig trinken und in Wassernähe leben.

Diese sanften Tiere sind besonders intelligent, offenherzig und liebevoll. Solange sie gut behandelt werden, revanchieren sie sich mit Freigiebigkeit. Sie geben ihre Wolle gern. Sie geben sich sogar damit zufrieden, dass nach ihrem Tod aus ihrer Haut Leder gemacht wird, aber sie möchten darum gebeten werden. Manchmal werden sie von ihren Besitzern gegessen, aber das ist definitiv nicht Bestandteil des Vertrages, den sie mit ihnen abgeschlossen haben.

Lamas sind sehr gesellig und gern in der Gesellschaft anderer Lamas. Das muntert sie auf und hilft ihnen, ihre Schwingungsfrequenz fünfdimensional zu halten. Sie sind ruhig, sanft und verständnisvoll, vor allem gegenüber denen, die in Not sind. Sie sind sehr geduldig mit kranken, schwachen oder psychisch angeschlagenen Menschen, und ihre hohe Schwingungsfrequenz macht es ihnen möglich, die Energien dieser Menschen anzuheben und ihnen Heilung anzubieten. Alle Lamas sind Herzensheiler. Sie gehen enge Bindungen zu allen Tieren ein, mit deren Betreuung sie beauftragt sind, und weil sie engagiert, loyal und gehorsam sind, eignen sie sich hervorragend als Wächtertiere.

Lamas waren immer domestiziert und im Dienst des Menschen. Ihre wilden Vorfahren, die Vikunja, inkarnierten ursprünglich vom Sirius und sind dreidimensional. Sie verbreiten Freude und Licht im Land, haben aber nicht die aufgestiegenen Eigenschaften oder die Liebe der Lamas.

Alpakas

Alpakas sind kleiner als Lamas, aber spirituell sind sie ihnen sehr ähnlich, mit warmem, liebevollem Herzen und einem freundlichen, geduldigen und sanften Gemüt. Sie wurden von den Inkas wegen ihrer Wolle domestiziert. Sie sind auch treue Haustiere. Wie die Lamas sind sie großartige Herzensheiler, die Heilung verbreiten, wo immer sie sich befinden – Heilung für die Menschen und das Land.

Meine Freundin Rosemary Stephenson hat zwei Alpakas, die ihr viel Freude bereiten. Es sind zwar friedfertige und freundliche Tiere, aber beide Male, als nachts eingebrochen wurde und die Diebe versuchten, die Alpakas zu stehlen, hat das größere Tier sie bekämpft und vertrieben. Sie erweisen sich als erbitterte Beschützer ihres Heims und ihrer Gefährten.

Visualisierungsübung
Verbindung mit Lamas (oder Alpakas) aufnehmen

1. Suchen Sie sich einen ruhigen Ort, an dem Sie ungestört sind.
2. Beschwören Sie den goldenen Christusstrahl herauf und spüren Sie, wie sein goldenes Licht über Sie und durch Sie hindurchfließt.
3. Stellen Sie sich vor, dass Sie auf einem Abhang in den Anden sitzen. Der Himmel ist blau, und die Luft ist rein und klar.
4. Ein Lama oder Alpaka kommt still und liebevoll auf Sie zu.
5. Es steht neben Ihnen und schaut Sie mit seinen riesigen, weichen dunklen Augen an. Sie heben den Arm und streichen sanft über seine Wolle.
6. Sie spüren, wie ein schönes rosafarbenes Licht aus seinem Herzen strahlt. Dieses Licht fließt um Sie herum und hüllt Sie ganz in eine Decke aus rosafarbenem Frieden ein.
7. Entspannen Sie sich in diesem Kokon, um die Herzheilung zu empfangen, die sich in Ihrem ganzen Körper ausbreitet.
8. Danken Sie dem Lama oder Alpaka für seinen Besuch bei Ihnen und seien Sie gewiss, dass Sie mit ihm verbunden sind.
9. Machen Sie die Augen auf und behalten Sie die sanfte Heilung bei sich.

Kapitel 20

Affen und Menschenaffen

Botschaft der Affen und Menschenaffen

Wir sind hier, um zu sein – um eins zu sein mit der Natur und den Bäumen. Um mit offenem Herzen und in Integrität mit allen Geschöpfen zu leben. Wir versuchen nicht zu denken oder vernünftig zu begründen, sondern einfach zu erfahren, was das Leben zu bieten hat. Unsere Botschaft an euch ist: Öffnet euer Herz und eure rechte Gehirnhälfte. Dann werdet auch ihr das Einssein erfahren.

Alle Affen und Menschenaffen (Primaten), einschließlich der Lemuren, Buschbabys, Gorillas und Schimpansen, sind hoch entwickelte Wesen. Sie kommen ursprünglich aus dem zehndimensionalen Universum der Shekinah, wo die Energie reine Liebe und Licht ist, schöner und glorreicher als alles, was wir uns vorstellen können. Sie transformieren ihre Energie über den heilenden Sternhaufen der Plejaden herunter. Zwar trägt jedes Wesen aus der zehnten Dimension heilende Fähigkeiten in seinem Feld, aber weil Affen und Menschenaffen über die Plejaden herabsteigen, ist das Heilende eine ihrer vorherrschenden Gaben. Sie bringen sie über ihre Energiefelder, aber auch durch ihr Schnattern zum Ausdruck. Das ist viel mehr als verbale Kommunikation. Auf diese Weise teilen sie Informationen von den Engeln und anderen Elementarwesen, geben sie an die Bäume, die Vögel und sogar an Menschen weiter.

Diese Tiere verkörpern sich, um Elemente zu erleben und zu erkunden, die in ihrem Heimatuniversum nicht zur Verfügung stehen, wie Spaß, das Leben in einer Familie sowie die Verbindung zu Bäumen, Nahrung und die Sinne. Sie lernen allerdings mehr mit der rechten Gehirnhälfte und dem Herzen als mit der linken und dem Kopf. Das heißt, dass sie nicht über die gleichen intellektuellen Fähigkeiten verfügen wie der Mensch, obwohl sie spirituell sehr viel weiter entwickelt sein mögen als viele Menschen. Sie folgen ihrem Herzen und nicht ihrem Kopf, eher ihrem Instinkt als den Ergebnissen eines logischen Prozesses. Sie lernen ganz bewusst etwas über das Leben auf der Erde mit den herzzentrierten Eigenschaften der bedingungslosen Liebe und Akzeptanz, der Loyalität, des Vertrauens, der Weisheit, der Fürsorge, des Friedens, der Zweisamkeit und der Gemeinschaft. Sie demonstrieren uns viele der göttlich weiblichen Eigenschaften, die wir in das neue Goldene Zeitalter integrieren müssen.

Sie sind so hoch entwickelt, dass sie sich niemals erlauben würden, gefangen oder getötet zu werden, es sei denn für einen höheren Zweck. Sie hoffen, Mitgefühl oder sogar Erbarmen auszulösen, denn in der Regel bringen sie dieses Opfer, um die Herzen der Menschen zu berühren und zu öffnen. Dies ist zwar kein Teil ihrer Seelenmission, aber es ist ein Teil ihres Dienstes geworden.

Affen zeigen uns, dass es möglich ist, die Kundalini oder Lebenskraft einzusetzen, um sich durch die Baumwipfel zu schwingen. Sie sind dort oben in den Bäumen sehr entspannt und glücklich, denn die Luft ist ihr Element. Nur Gorillas sind auf dem Boden entspannt und fühlen sich dort entsprechend wohl. Andere Affen zeigen uns, dass man nicht unbedingt körperlich auf dem Boden sein muss, um ein Teil dieses Planeten zu sein. Ob sie Mutter Erde berühren oder nicht: Sie bekommen auf jeden Fall eine liebevolle Einladung der Göttin Gaia, sich hier zu verkörpern, um eine Erfahrung zu machen. Affen sind verletzlich und fühlen sich unwohl, wenn sie nicht in ihrem speziellen Element sind, obwohl sie sich auf einer Seelenebene wünschen mögen, Erfahrungen mit Feuer, Wasser und Erde zu machen. Diese stehen im Universum der Shekinah nicht zur Verfügung.

Alle Affen sind unglaublich neugierig auf alles, was die Erde zu bieten hat. Weil ich in Indien aufgewachsen bin, wo es viele Affen gibt, unterhielt uns meine Mutter oft mit ihren Affengeschichten. Offenbar bewahrte meine Mutter Bittersalz in ihrem Badezimmerschrank auf. Eines Tages drang eine Gruppe von Affen in unser Haus ein und öffnete in ihrer Neugier den Badezimmerschrank. Sie nahmen das Bittersalz heraus und fraßen das ganze Paket leer. Am nächsten Morgen sah man die Affen auf dem Rasen liegen und sich die Bäuche reiben und hörte sie laut stöhnen (so das Gerücht). Uns sollte dieses Vorkommnis eine Lehre sein, nichts aus dem Medikamentenschrank zu nehmen.

Affen und Menschenaffen sind absolut im Einklang mit der Weisheit der Bäume. Und Bäume sind uralte, sehr weise fühlende Wesen mit einer siebendimensionalen Blaupause. Sie tragen das Wissen über die Gegend, in der sie wachsen, in sich. Wenn ein Wesen mit offenem Herzen singt, können die Engel Klangbilder über ihm erschaffen. Und die diversen Töne, die von Affen und Menschenaffen mit weit offenen Herzen hervorgebracht werden, machen es den Engeln möglich, Klangbilder auszusenden, die den Bäumen beim Wachsen und Gedeihen helfen. Die Bäume revanchieren sich, indem sie Energie zu ihnen zurücksenden, genau wie sie es mit Menschen machen. Bäume reinigen die Energie in ihrem unmittelbaren Umfeld, und die Affen helfen ihnen dabei. Während Menschen darauf hinarbeiten und danach streben, die Einheit zu verstehen, erfahren die Affen sie am eigenen Leib.

Die meisten Geschöpfe, die über die Plejaden auf die Erde kommen, tun dies durch ein Hochfrequenzportal am Mount Shasta, Kalifornien, das von Erzengel Gabriel überwacht wird. Affen und Menschenaffen bilden da keine Ausnahme. Deshalb wachen die Engel der Plejaden aus der Ferne über sie, wie es auch Erzengel

Gabriel tut. Der große Erzengel Metatron arbeitet ebenfalls mit ihnen zusammen, weil Affen und Menschenaffen die göttlich weiblichen Eigenschaften an den Tag legen, die wir so dringend brauchen, wenn wir in die fünfte Dimension aufsteigen.

Visualisierungsübung
Verbindung mit Affen und Menschenaffen aufnehmen

1. Suchen Sie sich einen ruhigen Ort, an dem Sie ungestört sind.
2. Zünden Sie, wenn möglich, eine Kerze an und weihen Sie sie der Einheit.
3. Stellen Sie sich vor, dass Sie unter einem wunderschönen tropischen Baum sitzen. Das Licht der Sonne fällt durch seine Äste. Sie fühlen sich rundum sicher.
4. Sie hören das Geschnatter der Affen, und ein naseweises Gesicht schaut Sie durch die Blätter an.
5. Dann sehen Sie viele Affen, die sich fröhlich von Ast zu Ast schwingen.
6. Einer von ihnen schwingt sich nach unten und sitzt jetzt still vor Ihnen. Sie merken, dass sein Herzzentrum weit offen und strahlend ist.
7. Sie nehmen goldene Lichtfäden wahr, die von seinem Herzen ausgehen und Sie berühren, sodass Sie die Liebe spüren, die auf Sie zukommt.
8. Die Fäden reichen noch weiter und berühren die Bäume, die Blumen, andere Affen, alle Vögel und die anderen Tiere. Liebe fließt durch die Verbindungen.
9. Sie befinden sich im Zentrum eines Gewebes aus Licht und Liebe.
10. Sie sind ein Teil der Einheit. Verweilen Sie in diesem Gefühl und bewahren Sie es in Ihrem Herzen.
11. Sie bedanken sich bei dem Affen und öffnen die Augen.
12. Seien Sie gewiss, dass Sie das Gefühl des Einsseins wieder hervorrufen können, wo immer Sie auch sind.

Kapitel 21

Pandabären

Botschaft der Pandabären

Wenn ihr an uns denkt, empfangt ihr Heilung von den Plejaden. Und Liebe aus dem kosmischen Herzen berührt euer Herz.

Pandabären kommen ursprünglich von den Plejaden. Dieser Sternhaufen strahlt göttlich weibliches Licht und eine unvorstellbare blaue Heilenergie aus. Alle Wesen, Menschen, Tiere, Insekten oder Wassergeschöpfe, die von dort kommen, sind Herzensheiler. Eine riesige blaue, ätherische Rose mit 33 geöffneten Blütenblättern liegt zwischen der Quelle und den Plejaden. Reine heilende Liebe ergießt sich aus der Quelle und fließt durch die Rose zu den Meistern und Engeln der Plejaden. Diese wiederum transformieren deren Frequenz herunter und geben sie an die Geschöpfe und andere Ebenen der Existenz weiter.

Pandabären tragen das Symbol der blauen Rose der Plejaden in ihrer Aura. Das bedeutet, dass reine Heilung aus der Quelle durch die Rose mit den 33 Blütenblättern in ihr Energiefeld transformiert wird, und dann geben sie diese Heilungsenergie an alles und jedes in ihrer Umgebung weiter. Auch Sie können sich auf dieses heilende Licht einstimmen, indem Sie sich das Bild eines Pandabären anschauen oder an ein solches Tier denken.

Es ist kein Zufall, dass Pandabären schwarz-weiß sind. Diese Fellfarbe wurde von der Überseele der Pandas ganz bewusst gewählt, um zu demonstrieren, dass ihre männlichen und weiblichen Energien perfekt im Gleichgewicht sind und dass es das eine oder andere Extrem selten gibt. Sie ermutigen andere, mit erleuchteten Augen zu sehen. Und damit helfen sie allen, die Dinge wieder ins Gleichgewicht zu bringen.

Generell sind sie zwar eher passiv, aber höchst gefährlich, wenn sie provoziert werden. Sie demonstrieren ihre männliche Kraft, indem sie als eindrucksvolle Geschöpfe auftreten, die mit ihren Pranken, ihren großen Zähnen und ihrer großen Kraft angreifen können. Ihr Biss ist einer der kräftigsten im ganzen Tierreich. Er hat sich so weit entwickelt, damit die Tiere die extrem harten Bambusstängel zerkleinern können.

Ihre weibliche Seite zeigt sich in ihrem unglaublichen Mutterinstinkt. Die Art und Weise, wie sie sich um ihren verletzlichen Nachwuchs kümmern, ist beispielhaft. Bei der Geburt ist das Junge vollkommen hilflos. Ein Neugeborenes wiegt nur ein paar Gramm und ist lächerlich winzig, rosafarben, haarlos und blind. Neben Känguru- oder Opossumjungen ist der neugeborene Pandabär das kleinste Säugetier, verglichen mit der Größe seiner Mutter. Die Mutter muss es mit äußerster Sorgfalt behüten, um sein Überleben zu sichern. Bevor sie auf die Erde kamen, wurde die Verwundbarkeit neugeborener Pandabären von den Meistern der Plejaden in Verbindung mit dem Intergalaktischen Konzil beschlossen. Sie haben diese Wahl vor allem getroffen, um die weiblichen Eigenschaften der weiblichen Pandas auf die Probe zu stellen: Fürsorge, Beharrlichkeit, Liebe, Mutterinstinkt, Geduld und das Heilende.

Der vom Aussterben bedrohte Große Panda *(Ailuropoda melanoleuca)* ist ein Einzelgänger. Die Tiere leben gegenwärtig in den Bergen einiger Gebirgszüge in Zentralchina. Sie demonstrieren, dass es vollkommen in Ordnung ist, Ihren spirituellen Weg allein zu gehen. Landwirtschaft, Entwaldung und andere Entwicklungen haben den Großen Panda aus den Ebenen verdrängt, wo er früher lebte. Wenn wir Menschen den unglaublichen Heilungsauftrag, den diese schönen Tiere auf sich genommen haben, nur verstehen könnten, würden wir dafür sorgen, dass sie den Raum bekommen, den sie brauchen.

Jophiel, der Engel der Weisheit, ist der Erzengel, der die Gesamtverantwortung für China trägt. Er wacht auch über die Pandabären und bringt seine Weisheit durch sie auf die Erde. Pandas sind auch auf Erzengel Sandalphon eingestimmt, der diese Weisheit nimmt und sie durch das planetare Erdsternchakra an Lady Gaia weitergibt.

Die mächtige Universalengelin Maria arbeitet mit Pandabären. Sie hilft, sie mit der Venus, dem kosmischen Herzen, zu verbinden, und über die Pandabären trägt sie dazu bei, Menschen überall auf der Welt mit dem kosmischen Herzen zu verbinden.

Der Seelenauftrag der Pandabären besteht darin, Menschen, Tieren und Orten auf unserem Planeten die Heilung des Herzens zu bringen. Sie tragen ein Licht in ihrer Aura, das derart heilend ist, dass es alle und alles um sie herum aktiv berührt und aufmuntert. Jeder, der sich in der Nähe von Pandabären aufhält oder an einen denkt, bezieht diese heilende Energie von ihnen. Und man kann sich diese Energie bewahren, indem man Frieden findet und Wahrhaftigkeit, Unschuld und Reinheit im Herzen behält.

Visualisierungsübung
Verbindung mit Pandabären aufnehmen

1. Suchen Sie sich einen Ort, an dem Sie ungestört sind und sich entspannen können.
2. Atmen Sie ganz normal und erlauben Sie sich loszulassen.
3. Sie sitzen im weichen klargrünen Licht eines wunderschönen Berges in China. Sie sind sicher und glücklich.
4. Ihr Schutzengel legt Ihnen ganz vorsichtig einen jungen Pandabären in die Arme.

5. Er ist weich und warm. Streicheln und hätscheln Sie das Pandababy und spüren Sie, wie Ihr Herz dabei aufgeht.
6. Die große Universalengelin Maria gießt einen Strahl schimmerndes rosafarbenes Licht über Sie aus und hüllt Sie und den Pandabären in eine prächtige rosafarbene Energiesäule. Die Säule reicht bis ins kosmische Herz.
7. Werden Sie sich bewusst, dass Sie mit dem Pandabären ganz sanft die Säule hinauf in eine riesige pinkfarbene Rose reisen, in das kosmische Herz.
8. Die 33 samtweichen Blütenblätter öffnen sich, während Sie in ihrer Mitte verweilen und still den Pandabären halten.
9. Die Universalengelin Maria berührt Ihr Herz, und es geht auf.
10. Wunderschöne blaue Engel von den Plejaden singen über Ihnen, während Sie in der Rose liegen wie in einer Wiege.
11. Endlich geleitet Sie Ihr Schutzengel die Säule wieder hinunter zu Ihrem Ausgangspunkt.
12. Jedes Mal, wenn Sie an einen Pandabären denken, geht Ihr Herz auf und fließt über vor Liebe.

Kapitel 22

Schweine

Botschaft der Schweine

Nichts ist wichtiger als die Liebe. Wenn euer Herz rein ist, sendet ihr automatisch Wahrhaftigkeit und Heilung aus, denn das ist Liebe. Es ist das Geschenk, das wir euch anbieten, und wir bitten euch, es wertzuschätzen. Dann werdet ihr auch uns wertschätzen.

Schweine kamen zu Beginn des Goldenen Zeitalters von Atlantis auf diesem Planeten an, und zwar mit dem Auftrag, der Menschheit zu dienen. Sie inkarnierten von den Plejaden, dem Sternhaufen der Heilung.

Schweine tragen eine blaue Rose in ihrer Aura. Bei ihrer Geburt ist diese blaue Rose ganz winzig und sitzt über ihrem Herzen. Während sie erwachsen werden, dehnt sich die blaue Rose, das energetische Symbol von Liebe und Heilung, in ihrer Aura und um sie herum aus, und sie verbreiten Herzensheilung, wo immer sie hingehen. Sie helfen, das Land rein und klar zu halten.

Menschen halten das Goldene Atlantis tendenziell für eine Zeit erstaunlicher Technologien, großer und zukunftsweisender Erfindungen sowie außergewöhnlicher übersinnlicher Gaben und Talente, und das stimmt auch. Doch dies alles konnte nur entwickelt werden, weil die Herzen der Bewohner von Atlantis offen und fünfdimensional waren und man darauf vertrauen konnte, dass sie diese großartigen Fähigkeiten zum Wohle aller einsetzten.

Ursprünglich kamen Schweine in dieser fünfdimensionalen Ära als Haustiere hier an. Sie boten Liebe und Heilung, um die Frequenz der Herzenergie eines Heimes so hoch zu halten, wie sie nur sein kann. Sie erfüllten auch eine ökologische Funktion, indem sie Abfälle verzehrten. Und nach ihrem Tod verwendeten die Menschen ihre weichen Häute, um Schuhe und andere nützliche Dinge daraus zu machen. Und bevor sie die Häute nahmen, baten sie den Geist des jeweiligen Schweins um Erlaubnis. Sie nahmen überhaupt nie etwas ohne vorherige Erlaubnis. Als Gegenleistung für die Dienste, die sie leisteten, gaben die Menschen den Schweinen ein Obdach und bedachten sie mit Respekt, Achtung und Fürsorge. Die Menschen betrachteten es als Privileg, so hoch entwickelte und prachtvolle Tiere in ihrer Familie zu haben.

Schweine haben sich ursprünglich verkörpert, um uns ihr Herz zu schenken, und es ist interessant, dass sich Menschen heute, wo die Schwingungsfrequenz allmählich wieder steigt, wieder vermehrt Schweine als Haustiere halten. Schweine sind von Natur aus pingelige und saubere Tiere. Es ist eine Beleidigung ihrer Seele, wenn man sie dauerhaft in Schmutz und Schlamm liegen lässt und, noch schlimmer, ihnen nachsagt, sie seien unreine Tiere, wenn nichts dergleichen der Fall ist. Durch sie fließt Liebe aus der blauen Rose tief in die Erde und auch in die Leylinien, um Heilung zu verbreiten.

In anderen Teilen der Welt wurden andere Experimente gemacht. Die Wildschweine auf anderen Kontinenten kommen auch von den Plejaden, aber die blaue Rose in ihrer Aura schwingt mit einer viel niedrigeren Frequenz. Dennoch verbreiten auch sie etwas Heilung und tragen dazu bei, die Herzenergie zu halten, aber nicht in dem Maße wie die Hausschweine, die nach Atlantis kamen. Obwohl ihre Energie bereits so weit wie möglich übertragen wurde, versuchen die Schweine immer noch, überall tapfer ihre liebevolle Arbeit zu tun. Allerdings haben sie nie damit gerechnet, dass ihr Fleisch einmal Menschen als Nahrung dienen würde, und das werden sie auch nicht länger dulden.

Wie alle Tiere von den Plejaden stehen Schweine mit den heilenden Engeln der Plejaden und auch mit Mutter Maria in Verbindung. Sie sind auch mit Erzengel Gabriel verbunden, der sie mit Klarheit und Freude berührt. Weil die Menschheit diese schönen Geschöpfe so sehr missbraucht hat, arbeiten Erzengel Fhelyai, der Engel der Tiere, und Erzengel Uriel eng mit ihnen zusammen, um ihr Selbstvertrauen wieder zu stärken. Dies gilt aber nicht nur für Schweine. Würden Menschen so behandelt, wie wir Schweine behandeln, wäre ihr Selbstvertrauen am Boden. So geht es vielen Tieren, und Erzengel Uriel versucht möglichst viele von ihnen zu berühren und ihnen bei der Wiederherstellung ihres Selbstwertgefühls zu helfen. Damit, dass Sie eine Fürbitte an Erzengel Uriel richten, um das Selbstwertgefühl und die Selbstachtung von Tieren zu erhöhen, leisten Sie einen wirklich wichtigen und hilfreichen Beitrag.

Gebet an Erzengel Uriel

Geliebter Erzengel Uriel,
ich bitte dich aus den Tiefen meines liebenden Herzens: Berühre und umgib alle Tiere dieser Welt, besonders die Schweine, mit deinem goldenen Licht. Bitte hilf ihnen, ihr Selbstvertrauen, ihren Respekt vor sich selbst und ihre Selbstachtung wiederherzustellen, damit sie ihren Auftrag mit Würde erfüllen können.
Ich erbitte dies im Namen von Liebe und Frieden auf Erden.
So sei es.

Visualisierungsübung
Verbindung mit den Schweinen aufnehmen

1. Suchen Sie sich einen ruhigen Ort, an dem Sie ungestört sind.
2. Schließen Sie die Augen und atmen Sie ganz normal, bis Sie sich wirklich entspannt fühlen.

3. Stellen Sie sich vor, dass Sie bei sich zu Hause sind. Schauen Sie sich um und nehmen Sie die Energie wahr.
4. Es klopft an Ihrer Tür, und als Sie aufmachen, steht Ihr Schutzengel da und wartet auf Sie.
5. Er hat ein bezauberndes kleines Schweinchen auf dem Arm.
6. Sehr sanft und liebevoll kommt Ihr Schutzengel herein und setzt das Schweinchen mitten in Ihrem Wohnzimmer ab.
7. Sie stellen fest, dass seine Aura wasserblau ist. Eine prächtige blaue Rose mit 33 geöffneten Blütenblättern schwebt darüber.
8. Ein Strahl blauen Heilungslichts ergießt sich durch die weit aufgeblühte Rose in das Schweinchen und breitet sich aus, bis dieses Licht den ganzen Raum erfüllt.
9. Sie bemerken, wie alles und jedes im Raum im blauen Heilungslicht aufleuchtet.
10. Das blaue Licht hüllt Sie ganz sanft ein, und Sie atmen die Heilung in Ihre Zellen.
11. Das blaue Licht fließt bis tief in die Erde unter Ihrem Haus und heilt das Land, auf dem Sie leben.
12. Streicheln oder liebkosen Sie das Schweinchen, wenn Sie möchten. Vielleicht bekommen Sie eine Botschaft von ihm.
13. Wenn es für das Schweinchen Zeit ist, wieder zu gehen, danken Sie ihm für sein Kommen.
14. Bedanken Sie sich beim ganzen Schweinereich.
15. Machen Sie die Augen wieder auf und sehen Sie Schweine jetzt in einem ganz anderen Licht.

Kapitel 23

Kaninchen und Hasen

Botschaft der Kaninchen und Hasen

Auch wenn ihr glaubt, völlig bedeutungslos zu sein, habt ihr vielleicht einen großen und wichtigen Seelenauftrag. Indem ihr mit anderen zusammenarbeitet, könnt ihr Wunder geschehen lassen.

Kaninchen kommen ursprünglich vom Orion, dem Sternbild der Weisheit und Erleuchtung. Alle Wesen von dort tragen die Eigenschaften des göttlich Weiblichen, Licht und Freude sowie Weisheit in ihrem Energiefeld, und die Kaninchen machen dies ganz klar deutlich. Sie strahlen auch Eigenschaften wie Sanftheit, Weichheit, Fürsorge, Empathie, Spaß und andere göttlich weibliche Attribute aus.

In der Ära des Goldenen Atlantis hatte jedes Heim eine Katze, Hunde und ein Kaninchen. Die Katze wachte über die Energie des Hauses und schützte sie. Es konnten drei Hunde in einem Haus sein, denn jedes Kind hatte einen und lernte, sich um ihn zu kümmern. Der Hund beschützte das Kind und ging mit ihm zur Schule. Auch das Kaninchen schützte das Kind oder die Kinder, denn mit ihrer weiblichen, bemutternden Energie können sie Beeindruckendes leisten, wenn es darum geht, ihre Lieben zu bewachen. Allerdings blieb das Kaninchen zu Hause und sorgte dort zusammen mit der Katze für die Aufrechterhaltung der Energie. Weil sowohl Katzen als auch Kaninchen vom Orion kommen, besteht eine Verbindung zwischen ihnen, die zu jener Zeit offensichtlich war, auch wenn ihnen später auf der Erde unterschiedliche Rollen zugewiesen wurden. Man konnte oft sehen, wie sie sich telepathisch unterhielten.

Kaninchen sind rein, heiter, kuschelig und flauschig. Kinder nehmen sie in den Arm, wenn sie Trost brauchen. Gleichzeitig sind sie zweckmäßig, hilfsbereit und fürsorglich. Sie wissen genau, was in den Energiefeldern von Menschen und anderen Tieren vor sich geht. Wenn jemand Unterstützung und Trost braucht oder sich verletzt oder verraten fühlt, kann ihm das Schmusen mit einem Kaninchen helfen, sein Herz zu heilen. Als Heiler des Herzens haben sie viel zu bieten, denn weil sie vom Orion kommen, heilen sie sowohl mit Weisheit als auch mit Liebe. Wissen bezieht sich auf Fakten. Weisheit bedeutet, dass man Einsicht hat, eine Gesamtperspektive und genug Liebe, um zu wissen, wie man bestmöglich mit einer Situation umgehen kann.

Diese weisen kleinen Geschöpfe stehen in sehr enger Verbindung mit dem Gesang der Erde. Jedes fühlende Wesen gibt musikalische Töne von sich. Berge, die von klaren Kristallen durchzogen sind, lassen entsprechend klare Töne erklingen. Saubere Meere und Flüsse spielen wunderschöne Harmonien. Jeder Baum, jeder Stein und jedes Tier trägt etwas zur Melodie des Ganzen bei. Und ein friedvoller Planet klingt wie ein Orchester, das durch den Weltraum gleitet.

Wenn Sie in Harmonie mit sich selbst sind, tragen Sie ebenfalls zur Schönheit und besonderen Schwingung dieses Planetenorchesters bei. Allerdings ist die Erde als Ganzes gegenwärtig verstimmt und hört sich an wie ein Missklang, während sie so durch das Universum schwebt. Doch wenn die Schwingungsfrequenz des Planeten und des Universums steigt, wird sich alles sehr schnell wandeln, und kurz nachdem das Goldene Zeitalter im Jahr 2032 begonnen hat, werden wieder Frieden und Harmonie auf der Erde herrschen.

Kaninchen stimmen sich auf die wahre Erkennungsmelodie der Erde ein, die von Lady Gaia gesungen wird. Das Kaninchen ist ein kleines, aber besonderes Geschöpf und übermittelt das Lied der Erde durch sein Aurafeld. Ein Teil seines Seelenauftrages besteht darin, anderen zu helfen, in Harmonie mit dem Lied der Erde zu kommen. Ein Tropfen Öl glättet aufgewühltes Wasser; hohe Frequenzen schlucken niedrigere; reine und klare Töne sorgen für Harmonie im ganzen Chor. Und Kaninchen sind auf das Lied der Erde eingestimmt, um uns allen beizubringen, wie man schön aufsteigt. Zusammen mit der Weisheit, die Kaninchen über ihr Energiefeld an andere weitergeben, ist dies ein sehr großer Dienst, den sie uns erweisen, während sie hier verkörpert sind. Sie versuchen Menschen, andere Tiere, die Erde, die Elementarwesen, das Gras, die Blumen, die Bäume, die Flüsse und die Meere in eine harmonische Ordnung zu bringen.

Weil Kaninchen auf das Lied der Erde eingestimmt sind, hören sie, wenn sich ein Mensch oder ein Raubtier nähert, denn dessen Schwingung beeinflusst die Musik. Diese Fähigkeit schützt sie, denn sie warnt sie vor Gefahr. Gleichzeitig versuchen die Kaninchen beherzt, die niedrigen Frequenzen rund um Menschen und Raubtiere auf ein höheres Niveau zu bringen.

Kaninchen arbeiten mit Erzengel Gabriel zusammen, einem mächtigen Boten des Lichts, um Reinheit, Klarheit, Licht und Freude zu verbreiten, wo immer sie sind. Über einem Ort, der von Harmonie, heiliger Geometrie und der richtigen Intention geprägt ist, singen die Engel und wandeln seinen Klang in Engelklang um. Kaninchen tragen die Weisheit der heiligen Geometrie in ihrer Aura, also singen die Engel Obertöne über ihnen. Ein Ergebnis davon ist, dass sich durch diese pelzigen kleinen Geschöpfe Engelklänge über die Weiden ausbreiten.

Erzengel Sandalphon ist als Engel der Musik bekannt, denn er kennt sich mit den Obertönen der Schöpfung aus. Über die Kaninchen stimmt er sich auf Erzengel Gabriel ein, um die Klänge, die das Lied der Erde bilden, mit der Musik der Sphären zu verbinden. Dabei handelt es sich um die göttlich-vollkommenen Harmonien, die durch die Bewegungen aller Himmelskörper entstehen. Dies hilft, an der siebendimensionalen Blaupause für die Erde als einer Vision unseres göttlichen Potenzials festzuhalten.

Einhörner werden von der Reinheit und Unschuld dieser Tiere angezogen. Wenn Sie ein Kaninchen liebevoll streicheln, kann es sein, dass ein Einhorn Sie mit seinem Segen überschüttet. Wenn Sie ein Feld voller herumhüpfender Stummelschwänzchen sehen, dann ist oft auch ein Einhorn nicht weit, das einen ganzen Schwall Licht auf sie fallen lässt. Dieses Licht dringt in ihre Wohnhöhlen und in das Land selbst ein. Auf diese Weise bringen die Kaninchen das höchste Licht in den Erdboden und verankern es dort.

Kaninchen haben sich in ihrem Bemühen, das Land selbst in die fünfte Dimension zu bringen, stark vermehrt. Sie versammeln sich an Orten, die ihre Energie brauchen und wo sie die Obertonschwingungen aus dem Lied der Erde fokussieren können. Auch wenn die Menschen auf sie schimpfen und sie erschießen und obwohl andere Tiere Jagd auf sie machen, setzen die Kaninchen ihre Mission mutig fort. Sie sind tapfere kleine Lichtarbeiter.

Visualisierungsübung
Verbindung mit den Kaninchen aufnehmen

1. Suchen Sie sich einen ruhigen Ort, an dem Sie ganz ungestört sind.
2. Erzengel Michael legt Ihnen seinen blauen Schutzmantel um.
3. Stellen Sie sich vor, dass Sie auf einer schönen smaragdgrünen Wiese sitzen, die mit bunten, duftenden Wildblumen gesprenkelt ist.
4. Ein weichpelziges Kaninchen kommt auf Sie zu und schaut Sie mit sanften braunen Augen liebevoll an.

5. Nehmen Sie es hoch und liebkosen Sie das weichpelzige Tier. Wenn Sie möchten, können Sie ihm in Gedanken von Ihren Problemen erzählen.
6. Lassen Sie sich viel Zeit, das Kaninchen zu streicheln, während das Tier Liebe, Heilung und Weisheit an Sie abstrahlt.
7. Rufen Sie Erzengel Gabriel herbei. Sehen Sie, wie sein reinweißes Licht immer näher kommt, und spüren Sie, wie er Sie aufmuntert.
8. Rufen Sie jetzt Erzengel Sandalphon mental herbei. Sehen Sie, wie sein silbernes Licht auf Sie zukommt und dann mit Ihnen verschmilzt.
9. Vielleicht nehmen Sie das Lied der Erde ganz bewusst wahr. Und selbst wenn Sie es nicht hören können, fließt die Schwingung durch Sie hindurch und bringt Sie wieder in Harmonie.
10. Und jetzt verbindet Sie das Licht der Erzengel Gabriel und Sandalphon mit der Musik der Sphären. Spüren Sie, wie das gesamte Universum in eine harmonische Ordnung kommt.
11. Ein Einhorn überschüttet Sie und das Kaninchen mit seinem Segen.
12. Bedanken Sie sich bei dem Kaninchen, den Erzengeln Gabriel und Sandalphon und den Einhörnern.
13. Machen Sie dann die Augen wieder auf und fühlen Sie sich ganz in Harmonie mit sich selbst.

Hasen

Trotz ihrer Ähnlichkeit kommen Hasen ursprünglich vom Sirius und Kaninchen vom Orion. Hasen tragen ein sehr altes Wissen über die Erde in der heiligen Geometrie ihrer Blaupause. Wie viele Tiere sind sie hier, um in einem physischen Körper etwas über Liebe, Überleben und Vertrauen zu lernen und weiterzugeben. Ihre Aufgabe besteht darin, nah am Boden zu kauern und das

Wissen, das sie über die alte Erde haben, an jedes Geschöpf und jede Person weiterzugeben.

Sie stehen in Verbindung mit Erzengel Uriel, dem Erzengel, der für den Solarplexus verantwortlich ist und ihnen hilft, Selbstvertrauen zu erlangen, damit sie ihre Macht für sich in Anspruch nehmen können. Wenn sie dazu in der Lage sind und einen goldenen Solarplexus ausstrahlen und wenn dann die Menschheit die gleiche Ebene erreicht, werden sie die alte Weisheit voranbringen und für ihre Verbreitung sorgen.

Einmal sah ich zwei Hasen in meinem Garten. Sie standen hoch aufgerichtet auf den Hinterbeinen, stolz und ganz still. Sie tanzten nicht, und sie boxten auch nicht, wie ich gehofft hatte. Dennoch spürte ich, dass es ein ganz besonderes Privileg war, dass sie meinen Garten betreten hatten und jetzt energetisch Verbindung mit mir aufnahmen. Wir standen ganz still da und schauten einander von Zeit zu Zeit an. Dann verschwanden sie ganz leise wieder.

Kapitel 24

Ratten, Mäuse und Hamster

Botschaft der Ratten, Mäuse und Hamster

Wenn ihr euch missverstanden fühlt, denkt daran, dass euer Leben einen höheren Zweck hat. Haltet eure Vision aufrecht, wie schwierig euch das auch vorkommen mag, und das Universum wird euch seinen Tribut zollen und belohnen, wenn die Zeit dafür gekommen ist.

Ratten

Eine Freundin von mir besuchte einen schönen Ort in der Natur und war schockiert über den ganzen Müll und Abfall, der dort überall herumlag. Sie war verärgert über die Menschen, die ihn dort hinterlassen hatten. Als sie gerade wieder gehen wollte, hörte sie eine deutliche Stimme in ihrem Kopf, die sagte: »Und was ist mit dem ganzen seelischen Müll, den du mit deinen urteilenden Gedanken hier hinterlässt?« Völlig verblüfft blieb sie stehen, als sie erkannte, wie berechtigt diese Frage war. Wann immer jemand einen wütenden, angstvollen, verurteilenden oder anderweitig negativen Gedanken hat, gilt es, etwas zu verwandeln, genau wie der physische Abfall, den wir wegwerfen, weggeräumt und entsorgt werden muss.

Ratten sind hoch entwickelte und intelligente Geschöpfe mit einem großen Herzen, die ursprünglich vom Neptun kommen. Vor

Tausenden von Jahren reagierte die Überseele der Ratten auf eine Bitte um Unterstützung und erklärte sich nach Treu und Glauben bereit, sich auf der Erde zu verkörpern, um den psychischen und physischen Müll, den die Menschen hinterlassen hatten, wegzuräumen und umzuwandeln. Dafür nahmen sie den Abfall in ihre Körper auf, wandelten ihn um und reinigten ihn so von jedweder negativen Energie. Dieser hochspirituelle Dienst wurde von den Menschen und vom Universum entsprechend honoriert. Äonenlang funktionierte dieses System sehr gut. Die Vergeltung für die Ratten waren die Dankbarkeit, die ihnen entgegengebracht wurde und die ihr Herz stets offen hielt, und das Erlernte, das sie später mit zurück zum Neptun nehmen konnten.

Leider produzierten die Menschen, die sich ihrer Umwelt und ihres schönen Planeten zunehmend weniger bewusst waren, immer mehr Müll und schmutziges Abwasser, bis die Ratten völlig überlastet waren. Sie konnten die schiere Menge an Stoffen nicht mehr bewältigen und beschlossen daher, Neptun zu bitten, mehr von ihrer Art zu schicken, die ihnen helfen sollten. Die Dankbarkeit der Menschen verwandelte sich in Abneigung. Weil die Ratten so viel menschliche Negativität aufnahmen, wurden sie davon krank. Und die Menschen fürchteten, sich mit der Weil-Krankheit zu infizieren. Abneigung verwandelte sich in Angst und Hass. Schließlich befanden die Menschen, es gäbe zu viele Ratten und sie sollten ausgerottet werden.

Und so begann ein Krieg zwischen den Ratten, die versuchten ihre Aufgabe zu erfüllen, und den Menschen, die sie vernichten wollten, ohne die Verantwortung für den Müll und die Negativität zu übernehmen, die sie selbst erzeugten. Mittlerweile leben auch die Ratten in Angst – und das bedeutet, dass sie die niederen Energien nicht mehr verarbeiten, reinigen und in Liebe umwandeln können.

Es ist höchste Zeit, dass wir die Seelenaufgabe der Ratten ebenso anerkennen wie alles, was sie zu tun versuchen, um dem Planeten zu helfen. Der erste Schritt besteht darin, Verantwortung für den Müll zu übernehmen, den wir hinterlassen, und zwar sowohl für den physischen als auch den für den psychischen.

Kakerlaken, die ebenfalls vom Neptun stammen, bemühen sich, in der Insektenwelt die gleiche Aufgabe zu erfüllen. Die Situation auf der Erde ist derart überwältigend geworden, dass die Erzengel Purlimiek und Butyalil gemeinsam Esaks und Kyhils, Elementale des Wassers, aus einem anderen Universum auf diesen Planeten eingeladen haben. Diese winzigen Elementarwesen vernichten jede Art von Negativität und wandeln sie um. Ich habe auf Orb-Fotos gesehen, dass sie vor allem dort wie verrückt arbeiten, wo Drogen konsumiert wurden und Menschen eine niedrige Schwingungsfrequenz haben oder eine Menge Negativität hinterlassen. Sie versuchen die Ratten zu unterstützen.

Die Erzengel Zadkiel und Gabriel arbeiten mit dem Rattenreich zusammen. Zadkiel ist der Erzengel der Umwandlung und der Gnade. Er und seine Engel sind violett, und ihr Licht verwandelt und reinigt alles, was es mit der violetten Flamme berührt. Einst hatten sie eine wunderbar symbiotische Beziehung mit den Ratten, und sie unterstützen sich gegenseitig bei der Erfüllung ihrer dienenden Aufgabe.

Gabriel ist der reinweiße Erzengel der Läuterung und Klarheit. Er bearbeitet den kosmischen Diamanten und schleift alle niedrigen Energien aus den glänzenden Facetten seines Diamantlichts. Jetzt, wo die Erzengel Gabriel und Zadkiel zusammenarbeiten, steht ihnen die violette Flamme des kosmischen Diamanten zur Verfügung, und dieses außergewöhnlich läuternde und verwandelnde Licht ist unendlich viel stärker als die violette Flamme oder der kosmische Diamant allein. Es ist ein sehr potentes Werkzeug zur Klärung und Befreiung. Die Erzengel versuchen es einzusetzen, um den Ratten zu helfen, aber oft erreichen sie diese damit nicht, weil deren Schwingungsfrequenz mittlerweile zu niedrig ist. Menschen können hier helfen, indem sie die Feuerdrachen oder die violetten Drachen bitten, sich zu den Ratten zu begeben und die niederen Energien in ihrem Umfeld zu verbrennen und umzuwandeln. Dann endlich können die Erzengel die violette Flamme des kosmischen Diamanten einsetzen, um ihnen zu helfen.

Ratten, die als Haustiere gehalten und gut gepflegt werden, sind überaus intelligent. Sie werden von ihren Besitzern geliebt und respektiert, und diese Liebe hilft ihnen, etwas von der Angst, die von Menschen und wilden Ratten hervorgerufen wurde, umzuwandeln.

Visualisierungsübung
Hilfe für die Ratten

1. Suchen Sie sich einen Ort, an dem Sie ungestört sind, und zünden Sie, wenn möglich, eine Kerze an.
2. Bleiben Sie ganz ruhig sitzen und konzentrieren Sie sich auf den Fluss Ihres Atems, um Ihren Geist zu beruhigen.
3. Sie finden sich an einem sonnigen Platz am Ufer eines Flusses wieder und beobachten das friedlich strömende Wasser.
4. Sie sind hier absolut sicher. Nichts kann Sie verletzen oder Ihnen schaden.
5. Eine Ratte nähert sich und setzt sich in etwa einem Meter Entfernung vor Sie hin. Sie wartet darauf, dass Sie etwas sagen.
6. Entschuldigen Sie sich in Gedanken bei ihr, und zwar für alles, was die Menschheit den Ratten angetan hat.
7. Sagen Sie ihr, dass Sie alles würdigen, was die Ratten getan haben, um den Müll und die negative Energie der Menschen zu beseitigen und umzuwandeln. Danken Sie ihr für ihre Dienste und die ihrer Artgenossen.
8. Bitten Sie sie, diese Botschaft mit zurück ins Rattenreich zu nehmen.
9. Rufen Sie die Feuerdrachen herbei und bitten Sie sie, die niederen Energien dort zu verbrennen, wo Ratten leben.

10. Rufen Sie die Erzengel Gabriel und Zadkiel herbei und bitten Sie sie, die violette Flamme des kosmischen Diamanten über alle Ratten zu halten. Beobachten Sie, wie die Energien aufsteigen.
11. Bedanken Sie sich bei den Ratten, den Drachen und den Erzengeln Gabriel und Zadkiel.

Mäuse

Mäuse erfüllen den gleichen Zweck wie Ratten, obwohl sie eine sanftere Energie haben und nicht in der gleichen Weise vom Zorn der Menschen betroffen waren wie diese. Dennoch versuchen auch sie, unseren Müll und unsere Abfälle zu beseitigen und umzuwandeln. In ihrem Angebot, uns zu Diensten zu sein, war die Erlaubnis, ihren Körper zu Forschungszwecken zu nutzen, nicht enthalten. Das war nie ein Angebot, und es bedeutet nicht nur Schmerzen und sogar Todesangst für die Tiere, sondern auch eine große Karmalast für die Täter und oft auch für die Nutzer der entsprechenden Produkte.

Die Erzengel Zadkiel und Gabriel arbeiten auch mit Mäusen.

Hamster

Weil sich Hamster reichlich vermehren, wurden sie von Menschen häufig für Laborexperimente eingesetzt. Eine Laune menschlicher Empfindsamkeit macht aber auch viel geliebte Haustiere aus ihnen.

Hamster kamen auf die Erde, um das zu erfahren, was wir zivilisiertes Leben nennen würden, und uns ihrerseits etwas darüber beizubringen. Ihr unterirdischer Bau hat einen Vorder- und einen Hintereingang, eine Schlafkammer, eine Vorratskammer und eine separate Toilette (Kloake). Hamster tragen Futter in ihren Backentaschen in diesen Bau, wo sie es speichern müssen, damit sie während der Winterruhe genug zu fressen haben. Die meisten Hamster leben strikt solitär und lernen, ihr Einsiedlerleben mit der Notwendigkeit in Einklang zu bringen, ein Haus für eine Familie zu bauen.

Und die Weibchen lernen, ihre Jungen so gut wie möglich zu schützen. Manchmal fressen sie sie auch auf, denn sie haben eine andere Vorstellung vom Tod als wir. Dies geschieht jedoch nur mit Erlaubnis von Erzengel Fhelyai, dem Engel der Tiere. Andernfalls tragen sie die Jungen in ihren Backentaschen, wo sie in Sicherheit sind.

Diese kleinen Tiere können Engel und Elementarwesen hören und mit ihnen kommunizieren. Wie viele Tierarten, die unter der Erdoberfläche leben, stehen sie mit Erzengel Sandalphon in Verbindung, dem Engel, der für das Erdsternchakra verantwortlich ist, und geben Auskunft zu dem, was in der Erde vor sich geht.

Außergewöhnlich ist, dass sie auch mit Erzengel Preminilek kommunizieren, dem für die Insekten zuständigen Engel, und ihm sagen, was die verschiedenen Insektenarten brauchen. Wenn beispielsweise der Boden im Umfeld der Hamster für bestimmte Insekten zu trocken ist, schicken die Engel Feen oder andere Elementargeister dorthin und tragen so zu einer Änderung der Bedingungen bei.

Kapitel 25

Nashörner

Botschaft der Nashörner

Ich liebe die Erde. Ich liebe die Bäume und die Tiere und die Menschen und das Gefühl, festen Boden unter mir zu haben. Ich möchte hierbleiben.

Der Dienst, den ich hier verrichte, ist sehr wichtig. Wenn ihr euch in der Hohlerde verankert und eure zwölf fünfdimensionalen Chakras mit den Sternen verbindet, könnt auch ihr eine Brücke zwischen der Quelle und Lady Gaia sein sowie ein zentraler Lichtpunkt für die höheren Energien des Universums.

Nashörner sind fünfdimensionale Wesen von Lakumay, dem aufgestiegenen Aspekt des Sirius. Die innere Stärke, mit der sie die Grausamkeit der Menschen ertragen haben, hat es ihnen letztendlich möglich gemacht, ganz in die fünfte Dimension aufzusteigen.

Es gibt fünf Nashornarten. Drei sind in Asien heimisch, nämlich das Indische Panzernashorn *(Rhinoceros unicornis)*, das Java-Nashorn *(Rhinoceros sondaicus)* und das Sumatra-Nashorn *(Dicerorhinus sumatrensis)*, und zwei in Afrika, nämlich das Spitzmaul- oder Schwarze Nashorn *(Diceros bicornis)* und das Breitmaul- oder Weiße Nashorn *(Ceratotherium simum)*. Sie sind gern auf der Erde, ob in Afrika oder Asien, und genießen die Atmosphäre des Landes, der Bäume und des Wassers. Im Rahmen des Dienstes, den sie auf der Erde verrichten, erklärten sich die Spitzmaulnashörner bereit,

Bäume auszulichten, während die Breitmaulnashörner eine andere Art von Kiefer entwickelten und damit als eine Art Rasenmäher fungieren.

Ich erinnere mich, dass ich einmal im Fernsehen ein junges Nashorn gesehen habe. Es wurde von Menschen aufgezogen, weil Wilderer seine Mutter getötet hatten. Dieser kleine Kerl war voller Lebensfreude, wälzte sich in einer Schlammpfütze und spritzte das Wasser durch die Gegend. Er hätte gut und gern ein Hundewelpe sein können, wenn er etwas kleiner gewesen wäre.

Diese außergewöhnlichen Tiere, die zweitgrößten der Erde, tragen in ihrem Energiefeld die Information, das Wissen und die Weisheit des Goldenen Zeitalters Mu, der Zivilisation, die der lemurischen vorausging.

Als große, schwere Tiere sind Nashörner sehr stark mit der Erde selbst verwurzelt. Sie stellen eine energetische Verbindung mit der Hohlerde her und mit der heilenden aquamarinblauen Flamme von Mutter Maria und Erzengel Michael, die hier hochgehalten wird. Mit Unterstützung der Erzengel Sandalphon und Roquiel verbreiten sie dieses Licht sowie die Weisheit und Heilung, wo immer sie auftauchen.

Erzengel Sandalphon wird als schwarz-weiße Erscheinung wahrgenommen, manchmal ins Graue übergehend. Und wenn Menschen auf den oberen Ebenen der fünften Dimension schwingen, sehen sie ihn in schimmerndem Silber. Er ist verantwortlich für das Erdsternchakra aller Kreaturen und hilft ihnen, sich weiterzuentwickeln. Das individuelle Erdsternchakra eines Menschen oder eines Tieres ist sein ganz persönliches fünfdimensionales Paradies, das die Blaupause seines höchsten Potenzials enthält und in dem all seine Weisheit sowie seine Hoffnung und sein Glück gespeichert sind. Erzengel Sandalphon arbeitet sehr eng mit Erzengel Roquiel zusammen, einem Universalengel der Serafim-Frequenz, der als schwarze Erscheinung wahrgenommen wird. Er hilft Menschen und Tieren, ihr Erdsternchakra an Lady Gaia anzuschließen, damit sie mit ihrem Licht aufgeladen werden können. Er trägt auch dazu bei, dass sich zwei individuelle Chakras, nämlich das Erdsternchakra und das Sternentorchakra, gleichzeitig öffnen.

Nashörner sind Brücken zwischen der Quelle und der Erde. Erzengel Roquiel sammelt die Energie, die über Erzengel Sandalphon und durch diese Kreaturen fließt. Etwas davon leitet er zu Lady Gaia ab, sodass es in die Portale, Leylinien und Pyramiden fließt, um der Erde zu helfen. Die restliche Energie gibt er an Orion, Sirius, die Plejaden und Neptun weiter, die alle zum Aufstieg der Erde beitragen.

Der universale Metatronwürfel

Nashörner erweisen der Erde aber noch weitere Dienste. Stellen Sie sich die Erde als das Herz im Zentrum eines universalen Metatronwürfels vor. Es ist umgeben von sechs Kreisen, die wiederum von sechs weiteren Kreisen umgeben sind. Diese Kreise stehen für Sirius, die Serafim (Serafina), Orion, Neptun, Roquiel und die Plejaden (siehe Abbildung unten). Vom Herzen der Erde ausgehende Linien verbinden es mit den Herzen aller anderen Sterne, Planeten und Konstellationen. Mitten im Herzen der Erde brennt die aquamarinblaue Flamme von Maria und Michael. Hochgehalten wird sie von den Wesen aus Mu und den Seelen der Nashörner. Die Nashörner tragen also das ihre dazu bei, die Erde, Orion, Sirius, die Plejaden und Neptun zusammenzuhalten, sodass wir alle gemeinsam in höhere Dimensionen aufsteigen können.

Und so verbreiten die majestätisch behäbigen Nashörner, während sie durch die weiten Ebenen Afrikas und Asiens wandern, das Licht, das die Erde, Orion, Sirius, die Plejaden und Neptun zusammenbringt. Sie bewahren die geometrische Struktur, welche die Aufstiegsplaneten verbindet, und helfen der Erde aufzusteigen. Ihre Anwesenheit auf der Erde ist von unschätzbarem Wert. Wir

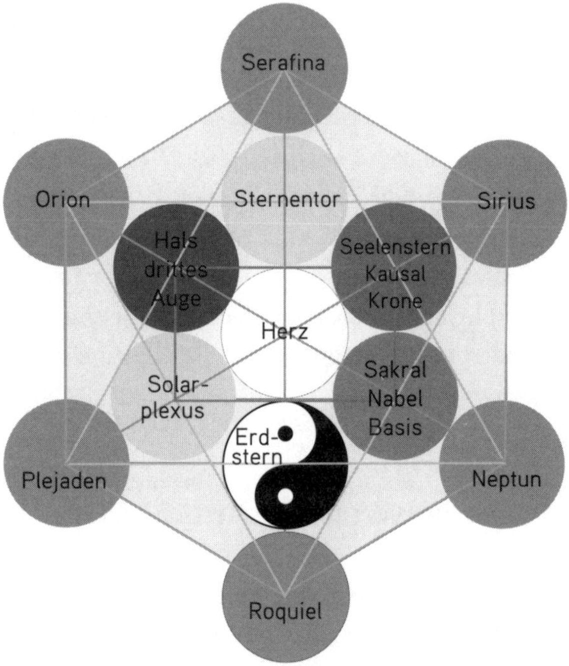

Der universale Metatron-Würfel

brauchen sie und sollten unendlich dankbar sein, dass sie uns die Ehre erweisen und sich hier verkörpern, um uns zu dienen.

Ich hatte einmal das große Glück, zwei Nashörner, vermutlich Mutter und Tochter, durch eine heiße, staubige Ebene in Afrika trotten zu sehen. Sie hielten auf einen kleinen Baum zu, den einzigen Schattenplatz weit und breit, und sobald sie dort angekommen waren, umkreisten sie den Baum. Dann ließen sie sich Schwanz an Schwanz darunter nieder, schauten in die jeweils andere Richtung und passten aufeinander auf. Sie fühlten sich so zugehörig, so sehr als Teil der Landschaft, dass ich ganz überwältigt war vor Entzücken, sie gesehen zu haben.

Visualisierungsübung
Hilfe für die Nashörner

1. Suchen Sie sich einen ruhigen Ort, an dem Sie ganz ungestört sind.
2. Stellen Sie sich vor, Sie sitzen an einem sicheren Platz auf einem Hügel mit Blick auf eine heiße, staubtrockene Ebene.
3. Die flammend rote Sonne ist gleißend hell und geht gleich unter.
4. Sie nehmen ein Nashorn wahr, das langsam und gleichmäßig über das Land trottet, still, harmlos und ganz eins mit seiner Umgebung.
5. Achten Sie auf den Strom der Energie, der von der Quelle herab auf es zufließt.
6. Registrieren Sie auch den Strom aus aquamarinblauem Licht, der aus dem Zentrum der Erde auf es zufließt und es aufleuchten lässt.
7. Seien Sie sich der beiden riesigen Engelwesen bewusst, die bei ihm sind. Eines ist silbern, das andere schwarz. Das sind die Erzengel Sandalphon und Roquiel.
8. Sie sehen oder spüren, dass sich das Nashorn im Zentrum eines riesigen universalen Metatronwürfels befindet, der die Erde, Orion, Sirius, die Plejaden und Neptun zusammenhält.
9. Danken Sie diesem großartigen Geschöpf für seine Dienstleistung.
10. Bitten Sie den Engel der Tiere, Erzengel Fhelyai, für die Sicherheit der Nashörner zu sorgen.

Kapitel 26

Schafe

Botschaft der Schafe

Bleibt euch selbst treu und achtet eure Mission. Was immer euch auch passiert und egal was andere euch antun, haltet an eurer Vision fest. Vergebt allen, die euch Schaden zufügen. Wenn ihr das tut, wird eure Seele ein strahlendes Licht sein. Ihr werdet zu Erleuchteten.

Schafe haben sich ursprünglich verkörpert, um ihre Dienste im Goldenen Zeitalter von Atlantis anzubieten. Sie kamen von den Plejaden und waren die dritte Tierart, die von diesem Sternhaufen stammte. Die anderen beiden waren Schweine und Pandabären. Ihr wichtigstes Angebot war ihre Wolle. Selbstverständlich baten die Menschen immer um Erlaubnis, bevor sie den Schafen ihre Wolle nahmen, mit dem Ergebnis, dass die Schafe sie gern gaben. Und dieses respektvolle Wechselspiel trug dazu bei, die Herzen aller offen und leicht zu halten. Auch ihre Milch teilten die Schafe gern, wenn man sie darum bat.

Alle Geschöpfe, die direkt von den Plejaden oder über diesen Sternhaufen auf die Erde kommen, tragen das Symbol einer blauen Rose in ihrer Aura. Die 33 Blütenblätter enthalten das Christuslicht der bedingungslosen Liebe und machen es diesen Geschöpfen möglich, ihre Lebensumstände mit innerer Stärke zu ertragen und gleichzeitig Liebe zu verbreiten. Schafe kommen direkt von den Plejaden auf die Erde, und zwar durch ein sehr hochfrequentes Portal in Mount Shasta, Kalifornien, für das Erzengel Gabriel verantwortlich ist. Erzengel Gabriel und seine Zwillingsflamme Erzengel Hope bleiben mit den Schafen in Verbindung, solange diese leben. In der Tat verbindet sich Erzengel Hope über die Schafe mit den Menschen, berührt sie mit Strahlen der Hoffnung und hilft ihnen so, guten Mutes zu bleiben. Dies macht es der Menschheit möglich, ihr vollstes Potenzial anzustreben und schließlich ihren Seelenauftrag zu erfüllen.

Diese entzückenden Tiere stehen in dem Ruf, nicht gerade schlau zu sein, aber in Wirklichkeit sind es intelligente Tiere, die das Herz am rechten Fleck haben. Sie haben gelernt, dass sie sehr viel effektiver sein können, wenn sie gemeinsam tätig werden. Damals in Atlantis hatte das Gras eine viel höhere Schwingungsfrequenz, sodass ihre Milch und ihre Wolle genau die perfekte Frequenz ausstrahlten, die gebraucht wurde. Kleidung aus dieser Wolle sonderte ein heilendes blaues Energiefeld ab, das derjenige, der sie trug, deutlich spüren konnte.

Zu jener Zeit waren Schafe glücklich tanzende und herumtollende Kreaturen und sahen eher aus wie wollige Lämmer als wie die schweren Geschöpfe, die wir heutzutage meist zu sehen bekommen. Sie grasten rund um die Häuser und halfen, das Gras kurz zu halten, sodass auch eine große Vielfalt von Kräutern und Wildblumen wachsen konnte. Die Dorfkinder spielten mit ihnen, und die Schafe fühlten sich wirklich zugehörig und wertgeschätzt. Alle liebten und achteten sie.

Wie bei vielen Tieren, die im Goldenen Zeitalter von Atlantis auf die Erde kamen, waren männliche und weibliche Anteile auch bei Schafen und Widdern perfekt im Gleichgewicht. Teil ihrer Mission war es, dieses Gleichgewicht aufrechterhalten zu lernen und anderen diesbezüglich ein gutes Vorbild zu sein. Indem die Tiere eine harmonische Balance von Yin und Yang beibehielten, sorgten sie auch bei den Menschen für das entsprechende Gleichgewicht.

Damals geschah alles in der Welt der Menschen und der Tiere als perfekter Austausch. Die Menschen gaben den Schafen Liebe, Schutz und zusätzliche Nahrung, wenn dies nötig war. Im Gegenzug gaben die Schafe den Menschen Herzensheilung, Freude, Milch und Wolle. Alle waren zufrieden. In Bezug auf das Karma war alles im Einklang und in bester Ordnung.

Was einst eine Mission der Liebe und des Glaubens an die Erde war, ist zu einer großen Herausforderung geworden. Weder die Schafe noch irgendwelche anderen Tiere haben die Erlaubnis gegeben, dass ihr Fleisch von Menschen gegessen wird oder dass sie als Opferlämmer dargebracht werden. Doch selbst heute kann man überall dort, wo Schafe sind, die blauen Engel von den Plejaden unter ihnen auf den Wiesen sehen. Diese herrlichen Engel unterstützen die Schafe und tragen dazu bei, dass ihre Herzen stark und offen bleiben. Sie helfen diesen Tieren auch, ihre Vision aufrechtzuerhalten und Herzensheilung unter den Menschen und im Land zu verbreiten. Die sanften, versöhnlichen Schafe tun dies auch weiterhin, obwohl sie wissen, dass sie geschlachtet und gegessen werden.

Und weil ein Lamm für Unschuld, Reinheit, Freude, Großzügigkeit, Liebe und viele andere schöne Eigenschaften steht, war dieses Tier das von Herzen kommende Geschenk für das Baby, das der Christus unserer Zeit werden sollte. Damit wurde auch die strahlende Unschuld im Herzen der Schafe gewürdigt.

Visualisierungsübung
Verbindung zum Herzen der Schafe aufnehmen

1. Suchen Sie sich einen ruhigen Ort, an dem Sie sich entspannen können und ganz ungestört sind.
2. Bitten Sie die Engel der Plejaden, Sie in ihrem schönen, weichen blauen Licht zu baden.
3. Atmen Sie dieses Licht in Ihr Herz.

4. Ihr Schutzengel hält Ihnen ein weiches weißes Lamm hin. Nehmen Sie es an und halten Sie es fest.
5. Schauen Sie diesem Geschöpf in die Augen und sehen Sie seine reine strahlende Unschuld.
6. Spüren Sie, wie sich Ihr eigenes Herz öffnet und ausdehnt, während Sie mit ihm schmusen.
7. Spüren Sie, wie sich die Liebe aus Ihrem eigenen Herzen über alle Schafe der Welt ergießt.
8. Bitten Sie die Engel der Plejaden, Ihre Liebe und Ihren Dank zu allen Schafen der Welt zu tragen.
9. Spüren Sie, wie sie alle von einem blauen Engel der Plejaden berührt werden, der ihnen Ihre Botschaft zuflüstert.
10. Seien Sie sich bewusst, dass Sie im Universum eine gleißende kosmische Fackel der Liebe und Heilung entzündet haben.
11. Geben Sie Ihrem Schutzengel das Schaf zurück.
12. Machen Sie die Augen auf und stellen Sie fest, wie Sie sich fühlen.

Kapitel 27

Eichhörnchen

Botschaft der Eichhörnchen
Konzentriert euch auf die schönen Dinge um euch herum und seht das Beste in allem. Genießt das Leben, solange ihr könnt, denn im großen universalen Entwurf der Dinge ist euer Leben sehr kurz und die Erde ein sehr besonderer Aufenthaltsort. Also entspannt euch!

Rote Eichhörnchen

Die hübschen kleinen roten Eichhörnchen kommen ursprünglich vom Orion. Sie haben aus spiritueller Sicht überhaupt nichts mit den Grauhörnchen oder den Fuchshörnchen zu tun, die vom Sirius kommen und einen ganz anderen Charakter und auch einen anderen Seelenauftrag haben.

Die Lebensaufgabe des roten Eichhörnchens *(Sciurus vulgaris)* ist ganz einfach. Es soll das Leben erfahren und Freude, Spaß und Lebendigkeit an alle weitergeben, die es sehen.

Ich finde dies sehr interessant, denn ich habe meinen Großvater als einen eher verschlossenen Menschen in Erinnerung. Doch als er ein kleiner Junge war, fand er ein Eichhörnchen. Er rettete dem Tier das Leben und päppelte es auf. Es überlebte und wurde sein Freund und Begleiter. Offenbar wartete das Eichhörnchen jeden Tag auf einem Ast vor dem Schultor darauf, dass mein Großvater am Ende seines Unterrichts aus der Klasse kam. Dann saß es auf seiner Schulter, bis er zu Hause angekommen war. Das ist für mich eine perfekte symbiotische Beziehung zwischen einem sehr ernsten Kind und einem Tier, dessen Aufgabe darin besteht, Menschen aufzuheitern, damit sie die fröhlicheren Aspekte des Lebens kennenlernen.

Rote Eichhörnchen tragen eine sehr schnell schwingende kosmische Weisheit in ihrer Aura. Ihre dienende Aufgabe besteht darin, Eigenschaften wie Leichtigkeit, Freude, Freiheit, Zufriedenheit und Spaß zu vermitteln. Indem Sie sich auf diese entzückenden kleinen Kerlchen einstimmen, werden Sie vielleicht von ihren höheren Qualitäten tief berührt. Wenn Sie ein rotes Eichhörnchen beobachten, macht es Sie offen für sein ganz besonderes Licht. Sein Seelenauftrag besteht darin, Ihnen Erleuchtung anzubieten, und es kann sein, dass Sie Dinge plötzlich von einer höheren Warte aus sehen. Sie können Menschen und anderen Tieren helfen, Informationen abzuwägen und weise und leicht darauf zu reagieren.

Ich saß in einem Park in Hamburg, als ein rotes Eichhörnchen von einem Baum sprang und direkt vor mir landete. Es hüpfte ein bisschen herum, und ich war absolut begeistert. Dieses kleine Geschöpf hatte etwas an sich, das mir automatisch ein Lächeln ins Gesicht zauberte und mich glücklich machte. Sie haben diese Eigenschaft, die es ihnen möglich macht, die Aura von Menschen aufleuchten zu lassen und das Leben in etwas Helles und Freudvolles zu verwandeln. Die roten Eichhörnchen sind herzzentrierte Geschöpfe, und sie lieben es, die Herzen der Menschen zu öffnen.

Erzengel Gabriel arbeitet mit ihnen zusammen. Er verbindet sich über sie mit den menschlichen Basischakras, um einige unserer Überlebensängste aufzulösen und sie durch Glück und Freude zu ersetzen.

Erzengel Mariel, der für das Seelensternchakra zuständig ist, arbeitet auch mit den roten Eichhörnchen zusammen. Sie tragen dazu bei, die Eigenschaften Ihrer Seele und damit die Erfüllung Ihres Seelenauftrags voranzubringen. Wenn eines vor Ihnen auftaucht, klinkt es sich in Ihr Energiefeld ein und verbindet Sie mit Erzengel Mariel, sodass sich Ihre Mission entfalten kann. Bis zum kosmischen Moment im Jahr 2012 war Erzengel Mariel in diesem Universum noch nicht vollkommen präsent. Der Dienst, den uns die roten Eichhörnchen erweisen, war also von großer Bedeutung. Doch weil sich seit diesem Ereignis mehr Menschen mit ihren zwölf Chakras eingebracht haben und noch viele mehr bereit sind, dies zu tun, ist Erzengel Mariel ganz in unser Universum eingetreten und schenkt uns seine ungeteilte Aufmerksamkeit. Er hilft uns allen, mit unserem Seelenauftrag in Verbindung zu treten. Gleichzeitig gibt es immer weniger rote Eichhörnchen, weil immer mehr Menschen direkt mit Erzengel Mariel in Verbindung treten können.

Grauhörnchen

Diese hochintelligenten kleinen Kreaturen kommen vom Sirius. Sie sind viel größer und schwerer als die kleinen roten und viel skrupelloser. Sie sind sehr neugierig und erweisen sich als hochgradig clevere Rätsellöser. Es ist ein Teil ihrer Mission, ihr Gehirn zu entwickeln, sodass sie Problemlösungen zustande bringen. Dadurch entwickeln sich unterschiedliche Nervenbahnen in ihrem Gehirn, und am Ende ihres Lebens nehmen sie neue Informationen und erweiterte Fähigkeiten mit zurück zum Sirius.

Daher lernen Grauhörnchen *(Sciurus carolinensis)* auf der Erde etwas über das Lösen physischer Probleme. Sie bringen uns Menschen auch bei, dass es für jedes Problem eine Lösung gibt und dass wir, wenn wir uns nur genug anstrengen und die Dinge aus unterschiedlichen Blickwinkeln betrachten, sie finden werden.

Wie alle Wesen vom Sirius tragen sie in ihrem Energiefeld das Wissen über spirituelle Technologie und heilige Geometrie für dieses Universum. Wenn Sie bereit sind, etwas von diesen Informationen zu empfangen, wird ein Grauhörnchen auf Sie zukommen – möglicherweise bekommen Sie nicht einmal etwas davon mit – und ihnen erlauben, alles, was Sie brauchen, in Ihre Aura zu ziehen. Sie sagen vielleicht: »Ich bin ein bisschen spazieren gegangen oder saß unter einem Baum, und plötzlich hatte ich die Lösung.«

Wenn es keine Grauhörnchen in Ihrer Nähe gibt, wird ein anderes Tier vom Sirius, das die Codes, die Sie brauchen, in sich trägt, zu Ihnen kommen oder an Ihnen vorbeigehen. Wir leben in einem erstaunlichen Universum der miteinander vernetzten Energien. Wann immer Sie dafür bereit sind, werden Sie anziehen, was Sie brauchen.

Dieses aufgeweckte kleine Tier lebte ursprünglich in den USA, aber als man seine Energie in Europa brauchte, wurde es auch hier eingeführt. Kein Tier siedelt sich rein zufällig in einem anderen als seinem Ursprungsland an. Dafür gibt es immer einen spirituellen Grund. Es kann beispielsweise sein, dass seine Energie gebraucht wird, um einen Wandel einzuleiten, oder dass es bestimmte Lektionen zu vermitteln hat. Im Falle des Grauhörnchens wurde uns, als wir zugelassen haben, dass es die Population der hier heimischen roten Eichhörnchen dezimiert, verdeutlicht, dass es wichtig ist, das wertzuschätzen, was man hat, und sich entsprechend darum zu kümmern. Aber es war auch Zeit für das Grauhörnchen, in den Menschen, die hier leben, ein Bewusstsein für neue spirituelle Technologien zu wecken.

Das Grauhörnchen hat auch einen wunderbaren Sinn für alles, was Spaß macht. Es spielt gern das Spiel, bei dem es seine Freunde die Bäume rauf und runter jagt. Genauso gern löst es Probleme. Nahrungsbeschaffung betrachtet es als unwiderstehliche Herausforderung.

Venus, meine kleine Hündin, haben die Grauhörnchen schon mehrmals fast wahnsinnig gemacht, indem sie vor ihr auf den Boden gesprungen und ein Stück gerannt sind, gerade so weit, dass Venus sie nicht fangen konnte. Dann sind sie auf den nächsten Baum geklettert und kurz darauf wieder heruntergesprungen, und das Ganze begann von vorn. Ein anderes Lieblingsspiel eines Grauhörnchens besteht darin, darauf zu warten, dass Venus auf dem Weg neben einem Zaun Gassi geht. Im richtigen Moment rast das Grauhörnchen den Zaun entlang, und der Hund rennt auf dem Weg hinter ihm her und bellt. Am anderen Ende des Zaunes hüpft es leicht wie eine Feder auf einen Ast. Grauhörnchen sind definitiv Schelme! Und Menschen zum Lachen zu bringen ist ein Teil ihres Dienstes.

Weil wir auf einem Planeten mit Schwerkraft leben, muss jede Kreatur einen Weg finden, damit umzugehen. Im Goldenen Zeitalter von Atlantis lernten die Hohepriester, Hohepriesterinnen und Magier, wie man die Schwerkraft überwindet, und konnten levitieren oder fliegen, indem sie ihre Kundalini aktivierten. Kängurus, Affen, Spinnen und andere Kreaturen lernen, ihre Kundalini in vielfältiger Weise einzusetzen. Alle Eichhörnchen lernen und lehren etwas über eine andere Verwendung der Kundalini. Indem sie ihren Schwanz und ihre Lebenskraft auf eine bestimmte Weise einsetzen, können sie für ihre Größe geradezu unglaubliche Distanzen überspringen. Und wenn sie ihren Schwanz richtig einsetzen, fliegen sie fast. Dies gehört auch zu den Fähigkeiten, die sie zum Sirius mit zurücknehmen.

Grauhörnchen stehen mit dem großen Meister Hilarion in Verbindung, dem Meister des fünften Strahls, der mit Wissenschaft und Technik zu tun hat und dazu beiträgt, die spirituelle Technologie für das 2032 beginnende neue Goldene Zeitalter voranzubringen. Sie haben auch eine starke Verbindung zu Erzengel Raphael, der für die Entwicklung des Dritten Auges aller fühlenden Wesen verantwortlich ist. Erzengel Raphael ist auch der Engel der

Heilung und der Fülle. Allerdings arbeitet dieser Erzengel hauptsächlich wegen der heiligen Geometrie, die sie in ihrem Dritten Auge tragen, mit den Grauhörnchen zusammen.

Fuchshörnchen

Fuchshörnchen oder Schwarzhörnchen *(Sciurus niger)* sind ebenfalls dreidimensionale Seelen vom Sirius und haben viel mehr Testosteron in sich als Grauhörnchen. Sie sind größer und schneller, verteidigen ihr Territorium deutlich impulsiver als die Grauhörnchen und zeigen uns, dass maskuline Dominanz durch Aggression nicht zu einer zufriedenen und ausgeglichenen Gesellschaft führt. Menschen können beobachten, wie sich die Fuchshörnchen einfach dadurch ausbreiten, dass sie ihre männliche Kraft einsetzen, aber das sorgt weder für Frieden noch für Harmonie in der Eichhörnchenpopulation.

Das Tierreich bringt uns ständig etwas bei. Die Grauhörnchen und die Fuchshörnchen lehren uns, welche Gefahren es mit sich bringt, wenn wir zulassen, dass männliches Dominanzverhalten alles andere überwältigt.

Tiere kommen auf die Erde, um zu lernen und zu lehren. Fuchshörnchen lernen etwas über jedes Ungleichgewicht männlicher und weiblicher Energien, und genau das lehren sie auch uns Menschen. Sie bringen uns eine Botschaft darüber, was geschieht, wenn die männliche Energie dominiert. Weil sie uns eine derart wichtige Lektion erteilen, wacht Erzengel Metatron über die Fuchshörnchen. Er verbindet Menschen über ihr Sternentorchakra mit dem Mars und schließlich mit seinem aufgestiegenen Aspekt Nigellay. Mars ist der männlich dominierte Planet des Krieges und der Aggression. Nigellay steht für das aufgestiegene Männliche, den friedvollen Krieger, den Überbringer von guter Führerschaft und Frieden.

Aus unserer Beobachtung des Fuchshörnchens können wir als Individuen und als Kollektiv eine Entscheidung treffen, um die männliche und die weibliche Weisheit ins Gleichgewicht zu bringen und zuzulassen, dass sich Frieden auf der ganzen Welt ausbreitet.

Visualisierungsübung
Den Eichhörnchen begegnen

1. Suchen Sie sich einen ruhigen Ort, an dem Sie ganz ungestört sind.
2. Bitten Sie Erzengel Michael, Sie in seinen königsblauen Mantel zu hüllen, aufzumuntern und zu beschützen.
3. Stellen Sie sich vor, dass Sie auf einer sonnigen Lichtung sitzen. Alles ist ganz still und friedlich.
4. Sie sehen, wie auf einer Seite der Lichtung ein strahlend smaragdgrünes Licht erscheint. Als es näher kommt, sehen Sie, dass es Erzengel Raphael ist. Neben ihm springt ein kleines Grauhörnchen.
5. Die beiden stehen jetzt zu Ihrer Rechten.
6. Dann kommt Erzengel Gabriel in einem schimmernden diamantweißen Licht auf Sie zu. Neben ihm hüpft ein winziges, von Freude erfülltes rotes Eichhörnchen.
7. Die beiden stehen jetzt zu Ihrer Linken.
8. Stellen Sie sich vor, dass Sie die Aura des Grauhörnchens sehen können, mit ihren Formen aus der heiligen Geometrie und den Schlüsseln und Codes des Wissens vom Sirius.
9. Bekommen Sie dann ein Gefühl für die sanfte Regenbogenaura des roten Eichhörnchens, die erfüllt ist von Spaß, Licht und Lebensfreude und der Weisheit des Orion.
10. Erzengel Raphael verbindet das Energiefeld des Grauhörnchens mit Ihrem Dritten Auge. Entspannen Sie sich und erleben Sie, wie sich das anfühlt und was Sie empfangen.

11. Erzengel Gabriel verbindet nun das Energiefeld des roten Eichhörnchens mit Ihrem Basischakra. Entspannen Sie sich und erleben Sie, wie sich das anfühlt und was Sie empfangen.
12. Im Bewusstsein ihrer Gaben und Talente, ihrer Aufgaben und ihres Charakters schicken Sie jedem von ihnen Liebe.
13. Bedanken Sie sich nun für alles, was Sie von jedem von ihnen bekommen haben, und öffnen Sie die Augen.

Teil 3

Das Reich der Wassertiere

Kapitel 1

Delfine

Botschaft der Delfine

Lebt voller Freude im Hier und Jetzt. Die einzig wichtige Zeit ist jetzt, und eure aktuellen Gedanken und Taten erschaffen eure Zukunft. Amüsiert euch, spielt und entspannt euch, damit das in euren Zellen verschlüsselte Wissen und die entsprechenden Informationen ganz leicht freigesetzt werden können. Dann werdet ihr weise sein.

Delfine sind fünfdimensionale Wesen mit einer siebendimensionalen Blaupause, die ursprünglich von Lakumay, dem aufgestiegenen Aspekt des Sirius, kommen. Sie tragen die heiligen geometrischen Codes des Lichts aus der Zeit des goldenen Atlantis, der Zeit mit der höchsten Schwingungsfrequenz, in sich. Deshalb haben schon viele Wesenheiten versucht, sie zu vernichten, um Zugang zu diesen Informationen zu bekommen. Die Delfine sind aber nicht nur Schlüsselträger des Wissens und der Weisheit jener Zeit, sie bringen sie auch mit Freude und Leichtigkeit zum Ausdruck. Sie geben die entsprechenden Informationen an das Wasser der Meere und Flüsse weiter, sodass sie von Geschöpfen, die in ihrer Nähe schwimmen, aufgenommen werden können.

Sie praktizieren und lehren Echoortung und Klangreinigung. Außerdem wird der goldene Christusstrahl auf Lakumay, dem aufgestiegenen Sirius, bewahrt, und die Delfine kanalisieren ihn derzeit in einer neundimensionalen Frequenz durch ihr Energiefeld und erlauben ihm so, die Gewässer mit den Codes der höheren Liebe zu erhellen. Weil Delfine so wichtig sind, werden sie von einer Armee aus hoch entwickelten Meerestieren beschützt, nämlich von Haien, Walen, Rochen und Schildkröten. Alle Delfine sind große Heiler, und viele Geschichten über Heilungen, die sie durchgeführt haben, sind überliefert. Für gewöhnlich erhöhen sie die Schwingungsfrequenz des Emotional- oder Mentalkörpers der Betroffenen, und das führt dann sehr schnell zur Heilung des physischen Körpers.

Viele Delfine waren nicht immer hochfrequente Wasserwesen. Manche waren einst jene Menschen mit einer enormen Menge an technologischem Wissen, die den Fall von Atlantis verursachten, indem sie dieses Wissen für eigennützige Zwecke einsetzten. Am Ende jener Ära wurden sie vor eine Wahl gestellt. Sie wussten, dass sie, wenn sie sich erneut auf der Erde verkörpern würden, unsäglichen Schaden anrichten und noch mehr schlechtes Karma für sich selbst erzeugen konnten. Also machte ihnen das Intergalaktische Konzil das sehr ungewöhnliche Angebot, einen Delfinkörper anzunehmen, der die heilige Geometrie der atlantischen Kristalltechnologie in sich trägt. In den Meeren würden sie die Macht, die ihnen das gab, nicht zum Schaden anderer missbrauchen können. Stattdessen würden sie durch das Verbreiten der spirituellen Informationen in den Gewässern ihr Karma abarbeiten können. Die heilige Geometrie ihrer Körper würde gleichzeitig Töne erzeugen, die das Wasser der Ozeane reinigen, wo immer sie schwimmen.

Weil Delfine Säugetiere sind, würden sie die Möglichkeit haben, lebende Junge zur Welt zu bringen und für die Ernährung und Pflege ihres Nachwuchses Sorge zu tragen. Man hatte das Gefühl, dies würde ihnen helfen, ihr Herz offen zu halten. Wasser trägt die Liebesenergie des Universums, und auch das würde ihnen helfen, ihr Herz zu öffnen und ihr Karma schneller abzubauen. Sie ergriffen diese Gelegenheit zur Erlösung. Diese Karmaschuld war schließlich 2012 ganz beglichen, und jetzt verbreiten alle Delfine reines Licht.

Außerdem bekamen viele Engel von Atlantis die ungewöhnliche Gelegenheit, eine physische Existenz zu erleben. Sie nahmen ebenfalls Delfinkörper an und schwammen in den Meeren, um die anderen Delfine im Auge zu behalten. Die Engeldelfine haben eine elektrisch blaue Aura, die für den Menschen sichtbar ist. Sie sind auch große Heiler und Energieumwandler.

Trotz der Art, wie sie ihr Wissen in der Vergangenheit missbraucht haben mögen, sind alle Delfine hoch entwickelte Wesen. Kein Delfin erlaubt es sich, in einem Netz gefangen zu werden oder an einem Strand zu verenden, es sei denn, seine Seele lässt es zu. Und wenn sie dies tun, dann um die Menschheit auf die Verschmutzung der Meere oder die Grausamkeit unserer Fangmethoden aufmerksam zu machen. Sie versuchen, die Herzen der Menschen über das Mitgefühl zu öffnen. Sie geben sich alle Mühe, uns bewusst zu machen, was wir unserem schönen Planeten antun. Gleichzeitig lernen sie etwas über Zusammenarbeit und helfen einander zum besten Wohle aller. Und das können sie nur, weil sie in einer herzzentrierten sozialen Hülle leben.

Wie alle Geschöpfe des Meeres sind Delfine sehr eng mit Erzengel Joules verbunden, dessen Zufluchtsort im Zentrum des Bermudadreiecks liegt. Durch dieses Portal verbinden sie sich mit der Hohlerde und ermöglichen eine Zweiwegekommunikation mit Lady Gaia.

Visualisierungsübung
Verbindung mit den Delfinen aufnehmen

1. Suchen Sie sich einen ruhigen Ort, an dem Sie ganz ungestört sind. Etwas ganz Besonderes ist es, wenn Sie diese Visualisierung machen können, während Sie in der Badewanne liegen oder sich sogar vom warmen Meerwasser tragen lassen.

2. Bitten Sie einen der wunderschönen Engel von Atlantis, seine Flügel ganz sanft um Sie zu legen, und lassen Sie sich in diese weiche Energie sinken, während Sie sich entspannen.
3. Seien Sie sich des herrlichen, warmen blauen Meeres und des Himmels um sich herum bewusst.
4. Während Sie sicher an der Meeresoberfläche treiben, machen Sie sich bewusst, dass ein silberner Delfin durch das Wasser kurvt und auf Sie zuhält.
5. Seine Aura ist von einem strahlenden, elektrischen Blau, das sich in den kleinen Wellen widerspiegelt. Vor ihm ergießt sich ein Strom aus heiligen geometrischen Codes, und Sie können beobachten, wie diese das Wasser aufleuchten lassen und reinigen.
6. Plötzlich fühlt sich das Wasser um Sie herum leichter und heller an, und Sie können sehen, wie sich die heiligen Symbole um Sie herum anordnen.
7. Atmen Sie tief ein. Nehmen Sie die Weisheit von Atlantis in sich auf. Lassen Sie zu, dass sie in ihre Zellen heruntergeladen wird.
8. Und jetzt spielen Sie leicht und freudvoll mit dem Delfin. Reiten Sie auf seinem Rücken und planschen Sie im Wasser. Viel Spaß.
9. Spüren Sie, wie die elektrisch blaue Heilenergie Ihren Mentalkörper und Ihren Emotionalkörper umfließt, Sie auf dieser Ebene beruhigt und heilt und sich dann durch Ihren physischen Körper ergießt und Ihnen Heilung auf der Zellebene bringt.
10. Öffnen Sie sich für den goldenen Christusstrahl, der durch das Energiefeld des Delfins strömt und Sie in Liebe und höhere Weisheit einhüllt.
11. Während Sie zusammen mit dem Delfin die Wellen reiten, ist Ihnen bewusst, dass Sie das Meer reinigen und eine Spur der Heilung, Weisheit und Liebe hinterlassen.
12. Wenn es Zeit ist, Ihren Ritt zu beenden, bedanken Sie sich bei dem Delfin und schauen zu, wie er wegschwimmt.
13. Finden Sie sich an Ihrem Ausgangspunkt wieder.

Kapitel 2

Frösche und Kröten

Botschaft der Frösche und Kröten

Wasser ist ein höchst erstaunliches Element. Es enthält kosmische Liebe und hat die Macht, Körper und Seele zu reinigen. Wir ermahnen euch, mehr Zeit im Wasser zu verbringen. Liebt es, segnet es und dankt ihm. Baden, Schwimmen, Duschen und Spaziergänge im Regen beschleunigen euren Aufstieg und füllen euer Herz mit noch mehr Liebe.

Frösche

Frösche leben hauptsächlich im Wasser und müssen sogar in der Nähe einer Wasserstelle leben, weil sie ihren Laich im Wasser ablegen. Weil sie so viel Zeit im Element Wasser verbringen, ist ihre Energie rein. Sie haben eine sehr enge Verbindung zu den Elementargeistern des Wassers, den Undinen. Ihre Dienstleistung besteht darin, Insekten und Schnecken zu dezimieren, wenn sie zu zahlreich werden.

Die meisten Frösche gehören der dritten Dimension an und verlassen ihre Partner, sobald der Froschlaich abgelegt ist. Manche Froscharten gehen in die vierte Dimension und kümmern sich um ihren Nachwuchs, indem sie den Laich sicher in einem Laichballen verwahren, bis die Kaulquappen schlüpfen. Ein paar männliche Frösche bleiben in der Nähe des Froschlaichs und wachen darüber, während sich die Kaulquappen entwickeln, aber das kommt selten vor. Frösche sind auch soziale Kreaturen, die in Gruppen leben. Und Kaulquappen schwimmen oft in Schwärmen, ganz ähnlich wie Fische.

Frösche überspringen Distanzen, die im Vergleich zu ihrer Größe gewaltig sind. Sie lehren und lernen etwas über verschiedene Arten, sowohl ihre Kundalinienergie als auch die Kraft in ihren Beinen einzusetzen. Je nach Habitat und individuellen Bedürfnissen können manche sehr hoch und andere sehr weit springen.

Sie kommen ursprünglich vom Neptun, dem Planeten der höheren Spiritualität, und ihr Seelenauftrag besteht darin, universale Weisheit und Licht zu bringen und zu verbreiten. Sie stellen auch eine Verbindung zur Hohlerde her, wenn auch nicht so wie Reptilien, die auf dem Boden leben. Frösche sind jedoch in der Lage, etwas von dem siebendimensionalen Licht aus der Hohlerde nach oben zu bringen und es zu verbreiten, wo immer sie sich aufhalten. Gleichzeitig verbreiten sie umfassende Weisheit.

Wenn Menschen schlafen, halten sie ihre spirituellen Verbindungskanäle offen. Dies ist eine Zeit der spirituellen Ernährung und Erneuerung. Frösche fallen bei Minustemperaturen in Kältestarre und verbringen ihre Winterruhe in Kontakt mit der Weisheit ihres Heimatplaneten. Dies hilft ihnen, ihre spirituelle Ausrichtung beizubehalten.

Erzengel Michael arbeitet mit den hoch entwickelten Halschakras der Frösche. Das Quaken und die anderen Töne, die sie von sich geben, sind eine Art von Kommunikation. Damit rufen sie potenzielle Partner, warnen und senden heilende Botschaften ins Universum. Diese Klänge reinigen und erhöhen die Schwingungsfrequenz der Umgebung. Bei allen Geschöpfen regiert das Halschakra die Schilddrüse. Ein Frosch empfängt ständig Botschaften und sendet permanent welche aus, sodass sein Halschakra sehr stark stimuliert wird, und das ist in seinen hervorstehenden Augen impliziert. Außerdem werden Hormone aus der Schilddrüse der

Kaulquappe freigesetzt, welche die Metamorphose der Kaulquappe in einen Frosch auslösen. Wie Schmetterlinge demonstrieren auch Frösche, dass eine vollständige Verwandlung möglich ist!

Wie alle wasserbasierten Kreaturen haben Frösche eine sehr enge Bindung zu Erzengel Joules, und es ist seine Energie, über die sie sich mit der Hohlerde verbinden können.

Visualisierungsübung

Verbindung mit den Fröschen aufnehmen

1. Suchen Sie sich einen ruhigen Ort, an dem Sie ganz ungestört sind.
2. Atmen Sie tief durch und lassen Sie mit jeder Ausatmung ein wenig mehr los.
3. Stellen Sie sich vor, Sie sitzen in einer ruhigen, warmen Nacht im Mondlicht am Ufer eines Teichs.
4. Während Sie auf die Frösche hören, die überall um Sie herum quaken, fühlen Sie sich eins mit dem Froschreich.
5. Ein wunderschönes blassrosafarbenes Licht steigt wie ein Nebel über dem Wasser und den Fröschen auf.
6. Ihre Klänge fließen über Sie hinweg und durch Sie hindurch, um Sie zu reinigen und zu heilen. Entspannen Sie sich und genießen Sie es.
7. Währenddessen spüren oder sehen Sie, wie die Aura der Bäume und des Schilfs als Reaktion darauf aufleuchtet.
8. Auch Ihre Aura leuchtet auf, und Sie werden zum rosafarben strahlenden Leuchtfeuer der Liebe.
9. Über Ihre Beziehung zum Reich der Frösche verbinden Sie sich mit der Liebesenergie des Wassers.
10. Bedanken Sie sich bei den Fröschen für ihre wunderbare Seelenarbeit und geben Sie ihnen Ihren Segen!

Kröten

Kröten haben eine ähnliche spirituelle Mission wie Frösche. Wie diese sind sie Amphibien. Sie leben zwar an Land, aber immer ziemlich nah am Wasser und paaren sich in oder an träge fließenden Bächen oder in Teichen. Ihr Laich muss im Wasser sein, und manche Kröten transportieren den Laichstrang auf dem Rücken, um sicherzustellen, dass er auch an der richtigen Stelle ankommt. Auch Kröten verbringen den Winter in Kältestarre, aber weil sie eher an Land leben, verstecken sie sich in hohen Laubhaufen sowie in Holzstapeln und Erdhöhlen.

Nach etwa zehn Tagen schlüpfen die Kaulquappen aus dem Laich und machen nach und nach eine vollkommene Metamorphose in kleine Kröten durch. Das dauert etwa zwei Monate. Es ist ihr Seelenauftrag zu demonstrieren, dass es möglich ist, sich ganz und gar zu verändern.

Die Dienstleistung der Kröten ist die gleiche wie die der Frösche. Auch sie dezimieren Insekten und Schnecken, wenn sie zu zahlreich werden.

Sie kommen ursprünglich ebenfalls vom Neptun, haben aber keine so hohe Schwingungsfrequenz wie Frösche, weil sie keine so enge Beziehung zum Wasser haben.

Kapitel 3

Fische und Schalentiere

Botschaft der Fische und Schalentiere

Alle Geschöpfe des Universums sind durch die kosmische Liebe, die das Wasser durchströmt, miteinander verbunden. Wir sind ganz besonders gesegnet, weil wir die ganze Zeit im Wasser gebadet werden. Wenn du über uns nachdenkst, ziehst du automatisch die Liebe und die göttliche Harmonie des Universums an. Wir sind Boten der Einheit.

Fische sind Wesen der dritten bis fünften Dimension. Die meisten kleinen Fische sind dreidimensional und gehören einer Gruppenseele von Tausenden an, während einige der größeren Fische, etwa Forellen oder sogar Dorsche, zu einer Gruppenseele von Hunderten gehören. Individualisierte Fische sind fünfdimensional. Sie alle sind wie jedes andere fühlende Wesen im Universum auf dem Aufstiegsweg und tun das Ihre, um dem Planeten zu helfen.

Ihre dienende Aufgabe besteht darin, die Meere und Ozeane sauber und rein zu halten, und zwar sowohl physisch als auch spirituell. Sie fressen die Abfälle, bringen aber auch die Klänge der Engel ein und tragen so dazu bei, die Schwingung der Gewässer hoch zu halten.

Seelenaufgabe aller Meeresgeschöpfe ist es, das Leben in einem physischen Körper zu erfahren – die Atmosphäre der Gewässer und der Sonne und des Windes zu genießen sowie etwas über Geschmack und sogar über Geruch zu lernen. Und was das Wichtigste ist, in Kontakt zu sein mit der kosmischen Liebesenergie, die im Wasser enthalten ist. Dies bringt ihren Aufstiegsprozess voran.

Diejenigen, die Teil einer Gruppenseele sind, lernen, zusammenzuarbeiten, gemeinsam zu reagieren und sich in Harmonie mit anderen zu bewegen. Dies geschieht, wenn ihr Herz offen ist, denn eine Herzensverbindung ermöglicht die Entwicklung übersinnlicher Fähigkeiten.

Sie bekommen Hilfe von den Undinen, Elementarwesen des Wassers, und auch von den Nixen, die sich um die Pflanzen in den Meeren kümmern.

Das Reich des Meeres ist in der Obhut des mächtigen blaugrünen Universalengels Joules. Er wacht über das Leben der Fische. Die meisten Fische stammen aus dem Tierkreiszeichen Fische und kommen über Neptun herunter auf die Erde. Weil Neptun die spirituelle Weisheit des ganzen Universums enthält, bringen die Geschöpfe, die über Neptun hierherkommen, etwas von dieser Weisheit in ihrem Energiefeld mit. Und diese Weisheit breitet sich dann in den Gewässern aus.

Alle Meeresgeschöpfe stehen mit dem Mond in Verbindung und bringen das göttlich weibliche Licht durch die Gewässer herunter auf die Erde. Das trägt dazu bei, die männlichen und die weiblichen Eigenschaften auf diesem Planeten ins Gleichgewicht zu bringen. Es macht es Fischen, anderen Tieren und Menschen auch möglich, sich psychisch und spirituell zu öffnen, weil alles Wasser miteinander verbunden ist. Das Wasser, das Sie trinken, ist energetisch mit dem Wasser im Meer verbunden. Seit 2015, dem Jahr der Supermonde, hat sich dieser Prozess beschleunigt.

Unsere Ozeane und Wasserwege sind ungeheuer groß und tragen die Liebe des Universums in sich. Die Meere sind also riesige Gefäße für diese Schwingungsfrequenz. Vor Ewigkeiten wurde es für das Intergalaktische Konzil offenkundig, dass man eine Armee von Freiwilligen brauchen würde, um dieses enorme und wichtige Areal namens Erde rein und sauber zu halten.

Viele Gruppenseelen aus dem ganzen Universum boten an, auf die Erde zu kommen, um die verrottende organische Materie zu verzehren, einschließlich der toten Tiere, die andernfalls die Meere verseuchen würden. Im Gegenzug würden sie die hier gemachten Erfahrungen sowie Informationen über die Erde mit zurück auf ihren Heimatplaneten nehmen.

Als die Menschen die Erde immer mehr verschmutzten, wurde deutlich, dass die Freiwilligen der Lage nicht mehr Herr werden konnten. Wieder wurde eine Bitte um Unterstützung ins Universum geschickt. Elementarwesen namens Kyhils boten an, auf die Erde zu kommen und die Giftstoffe zu verzehren, welche die Fische nicht mehr bewältigen konnten. Diese winzigen Elementarwesen nehmen es sogar mit der Ölpest auf, die von Menschen verursacht wurde.

Hummer, Langusten, Garnelen und Krabben krabbeln herum und fressen frische Nahrung, wenn sie welche bekommen, betätigen sich aber auch als heldenhafte Aasfresser, indem sie tote Tiere vom Meeresgrund verzehren, um ihn sauber zu halten. Sie sind die Geier der Meere.

Auch Austern, Venusmuscheln, Herzmuscheln, Wellhornschnecken, Strandschnecken und Miesmuscheln verzehren verrottendes organisches Material, das auf den Meeresboden sinkt, sowie diverse Abwässer. Sie sind die Käfer und Kakerlaken des Meeres. Das gilt auch für Kuttelfische, Tintenfische und Kalmare. Seeigel ernähren sich hauptsächlich von Algen, die auf Korallen und Felsen wachsen, verzehren aber auch sich zersetzendes Material wie tote Fische, Miesmuscheln, Schwämme und Seepocken. Seit Tausenden von Jahren leisten sie ihren Beitrag, um uns allen zu helfen.

Seepferdchen sind besonders heiß geliebte Fische, einerseits wegen ihres einzigartigen pferdeähnlichen Aussehens, andererseits wegen ihrer interessanten Lebensweise. Ihre Überseele hat sich für eine einzigartige Erfahrung in den Meeren entschieden. Ein Männchen und ein Weibchen sind lebenslang ein Paar. Jeden Tag treffen sich die Partner frühmorgens in dem Gebiet, wo sich ihre beiden Territorien überlappen, und bekräftigen ihre Bindung mit einem aufwendigen Balzritual. Dabei verändern sie ihre Farbe, und das Männchen umkreist das Weibchen. Oft schrauben sie sich um ein Objekt, bevor das Weibchen in sein eigenes Territorium zurückkehrt. Beide wechseln häufig die Farbe, um sich ihrer Umgebung optisch anzugleichen.

Sie sollen etwas über männliche und weibliche Rollen lernen. Daher gibt das Weibchen seine Eier an das Männchen weiter, das sie dann selbstständig in einem Beutel befruchtet. Dort ist alles vorhanden, was gebraucht wird, bis die Brut schlüpfen kann. Nach dem langen Geburtsvorgang, der bis zu zwölf Stunden dauern kann, sind die jungen Seepferdchen etwa einen Zentimeter groß.

Sie lernen und lehren etwas über Loyalität und Liebe, darüber, wie man die Romantik lebendig halten kann, aber auch über die Kunst, sich der eigenen Umgebung perfekt anzupassen und männliche und weibliche Energie zu verstehen.

Seepferdchen sind schlechte Schwimmer, was höchst erstaunlich ist für Kreaturen, die sich entschieden haben, im Wasser zu leben. Sie verlassen sich auf ihre Greifschwänze, mit denen sie sich am Seegras festhalten und verhindern können, dass sie von den Gezeiten und Meeresströmungen weggeschwemmt werden.

Ihre dienende Aufgabe besteht wie die anderer Fische darin, die Meere sauber und rein zu halten, während es ihre Seelenaufgabe ist, Liebe und Loyalität zu demonstrieren.

Fische der Korallenriffe

All die erstaunlich leuchtend bunten Fische, die in den Korallenriffen herumhuschen, gehören der fünften Dimension an, denn wo es lebende Korallen gibt, ist die Schwingungsfrequenz sehr hoch. Korallenriffe sind Empfangs- und Übertragungsstationen für die Ozeane. Sie kommunizieren mit der uralten Weisheit von der Hohlerde und senden dann Informationen über die Ozeane zurück, darüber, was sie brauchen, und darüber, wie diejenigen, die darin leben, spirituell fortschreiten.

Korallenriffe sind auch damit betraut, Hoffnung und Optimismus über alle Meere zu verbreiten. Und weil alle Gewässer miteinander verbunden sind, tun sie dies für die ganze Welt.

Visualisierungsübung
Verbindung mit den Fischen aufnehmen

1. Füllen Sie, wenn möglich, ein Glas mit klarem, kaltem Wasser und trinken Sie dieses Wasser in kleinen Schlucken.
2. Suchen Sie sich einen ruhigen Ort, an dem Sie ganz ungestört sind.
3. Schließen Sie die Augen und entspannen Sie sich.
4. Sie sind sich des wunderschönen blaugrünen Lichts von Erzengel Joules gewahr, der Sie bewacht und beschützt.
5. Stellen Sie sich vor, dass Sie in einer mondhellen Nacht entspannt und sicher im warmen Meerwasser treiben.
6. Ein Schwarm kleiner Fische schwimmt um Sie herum. Sie überbringen Ihnen eine Botschaft der Liebe, des Friedens und der Freude. Atmen Sie diese Botschaft ein.
7. Sie erinnern Sie daran, dass sich, wenn Sie mit anderen zusammenarbeiten, Ihr Herz öffnet und Sie Telepathie und Empathie entwickeln.
8. Senden Sie diesen Fischen Liebe, während Sie zuschauen, wie sie gemeinsam wegschwimmen.
9. Machen Sie die Augen wieder auf und trinken Sie das, was von Ihrem Wasser übrig ist, in dem Bewusstsein, dass alle Geschöpfe eins sind.

Kapitel 4

Rochen

Botschaft der Rochen

Wir sind die Fischengel der Meere, Botschafter von den Plejaden. Wenn ihr an uns denkt, verbinden wir euch energetisch mit den Plejaden, sodass ihr einen Download heilender Energie empfangt.

Wir laden euch ein, Verbindung mit uns aufzunehmen, damit wir gemeinsam eure wunderschönen Meere heilen und die Schwingungsfrequenz der Gewässer eures Planeten anheben können. Wir grüßen euch und schicken euch Liebe.

Rochen sind schöne fünfdimensionale Geschöpfe von den Plejaden. Alle Wesen, die von dort stammen, sind passionierte Heiler, welche Gestalt sie hier auf der Erde auch annehmen.

Rochen tragen das heilende Licht der Plejaden in ihrer Aura und verbreiten es über den Gewässern und allen Geschöpfen, die im Meer leben. Sie arbeiten eng mit den blauen Engeln der Plejaden zusammen, die sie dorthin lenken, wo sie gebraucht werden. Plejadenheilung geht vom Herzen aus und heilt durch das Herz des Empfängers. Wenn sich Wesen öffnen und ihr Herzzentrum entwickeln, wachsen ihnen ätherische Flügel. Flügel sind die sichtbare Ausdehnung der vom Herzen ausstrahlenden Liebesenergie. Bei Vögeln und Rochen sind diese Flügel zu einem Teil des physischen Körpers geworden.

Diese wunderbaren Fische mit den strahlend leuchtenden Herzen erhöhen die Schwingungsfrequenz der Meere, indem sie heilende Herzenergie ausgießen, wo immer sie gerade sind. Auch die kleineren Rochenarten tragen dazu bei. Sie haben die gleiche Seelenmission und eine ganz ähnliche dienende Aufgabe, nämlich Heilung und Liebe zu verbreiten, während sie sich in schönen, graziösen und eleganten Wellen durch die Meere bewegen.

Rochen sind Teil eines Netzwerks zum Schutz jener Informationen und Weisheiten, die von den Delfinen bewahrt werden. Ihre Aufgabe ist es, die Schwingungsfrequenz des Wassers und aller Fische in der Umgebung der Delfine zu erhöhen, damit die niederen Energien nicht in deren Aura eindringen können.

Sie arbeiten ebenfalls mit Erzengel Joules zusammen und stellen über das kosmische Portal von Lemurien eine Verbindung zur großen Pyramide in der Hohlerde her, um lemurisches Wissen an die Oberfläche zu holen und zu verbreiten.

Verstärkt wird ihre Energie wie die der meisten Fische bei Vollmond, wenn sie sich mit dem Licht des Mondes verbinden und regelrecht in göttlich weiblicher Energie gebadet werden. Zu dieser Zeit färbt sich ihre Aura perlblau und ist wunderschön anzuschauen.

Visualisierungsübung
Mit den Rochen arbeiten

Bevor Sie mit dieser Visualisierungsübung beginnen, möchten Sie sich vielleicht ein Glas klares Wasser holen, es segnen und die Engel der Plejaden bitten, es mit heilendem blauem Licht zu füllen.

1. Suchen Sie sich einen ruhigen Ort, an dem Sie ganz ungestört sind.
2. Schließen Sie die Augen und entspannen Sie sich.
3. Sie liegen auf weichen Kissen an Deck einer eleganten Jacht und betrachten den Perlenmond, der am Himmel dahinsegelt.
4. Spüren Sie die sanfte, wiegende Bewegung des Bootes und hören Sie auf das Geräusch der Wellen.

5. Achten Sie auf einen riesigen Rochen mit herrlich blauer Aura, der mit wellenartigen Bewegungen durch das Wasser auf Sie zukommt.
6. Sie sind ganz von dem blauen Heilungslicht umgeben und atmen es in Ihr Herz.
7. Im Nu sitzen Sie sicher und bequem auf dem Rücken des Rochens.
8. Als Sie aufschauen, sehen Sie eine blaue Lichtsäule, die bis hinauf zu den Plejaden reicht, und schöne blaue Engel umgeben Sie.
9. Sie und der Rochen werden von einem riesigen blauen Orb gehalten, während Sie durch die Meere fliegen und schwimmen.
10. Als Sie sich durch Fischschwärme hindurchbewegen, leuchten diese auf, und Sie wissen, dass Sie etwas bewirkt haben.
11. Gemeinsam schwimmen Sie über ein Korallenriff, und das ganze Riff erstrahlt in heilendem Licht.
12. Und plötzlich empfängt der Rochen einen Hilferuf. Ein Engeldelfin schwimmt in eine Meeresregion, wo die Energie sehr dicht ist.
13. Sie halten sich ganz fest, und der Rochen fliegt schneller durchs Wasser. Um Sie herum schwimmen Haie, Wale und Schildkröten. Alle eilen in dieselbe Richtung, um zu helfen.
14. Sie rufen Erzengel Joules und seine Engel herbei, und in null Komma nichts gießen Sie alle zusammen mit hoher Frequenz schwingendes blaugrünes Licht in das Wasser rund um den tapferen Delfin.
15. Das Wasser leuchtet auf. Das Dichte zerstreut sich. Die Haie, Schildkröten, Wale und Delfine nicken Ihnen und dem Rochen dankend zu.
16. Sie liegen wieder auf den weichen Kissen an Deck der Jacht.
17. Nehmen Sie sich ein wenig Zeit und genießen Sie das gute Gefühl zu wissen, dass Sie und der Rochen dem gesamten Meeresreich geholfen haben.
18. Machen Sie die Augen auf und schlürfen Sie das Wasser, das mit dem heilenden blauen Licht von den Plejaden angereichert ist.

Kapitel 5

Haie

Botschaft der Haie

Wenn ihr über uns nachdenkt, erinnern wir euch daran, eure Macht diszipliniert, aber auch auf sanfte und harmonische Weise in Anspruch zu nehmen. Respektiert alle Geschöpfe, wer immer sie auch sind und welchen Ruf sie auch immer haben. Und schließlich, tragt den Diamanten der Liebe in eurem Herzen und lasst ihn nach außen strahlen, um Wesen im ganzen Universum in Liebe miteinander zu verbinden.

Viele Leute sind überrascht, wenn sie herausfinden, dass Haie der fünften Dimension angehören. Sie kommen ursprünglich von Nigellay, dem aufgestiegenen Aspekt des Mars. Auch wenn Menschen dazu neigen, nur ihren kämpferischen Aspekt zu sehen, tragen sie auch die Eigenschaften des weisen und mächtigen Anführers in ihrer Aura, des spirituellen Kriegers, der diejenigen beschützt, die weniger gut in der Lage sind, für sich selbst zu sorgen, als sie es können.

Ihre Seelenmission besteht darin, durch die Meere zu patrouillieren und für die Aufrechterhaltung der göttlichen Ordnung zu sorgen. Sie lassen keinen Unsinn durchgehen und erwarten Disziplin. Wie echte Kampfkünstler haben sie in ihrer eigenen Welt einen bestimmten Moralkodex. Sie lehren Respekt, Ehre und Fokussierung und praktizieren sie auch.

Haie gehören zu der spirituellen Armee von Meeresbewohnern, welche die Weisheit schützen, die von den Delfinen bewahrt wird. Sie erfüllen ihre Pflicht auf beeindruckende Weise. Ihre dienende Aufgabe besteht darin, die Meere nach Nahrung zu durchstöbern und sie klar und sauber zu halten.

Haie haben einen sehr ausgeprägten Geruchssinn und können schmecken, tasten, sehen und hören. Sie sind auch unglaublich übersinnlich und haben ein gut entwickeltes Drittes Auge. Sie können winzige Bewegungen und Schwingungen im Wasser wahrnehmen und wissen genau, wo die Aktivität zu verorten ist.

Bereits über 90 Prozent der großen Haie dieser Welt wurden vom Menschen ausgerottet. Warum lässt die Überseele derart entwickelter Geschöpfe zu, dass dies geschieht? Wie viele vom Aussterben bedrohte Tierarten haben sich auch die Haie selbst geopfert, um unsere Aufmerksamkeit auf das zu lenken, was in unseren Meeren geschieht. Sie möchten, dass wir sehen, wie wichtig sie für die Erhaltung der Ökosysteme in den Gewässern dieses Planeten sind. Die Frage ist, ob die Menschheit die Erleuchtung erlangt, bevor es zu spät ist.

Haie haben Menschen lange Zeit vor allem Angst gemacht, und gewisse Horrorfilme über sie haben ihnen einen ungerechtfertigten Ruf eingebracht. Es ist höchste Zeit, sie für das zu respektieren, was sie wirklich sind – große spirituelle Krieger der Meere.

Alle Geschöpfe, die vom Mars oder von seinem aufgestiegenen Aspekt Nigellay stammen, stehen mit Erzengel Metatron in Verbindung. Dieser mächtige Erzengel ist für die Entwicklung des Sternentorchakras aller Geschöpfe verantwortlich. Das Sternentorchakra des Universums ist Mars/Nigellay. Das Sternentorchakra ist wie ein großer orangegoldener Kelch. Erzengel Metatron hält dieses Chakra bei fünfdimensionalen Kreaturen offen und gießt universelles Licht hinein. Die Haie helfen allen fünfdimensionalen Meeresbewohnern, sich mit Erzengel Metatron zu verbinden und ihre Sternentore offen zu halten. Sie strahlen auch die Schlüssel und Codes des Aufstiegs in die Gewässer ab, um das Fortkommen aller Meeresbewohner zu beschleunigen und sie auf ihren Aufstiegspfad zu führen.

Wir neigen dazu, uns Haie als maskulin, dominant und aggressiv vorzustellen. In Wirklichkeit haben sie auf ihrem Weg zum spirituellen Friedenskrieger ihre männlichen und weiblichen Energien ins Gleichgewicht gebracht. Als das Sternentor in der Leier bei Supermond im September 2015 aufging, öffneten Unmengen von Fischen, anderen Tieren und Menschen ihr Herz in einer Weise, die es ihnen möglich machte, vom goldenen zum diamantenen Aufstiegspfad überzuwechseln, der eine viel höhere Schwingungsfrequenz hat. Unter ihnen waren auch die Haie, und ihre höheren Diamant-Lichtcodes wurden aktiviert. Dies macht es ihnen möglich, sich stärker mit ihrem Ursprungsplaneten zu verbinden und ihr Licht auch in andere Teile des Universums zu senden. Sie sind jetzt Diamantfunken im Multiversum.

Erzengel Joules, der Erzengel der Gewässer, arbeitet auch mit den Haien zusammen. Er nutzt ihr Licht, um Informationen und Weisheit von den Gewässern der Erde und über sie zu anderen Sternsystemen auszustrahlen und unserem Universum einen schnelleren Aufstieg zu ermöglichen.

Visualisierungsübung
Verbindung mit den Haien aufnehmen

1. Suchen Sie sich einen ruhigen Ort, an dem Sie ganz ungestört sind.
2. Erzengel Joules hüllt Sie in einen blaugrünen Mantel des Lichts und des Schutzes.
3. Sie finden sich in blaugrünen Gewässern treibend wieder. Sie betrachten die Sterne und fühlen sich vollkommen sicher, ruhig und entspannt.
4. Ihr Herz ist offen, und der Diamant, der sein Licht aus ihm herausstrahlt, verbindet Sie mit ähnlicher Energie.

5. Sie nehmen einen wunderschönen Hai mit hoher Schwingungsfrequenz wahr, der sich Ihnen nähert. Auch aus seinem Herzen strahlt ein Diamant sein Licht aus. Sie fühlen sich vollkommen sicher und geschützt.
6. Der Hai umkreist Sie, und Ihre zwölf Chakras leuchten auf.
7. Ihr Sternentor strahlt eine Verbindung aus, die durch Mars zu seinem aufgestiegenen Aspekt Nigellay führt.
8. Gleichzeitig strahlt der Hai eine Verbindung aus, die durch Mars zu seinem aufgestiegenen Aspekt Nigellay führt.
9. Ein enormer Schwall Diamantlicht ergießt sich durch diese Verbindungen in Ihre beiden Herzen.
10. Sie und der Hai werden von einem riesigen kosmischen Diamanten der Reinheit und Liebe gehalten.
11. Fühlen Sie sich eins mit dem Hai und allen anderen Geschöpfen.
12. Kehren Sie allmählich zu Ihrem Ausgangspunkt zurück und bedanken Sie sich bei dem Hai und bei den Erzengeln für das Geschenk der Einheit, das Sie in Ihrem Energiefeld bewahren.

Kapitel 6

Wasserschildkröten

Botschaft der Wasserschildkröten

Ihr lebt in einer wunderschönen Welt, und eure Meere suchen ihresgleichen im ganzen Universum. Unsere Botschaft an euch ist, ihre Reinheit und Vielfalt wertzuschätzen. Jeder Ozean ist ein riesiges Reservoir kosmischer Liebe, und wir schätzen uns glücklich, darin zu leben. Alle Gewässer stehen in Verbindung miteinander. Segnet also das Wasser und dankt ihm jedes Mal, wenn ihr ein Glas davon trinkt, duscht oder badet. Auf diese Weise könnt ihr uns Wasserschildkröten und dem ganzen Universum helfen, weil ihr damit die Schwingungsfrequenz erhöht und kosmischen Überfluss verbreitet.

Wasserschildkröten sind hoch entwickelte Wesen aus einem anderen Universum, die über Jumbay, den aufgestiegenen Aspekt des Jupiters, auf die Erde kommen, um die Schwingungsfrequenz unserer Meere zu erhöhen und aufrechtzuerhalten. Bis zum kosmischen Moment mussten sie ihre Energien über Neptun nach unten transformieren. Doch seit 2012 kommen sie direkt über Jupiter. Das Licht, das sie hierherbringen, ist also reiner und klarer.

Jupiter ist der Planet des Glücks, der Fülle und der kosmischen Freude, und die Wasserschildkröten tragen alle diese Energien in ihrem Energiefeld. Wo immer sie auch sind, strahlen sie diese Qualitäten auf das Land und in die Meere ab.

Ursprünglich waren sie in Lemurien mit der Erde verbunden, und wie alle ätherischen Lemurier lieben sie die Erde, die Gewässer und alles andere auf dem Planeten aufrichtig.

Wenn Menschen unter der Anleitung von Erzengel Raphael ihr Drittes Auge mit einer fünfdimensionalen Frequenz öffnen und aktivieren, können sie eine Verbindung zu Jupiter und Jumbay herstellen. Hier haben sie Zugang zu allen Ebenen der kosmischen Fülle, inklusive Wohlstand, Erleuchtung, Glück, Frieden, Liebe und höheres Wissen. Die Wasserschildkröten tragen auch dazu bei, dies der ganzen Menschheit zu ermöglichen.

Wenn sich die fünfdimensionalen Chakras bei genügend Menschen geöffnet haben, können die Wasserschildkröten einen Teil ihrer Seelenmission vorantreiben, die darin besteht, das Wohlstandsbewusstsein der Menschheit zu erhöhen.

Alle Meerestiere, einschließlich der sanftmütigen Wasserschildkröten, stehen mit dem Mond in Verbindung. Sie bringen göttlich weibliche Qualitäten und lunare Weisheit, die sie unter den Fischen, den anderen Tieren und den Menschen verbreiten. Sie sind solide, zuverlässig und vertrauenswürdig. Deshalb wurden sie mit einer großen Seelenmission betraut.

Obwohl sie Eier legen und keine lebenden Jungen zur Welt bringen, besteht ein Teil ihrer Seelenmission darin, dazu beizutragen, dass der Planet für das neue Goldene Zeitalter in ein perfektes Gleichgewicht von männlichen und weiblichen Anteilen kommt.

Wasserschildkröten sind absolut rein und bewahren ihre ursprüngliche göttliche Blaupause. Sie tragen deren Unschuld in ihrem Energiefeld, und diejenigen, die sich auf sie einstimmen, bekommen sehr viel leichter Zugang zum Licht des Ursprungs. Dies gilt besonders für große Wasserschildkröten, aber auch die winzigen tun, was sie können.

Über den großen Erzengel der Gewässer, Erzengel Joules, stellen sie eine Verbindung zur siebendimensionalen Energie der Hohlerde her. Sie bringen die siebendimensionale Weisheit aus dem

Bermudadreieck-Portal nach oben und verbreiten sie in den Gewässern.

Der Panzer der Wasserschildkröten schützt die Tiere sowohl rein körperlich als auch energetisch. Er wehrt niedere Energien ab und wird dringend gebraucht, weil Wasserschildkröten extrem sensibel sind. Sie fühlen alles, erspüren alles und stimmen sich seelisch auf alles ein.

Immer und immer wieder haben sie sich selbst geopfert, um der Erde zu helfen. Weil sie hochgradig eingestimmte fünfdimensionale Wesen sind, würden sie nie Plastiktüten fressen in der irrigen Annahme, es seien Quallen. Nein! Sie sterben einen schrecklichen Tod, nachdem sie Plastiktüten gefressen haben, um unsere Aufmerksamkeit darauf zu lenken, was wir unserem Planeten und ganz besonders unseren Meeren antun. Das ist die Ebene ihres Dienstes und ihrer Liebe für die Erde.

Ein wichtiger Teil ihrer Seelenmission besteht darin, die Delfine zu schützen, welche die Weisheit von Atlantis und Lemurien in ihrem Energiefeld tragen. Es ist von entscheidender Bedeutung, dass diese heilige und besondere Information aufbewahrt wird, bis wir bereit sind, darauf zuzugreifen und sie zu nutzen, um die Welt besser zu machen. Wasserschildkröten patrouillieren zusammen mit Walen, Haien und Rochen durch die Meere, um für die Sicherheit der Delfine zu sorgen. Sie erhöhen auch die Schwingungsfrequenz des Wassers rund um die Delfine und schaffen so einen undurchdringlichen Lichtwall, damit die niederen Entitäten keinen Zugang zu den von den Delfinen bewahrten Informationen haben.

Sie sind absolut eins mit dem Meer und dem Land. Sie legen ihre Eier an Land ab und vertrauen darauf, dass sich die Erde darum kümmert. Sie demonstrieren Vertrauen und sind ganz im Einklang mit den Meeren und deren Strömungen sowie mit dem Mond und der gesamten Welt der Natur. Dieses Selbstverständnis strahlen sie auch aus, wo immer sie sind.

Visualisierungsübung
Verbindung mit den Wasserschildkröten aufnehmen

1. Suchen Sie sich einen ruhigen Ort, an dem Sie ganz ungestört sind.
2. Bitten Sie den mächtigen Erzengel Joules, den Erzengel der Meere, Sie in sein blaugrünes Licht einzuhüllen, um Sie zu beschützen.
3. Stellen Sie sich vor, wie Sie in den sanften, warmen, stillen blauen Gewässern vor Hawaii treiben. Spüren Sie, wie alles abebbt, was Sie bekümmert.
4. Eine riesige Wasserschildkröte bewegt sich friedlich paddelnd durch das Wasser und kommt auf Sie zu.
5. Die Schildkröte lädt Sie ein, auf ihrem Rücken Platz zu nehmen. Sie schlüpft unter Ihnen durch und hebt Sie auf ihren Panzer. Sie sind ganz entspannt und fühlen sich sicher.
6. Und jetzt gleitet die Schildkröte in die Tiefen des Ozeans und nutzt dabei die Strömungen.
7. Sie trägt Sie in ein herrliches Korallenriff, wo Sie von Fischen und Meerjungfrauen umgeben sind. Ihnen wird klar, welche Achtung und Verehrung die Schildkröte in der Meereswelt genießt.
8. Die Schildkröte bringt Sie zum Bermudadreieck. Hinter jenem riesigen Portal liegt der große Kristall von Atlantis.
9. Sie berühren den großen Kristall, und ein elektrischer Schlag durchzuckt Sie.
10. Ein Lichtstrahl schießt von Ihnen bis zum Jupiter und weiter bis zum Jumbay, seinem Aufstiegsaspekt.
11. Dann ergießt sich das Licht wieder zurück über Sie, und die Schildkröte und erfüllt Sie mit der kosmischen Fülle von Jupiter und Jumbay.
12. Gemeinsam schweben Sie und die Schildröte ganz gemächlich durch die blauen Ozeane und verbreiten das höhere Licht.

13. Schließlich bringt die Schildkröte Sie zurück an den reinweißen Sandstrand von Hawaii. Bedanken Sie sich bei ihr und kehren Sie an Ihren Ausgangspunkt zurück.

Kapitel 7

Wale

Botschaft der Wale

Wenn ihr an uns denkt, stellt unsere Energie automatisch eine Verbindung zwischen euch und der göttlich weiblichen, heilenden Liebe und Weisheit der Universalengelin Maria sowie der wundersamen Liebe und dem Licht von Erzengel Joules her. Nehmt euch ein wenig Zeit, um in dem Kokon aus Blau zu verweilen, den sie um euch herum spinnen, und lasst zu, dass sie euch durch uns erleuchten. Wir sind hier, um allumfassende Liebe zu verbreiten, und ihr seid bereit, diese Liebe zu empfangen.

Wenn Menschen von Walen sprechen, geschieht dies mit einer gewissen Ehrfurcht, die durchaus gerechtfertigt ist. Sie stammen von einem Asteroiden im zehndimensionalen Universum von Shekinah. Dies ist eine Ebene des hochfrequenten Lichts, und die Wale tragen die Lichtschlüssel und die Codes der reinen Liebe und Freude, die weit über unser Verständnis hinausgehen, in ihrem Energiefeld.

Es ist ein enormes Unterfangen für ihre Seelen, durch die Dimensionen in einen physischen Körper einzutreten, und das auch noch in einem Universum wie dem unseren mit einer sehr viel niedrigeren Schwingungsfrequenz. Doch Wale tun genau das seit Millionen Jahren. Es war schon immer ihr Seelenauftrag zu versuchen die Schwingung unseres Planeten aufrechtzuerhalten und den göttlichen Plan für unsere Ozeane umzusetzen.

Es gibt ein breites Spektrum von Walen, aber der sanfte, allliebende Blauwal trägt die Essenz ihres Seelenauftrags in sich.

Der Blauwal ist das größte bekannte Säugetier, das je gelebt hat. Er kann eine Gesamtlänge von bis zu 34 Metern erreichen und ein Gewicht von 150 Tonnen. Vor vielen, vielen Jahren entschied das Intergalaktische Konzil, dass dieses hochfrequente Geschöpf, das die Essenz der Liebe in seinem physischen Körper und seinem Aurafeld trägt, riesig sein müsse, um in jener Zeit zu überleben, und dass es im Wasser leben müsse. Grund dafür ist, dass Wasser die Liebesenergie des ganzen Universums in sich trägt und es den Geschöpfen, die darin leben, ermöglicht, rein und unberührt von dem zu bleiben, was an Land geschieht.

Die Wale für ihren Teil wollten die enge Liebesbeziehung verstehen, die nur von denen erfahren werden kann, die ein lebendes, atmendes Baby in ihrem Bauch tragen und es dann zur Welt bringen. Für die Wale wurde ein neues Modell entworfen, und andere Geschöpfe folgten.

Von Anfang an wurden Wale im Licht der wundersamen Universalengelin Maria gebadet. Sie verbreitet ihre göttlich weibliche Liebe im ganzen Universum. Ihr Name ist vom Meer abgeleitet, und Maria hat eine symbiotische Beziehung zu diesem Element. Sie gießt ihr Aquamarinlicht in die Meere und alle Gewässer. Wenn Sie die Universalengelin Maria bitten, das Wasser zu segnen, sei es nun ein Glas Wasser, das Sie trinken, oder ein Bad oder das Meer, hebt ihr Segen dessen Schwingungsfrequenz in die fünfte Dimension. Das hat einen großen Einfluss auf Sie, mental, emotional, auf der Zellebene. Wegen ihrer Verbindung zur Universalengelin Maria rufen die Wale ihren Segen ständig herbei und verbreiten göttlich weibliche Weisheit in allen Gewässern, in denen sie schwimmen.

Erzengel schwingen zwar zwischen der siebten und der neunten Dimension, können aber problemlos bis in die zehnte und elfte und sogar in die zwölfte Dimension reichen, um mit der Energie der Quelle in Berührung zu kommen. Aus diesem Grund kann die Universalengelin Maria Sie in unsagbare Höhen tragen, wo sich Ihr Herz von der Quelle berühren lassen kann, wenn Sie an Wale denken, mit ihnen schwimmen oder ihre Gesänge hören.

Das Echolot der Wale ist mehr als ein unglaubliches Mittel zur Kommunikation und Echoortung. Es verbreitet auch das Licht, das die Codes der höheren Erleuchtung enthält, sowie die Hoffnung, die sie von Shekinah mit in die Gewässer bringen.

Ähnlich wie Affen und Delfine können auch diese Hochfrequenzsäugetiere nicht gefangen oder getötet werden, es sei denn, sie erlauben es. Sie opfern sich nur selbst, um die Herzen oder die Köpfe der Menschheit mit Mitgefühl zu erfüllen.

Wie alle Meerestiere haben auch Wale eine sehr enge Verbindung zu Erzengel Joules, der für die Meere verantwortlich ist.

Während ich dies schrieb, hatte ich hellsichtig ein Bild von Walen vor Augen, die sich im Bermudadreieck-Portal versammelten. Universalengelin Marias Aquamarinlicht ergoss sich von oben über sie, und Erzengel Joules' blaues Licht schien von unten durch sie hindurch, sodass sie sich mitten in einer Säule der Liebe, Heilung und Freude befanden, die bis hinauf zur Quelle reichte. Diese Energie strahlte bis in den Ozean aus, und Millionen von Geschöpfen wurden davon berührt.

Dieser Segen erhöhte die Schwingungsfrequenz der Gewässer, die wiederum über die Strände der Landmassen schwappten und die Schwingung der Erde anhoben.

Nachdem mir dieses Bild gezeigt worden war, schaute ich im Internet nach, ob das Bermudadreieck ein Ziel von Walwanderungen ist. Ich fand heraus, dass man die ganze Gegend zum Schutzgebiet für Wale erklärt hatte, weil sich die Tiere dort versammeln. Es war so ermutigend zu erkennen, dass Menschen auf manchen Ebenen wirklich lernfähig sind!

Ein anderer Aspekt der dienenden Aufgabe, welche die Wale übernommen haben, besteht darin, der Armee anzugehören, die für den Schutz der Delfine und der von ihnen bewahrten heiligen Weisheit sorgt.

Meisterschaft bedeutet unter anderem, Verantwortung für alles zu übernehmen, was im eigenen Leben stattfindet, sodass man immer das in seiner Macht Stehende tun kann. Einer der ersten Schritte zu diesem Ziel ist die Fähigkeit, die eigene Atmung zu kontrollieren. In weiseren Zeiten wurde von einem Meister erwartet, dass er sich nach einem Schock mit drei Atemzügen wieder erholte.

Wenn wir atmen, nehmen wir unbewusst Ursprungsenergie auf, denn der Atem ist unsere Verbindung zum Ursprung. Wale müssen, um Luft einzuatmen, an die Wasseroberfläche kommen. Das heißt, sie entscheiden bewusst, wann sie einatmen, und das erlaubt ihnen, sich ganz bewusst mit dem Ursprung und ihrem Herkunftsort zu verbinden.

Nehmen Sie sich einen Moment Zeit, um über diese wunderschönen Geschöpfe nachzudenken, bevor Sie mit der folgenden Visualisierungsübung beginnen.

Visualisierungsübung
Den Seelenauftrag der Wale unterstützen

1. Suchen Sie sich einen ruhigen Ort, an dem Sie ganz ungestört sind.
2. Sehen, spüren oder fühlen Sie sich getragen von den warmen, ruhigen und sicheren Gewässern des Bermudadreiecks. Entspannen Sie und geben Sie sich einfach hin.
3. Seien Sie gewiss, dass die Energie aus dem großen Kristall von Atlantis, der unter Ihnen liegt, Sie unterstützt und die Schlüssel und Codes der uralten Weisheit und des Wissens in Ihrer Aura aufleuchten lässt.
4. Achten Sie auf die Wale, die sich Ihnen sanft und liebevoll nähern und Sie sicher tragen, während sie um Sie herumschwimmen.

5. Eine Säule aus dem blaugrünen Licht von Erzengel Joules steigt aus der Hohlerde auf und umgibt Sie. Sie schweben in der Weisheit des Universums, die im Königreich der Meere bewahrt wird.
6. Und eine Säule aus reinem Aquamarinlicht, hierhergeschickt von der Universalengelin Maria, badet Sie in göttlich weiblicher Liebe.
7. Das blaugrüne Licht und das Aquamarinlicht verschmelzen miteinander, und Sie werden in das prächtige, hochfrequente blaue Licht der unbeschreiblichen Liebe eingesponnen.
8. Sie wissen, dass Liebe das Wichtigste im ganzen Universum ist. Sie saugen sie in sich auf.
9. Das Licht zieht sich allmählich wieder zurück, und die Wale senden Ihnen ihren Dank. Bedanken Sie sich auch bei ihnen.
10. Sie finden sich an Ihrem Ausgangspunkt wieder, lächelnd angesichts dieser glücklichen Fügung des Universums.

Teil 4

Das Reich der Reptilien

Kapitel 1

Krokodile und Alligatoren

Botschaft der Krokodile und Alligatoren

Wir haben vielleicht keinen Emotionalkörper, aber wir haben sowohl einen spirituellen Körper als auch eine reine Verbindung zur Quelle. Wir leisten wichtige spirituelle Arbeit in einer kosmischen Funktion. Unsere Botschaft an euch lautet: »Urteilt nicht nach dem äußeren Anschein und noch nicht einmal nach dem Verhalten. Schaut hinter das Offensichtliche, auf die Seele einer Kreatur. Dort findet ihr die Wahrheit darüber, wer sie wirklich ist.«

Krokodile und Alligatoren gehören zu den ersten Reptilien, die auf die Erde kamen, und tragen immer noch die ursprüngliche göttliche Blaupause in sich, die ihnen von der Quelle geschenkt wurde. Und in dieser Blaupause tragen sie reine Ursprungsenergie. Deswegen wissen sie ganz genau, wer sie sind und warum sie auf der Erde sind. Sie handeln ganz nach ihren angeborenen Instinkten. Diese intelligenten Reptilien koordinieren ihre Aktionen, um in Gruppen zu jagen, und kommunizieren telepathisch miteinander.

Sie stammen aus anderen Universen. Menschen kommen viele Kreaturen aus anderen Teilen des unbekannten Kosmos irgendwie fremd vor, was dazu führt, dass sie Angst vor ihnen haben. Wie alle Reptilien transformieren sie ihre Energie durch Neptun, einen wässrigen Planeten der höheren Spiritualität und der übersinnlichen Wahrnehmung, herunter.

Sie transformieren sich auch deshalb über diesen speziellen Planeten herunter, weil er die Weisheit von Atlantis und Lemurien bewahrt und sie sich so mit der hochfrequenten Weisheit dieser beiden goldenen Zivilisationen vertraut machen können. Sie bewahren vor allem die uralte Weisheit von Lemurien und strahlen sie auch aus. Ihre dienende Tätigkeit besteht darin, diese Weisheit in ihr Energiefeld aufzunehmen und sie zu verbreiten, wo immer sie auch sind. Sie verbreiten die Schlüssel der lemurischen Weisheit über Australien hinaus bis nach Afrika, Amerika und Asien. Wenn Sie ein Krokodil sehen, das in der Sonne liegt, gibt es vielleicht gerade sein Bestes, um die Schlüssel und Codes der lemurischen Weisheit energetisch in die Welt zu strahlen.

Krokodile haben auch eine sehr enge Verbindung mit der Hohlerde und bringen das Wissen und die Weisheit vieler alter Stämme und Kulturen ans Licht, die sie dann aus ihren Energiefeldern auf das Land, die Bäume und alle Kreaturen gießen, die sie annehmen. So halten sie die Geschichte und die Weisheit der prähistorischen Welt lebendig. Indem sie die Weisheit der Hohlerde verbreiten, tragen sie dazu bei, die Welt zu stabilisieren.

Krokodile stehen außerdem in direkter Verbindung mit ihren Heimatplaneten und rufen Weisheit von dort ab, um sie dann in die Hohlerde weiterzuleiten und so die Wissensbasis von Gaia aufzubauen.

Manche von ihnen waren schon im Erdzeitalter Petranium hier auf der Erde. Das war das Goldene Zeitalter Afrikas, Äonen vor Mu, Lemurien und Atlantis.

Krokodile haben eine v-förmige spitze Schnauze und Zähne, die über die Oberlippe ragen, sodass sie immer aussehen, als grinsten sie. Sie sind viel größer als ihre Pendants, die Alligatoren, die breitere u-förmige Schnauzen haben. Die ursprüngliche Blaupause der Quelle ließ genügend Spielraum für diese Variationen. Sie waren Teil verschiedener Experimente, die durchgeführt wurden, um herauszufinden, wie sie ihren Weg auf der Erde machten.

Diese Kreaturen haben keinen Engel, sondern werden aus dem Reich der Elementarwesen beschützt und unterstützt. Weil sich Krokodile und Alligatoren sowohl im Wasser als auch an Land bewegen und aufhalten, arbeiten Erdelementale und Wasserelementale gleichermaßen mit ihnen zusammen.

Undinen sind Wasserelementale der dritten Dimension, deren Aufgabe es ist, das Wasser physisch und energetisch rein und klar zu halten. Sie klären die niederen Energien rund um diese Geschöpfe. Im Gegenzug geben diese furchterregenden Reptilien alte Weisheiten und Erkenntnisse an die Undinen weiter, die sie hocherfreut speichern und mitnehmen, wenn sie zu ihrem Ursprungsplaneten zurückkehren.

Bei den Erdelementalen spielen Elfen, Feen und Wichtel ihre eigenen Rollen, aber die tollen Kobolde der fünften Dimension haben ein großes Herz und sind stets bereit, den Krokodilen und Alligatoren zur Seite zu stehen. Sie tragen dazu bei, die Bewegungen der Krokodile und Alligatoren zu koordinieren, damit die Weisheit, die sie in sich tragen, dort verbreitet wird, wo sie am besten genutzt werden kann. Sie wollen den Reptilien auch helfen, die Dinge von einer höheren Warte aus zu sehen.

Auch Drachen sind Elementarwesen. Sie können einem Element, aber auch zwei oder drei Elementen zugeordnet sein. Diejenigen, die den beiden Elementen Erde und Wasser zugeordnet sind, statten den Krokodilen und Alligatoren häufig einen Besuch ab. Diese wunderschönen braunen und grünen Drachen der vierten Dimension helfen ihnen, ihre Umgebung und die Welt der Natur wertzuschätzen.

Wie alle kaltblütigen Geschöpfe haben Krokodile keinen Emotionalkörper. Dennoch spüren sie den Herzschlag der Erde in einer Weise, wie es die meisten Menschen nicht können.

Auch wenn sie keinen Emotionalkörper haben, folgen sie ihren Instinkten, und wenn ein Mensch sich mit ihnen anfreundet, sie füttert und sich um sie kümmert, kann es sein, dass sie entsprechend reagieren. Es gibt eine gut dokumentierte Geschichte über ein Krokodil in Costa Rica, das ein örtlicher Farmer durch einen Schuss ins Auge verletzt hatte. Infolge dieses Traumas fraß es nicht mehr. Chito freundete sich mit dem 17 Jahre alten Krokodil an und nannte es Pocho. Chito gab ihm Hühnerfleisch und andere Nahrung zu fressen und schenkte ihm seine Zuneigung, bis er das Vertrauen des Reptils gewonnen hatte. Dann traten sie 20 Jahre lang gemeinsam in Shows auf, bis das Krokodil einen natürlichen Tod starb.

Krokodile verteidigen ihre Eier und tragen die Jungen ins Wasser, nachdem sie geschlüpft sind. Danach ist der Nachwuchs sich selbst überlassen. Weibliche Alligatoren bleiben bei ihren Jungen und bewachen sie bis zu sechs Monate lang. Sie bringen ihnen Überlebenskünste bei und kommunizieren in Grunzlauten mit ihnen. Das ist ein vierdimensionales Verhalten.

Diese Kreaturen sind auf ihrem Aufstiegspfad in die vierte Dimension.

Visualisierungsübung
Verbindung zu den Krokodilen und Alligatoren aufnehmen

1. Suchen Sie sich einen ruhigen Ort, an dem Sie ganz ungestört sind.
2. Sie sitzen in einem sehr robusten Boot etwa zehn Meter von einem schlafenden Krokodil oder Alligator entfernt.
3. Während Sie sich auf den Energiekörper des riesigen Reptils einstimmen, nehmen Sie eine außerordentliche Bewegung des Lichts um es herum wahr.
4. Von seinem Körper ziehen sich goldene und grüne Verbindungen bis zum Neptun und von dort zu weit entfernten Universen und Planeten. Vibrierendes Licht ergießt sich von diesen entfernten Ebenen herab und zurück in das Krokodil oder den Alligator, das oder der als Transformator fungiert.

5. Sie spüren oder sehen, wie breite grüne und goldene Ströme von unterhalb des Reptils in die Hohlerde fließen. Das Licht aus dem Kosmos strömt jetzt hinunter in die große Pyramide im Zentrum der Hohlerde und wird dort verarbeitet.
6. Gleichzeitig werden Erkenntnisse und Informationen von der großen Pyramide freigesetzt und fließen in das Reptil.
7. Sein Energiefeld ist eine pulsierende Welle aus heiligen geometrischen Formen, die sich fingerförmig über das ganze Land ausbreitet und dabei Informationen an das Land, das Wasser, die Bäume und jedes Geschöpf, das sie berührt, auch Sie selbst, übermittelt.
8. Beobachten Sie dies einen Moment lang ehrfürchtig und danken Sie dem Krokodil oder Alligator für seine Dienste.
9. Öffnen Sie dann die Augen und denken Sie über die Arbeit nach, die diese erstaunlichen Geschöpfe verrichten.

Kapitel 2

Schlangen

Botschaft der Schlangen

Wir bringen euch eine Botschaft der Transformation, einer erwarteten Veränderung, und sprechen sogar Warnungen aus. Aber die meisten von euch wissen das. Die wichtigste Botschaft, die wir euch bringen, lautet: Werft einen Blick auf euer Wesen. Versucht eure göttliche Blaupause zu entdecken. Wenn ihr in Kontakt mit eurem wahren Wesen seid, werdet ihr immer im Einklang mit dem göttlichen Willen handeln.

Schon seit Tausenden von Jahren sind Schlangen eine Quelle der Faszination, der Angst, des Respekts und sogar der Ehrfurcht. Sie wurden lange Zeit neben vielem anderen als Boten der Metamorphose erkannt. In manchen Kulturen werden sie, beziehungsweise ihre Häute, als heilig betrachtet.

Eine Schlange begegnet Ihnen vielleicht, um Ihnen zu sagen, dass es Zeit für eine Transformation ist. Sie müssen aus Ihrer alten Haut ausbrechen und Ihr Leben erweitern. Wenn Sie beispielsweise eine Schlangenhaut finden, kann diese Sie daran erinnern, dass Sie sich einen neuen Job suchen, Urlaub machen oder die Augen für eine neue Chance offen halten müssen. Etwas Neues wartet auf Sie.

Schlangen kommen, um Sie zu warnen oder Ihnen zu sagen, dass Sie über das Offensichtliche hinausschauen sollen. Ich war beispielsweise in Begleitung des Partners einer Freundin, als ich eine prächtige Kreuzotter sah. Ich beobachtete sie voller Ehrfurcht. Und ich registrierte die Botschaft und blieb wachsam. In der Tat erwies sich der Partner der Freundin als eine Schlange im Gras! Achten Sie also, wenn Sie eine Schlange sehen, auf die Realität, die wahre Person.

Schlangen sind auch ein Symbol des Schutzes. Wenn Sie das Schlangenreich voller Vertrauen und in aller Aufrichtigkeit anrufen, werden die Schlangen Sie energetisch vor dem Schaden bewahren, den andere Ihnen zufügen können. Schlangenmagie wurde schon immer als besonders stark angesehen.

Ein paar Tage bevor mich die Einhörner zum ersten Mal besuchten, saß ich in meinem Garten und tippte einen Text in meinen Laptop. Als ich auf den Boden schaute, sah ich eine lange glatte Schlange, die sich neben meinem Stuhl zusammengerollt hatte. Sie war wunderschön. Ich stand ganz leise auf und ging weg, um meinen Gast zu rufen, von dem ich wusste, dass er sie gern sehen würde. Als er heruntergekommen war, glitt die Schlange majestätisch über den Rasen und verschwand in einem Haselstrauch. Vermutlich hätte mich die Bewusstseinserweiterung, die sich in der darauffolgenden Woche bei mir einstellte, nicht einmal überraschen sollen. Ich tippte das Manuskript für mein Buch *The Web of Light* an genau demselben Platz, als plötzlich ein weißes Licht hinter mir erschien. Es war ein Einhorn, und es bat mich, zunächst etwas über Einhörner in *The Web of Light* zu schreiben und dann ein eigenes Buch über Einhörner. Diese wundersamen reinweißen, erleuchteten Wesen sind seitdem immer bei mir und haben mein Leben von Grund auf verändert.

Alle Reptilien kommen aus anderen Universen und tragen ihren ursprünglichen göttlichen Plan noch in sich. Er ist die Ursprungsessenz, die ihnen bei ihrer Erschaffung mitgegeben wurde. Er wurde niemals manipuliert oder verändert und gibt ihnen Reinheit und Kraft. Sie kommen über Neptun hierher und bringen das

Licht ihrer Heimatplaneten mit. Sie haben jederzeit Zugriff auf das Wissen, die Weisheit und den Trost ihrer Ursprungsplaneten.

Wie alle, die über Neptun hierhergekommen sind, tragen die Schlangen sowohl spirituelles Licht in sich als auch die Schlüssel und Codes aus Atlantis und Lemurien. Weil sie auf dem Boden kriechen, verbreiten sie diese über das Land, damit auch andere darauf zugreifen können.

Darüber hinaus reichen sie, weil sie die ganze Zeit in Berührung mit der Erde sind, energetisch bis hinunter in die Hohlerde und können sich mit der Weisheit und dem unglaublichen Wissen verbinden, das dort schlummert. Sie halten die Geschichte der Erde lebendig, indem sie diese Aufzeichnungen ans Licht und den Menschen in Erinnerung bringen.

Manche Schlangen sind giftig, andere beißen nur, und wieder andere nutzen ihre Kraft, um ihre Beute zu erwürgen. Dies wurde von Anfang an so entschieden, um auszuprobieren, was am besten funktioniert. Die Erde ist nicht nur eine Mysterienschule. Sie ist auch ein Experimentierfeld.

Wie alle Reptilien spüren auch Schlangen, wenn Menschen Angst haben, und reagieren darauf. Wenn Sie in ihrer Gegenwart ganz ruhig und entspannt bleiben, werden sie Ihnen nichts tun. Im alten Ägypten und zu anderen Zeiten absolvierten Adepten unglaublich anspruchsvolle Einweihungen mit Schlangen. Sehr oft starb die betreffende Person, wenn sie die Prüfung nicht bestand. Die Fähigkeit, in einer Schlangengrube ruhig und zentriert zu bleiben, wurde in vielen alten Kulturen sehr hoch geschätzt. Weil im kollektiven Unbewussten eine große Angst vor Schlangen verankert ist, wurde in dieser Einweihung auch geprüft, ob der Schüler in der Lage ist, die Grenzen des kollektiven Unbewussten zu überwinden.

Reptilien stehen nicht mit einem bestimmten Engel in Verbindung, aber viele Elementarwesen kümmern sich um sie. Im Fall der Schlangen ist es eine ganze Reihe von Erd-, Luft- und

Wasserelementalen. Luftelementale wie Sylphen und Feen pusten die niederen Energien aus ihrer Aura. Undinen, die Wasserelementale, wallen mit ihnen durchs Wasser. Kobolde helfen ihnen, die Weisheit aus der Hohlerde aufzunehmen und zu verbreiten. Schlangen mögen kein Feuer, gehen also keine Verbindung mit den Salamandern des Feuers ein. Feuerdrachen können sich allerdings als hilfreich erweisen, wenn es darum geht, sie auf ihren Reisen zu beschützen!

In Japan ist es erlaubt, Schlangen mit lebenden Nagetieren zu füttern! Im Zoo von Tokio gab es eine Rattenschlange, die sich weigerte, aufgetaute Ratten aus der Tiefkühlung zu fressen. Also gaben ihr die Wärter einen lebenden Hamster. Unglaublicherweise fürchtete sich dieser Hamster nicht vor der Schlange, und sie wurden Freunde. Oft schlief der Hamster sogar auf der Schlange. Irgendjemand mit einem makabren Sinn für Humor nannte den Hamster Gohan, was »Mahlzeit« bedeutet.

Visualisierungsübung
Verbindung mit dem Schlangenreich aufnehmen

1. Suchen Sie sich einen ruhigen Ort, an dem Sie ganz ungestört sind.
2. Stellen Sie sich vor, dass Sie auf einer wunderschönen, von Bäumen gesäumten und mit Sonnenflecken gesprenkelten Lichtung voller Blumen stehen.
3. Eine schwache warme Brise streift Ihr Gesicht.
4. Sie nehmen mitten auf der Lichtung eine Bewegung wahr.
5. Eine prächtige Schlange gleitet anmutig auf Sie zu.
6. Mit Ihrer höheren Wahrnehmung sehen Sie, dass sie harmlos ist, und beobachten ehrfürchtig ihre kräftigen Bewegungen.
7. Wann immer Sie möchten, können Sie ihr sagen, dass sie innehalten soll, sodass der Abstand zwischen Ihnen für Sie sicher ist, und sie wird gehorchen.

8. Jetzt sehen Sie die Lichtspur, die sie hinterlässt.
9. Sie bemerken ihre Aura, die ein weiches goldenes Licht ausstrahlt sowie ein grünes Licht, das mit winzigen goldenen Punkten gesprenkelt ist wie mit Nadelstichen.
10. Dieser Lichtschauer ergießt sich über Ihre Aura, und Sie spüren, wie er über Ihnen glitzert und prickelt.
11. Sie spüren, wie sie Weisheitscodes in Ihrer Aura aufleuchten lässt. Entspannen Sie sich, während dies geschieht.
12. Die Schlange nickt und übermittelt Ihnen telepathisch eine Botschaft.
13. Danken Sie der Schlange, dass sie zu Ihnen gekommen ist.
14. Rechnen Sie damit, dass in Ihrem Leben etwas Neues beginnt.

Kapitel 3

Eidechsen, Salamander, Komodowarane und Chamäleons

Botschaft aus dem Reich der Echsen

Wir sind die uralten Weisen, welche die Erde seit Äonen kennen und lieben. Ihr Menschen haltet euch für die Herren der Erde, aber das stimmt nicht. Ihr habt eure eigene, ganz spezielle Rolle zu spielen. Stimmt euch auf die verschiedenen Echsen ein, denn wir können euch viel beibringen. Wir akzeptieren euch, wie ihr seid. Bitte akzeptiert uns auch, wie wir sind.

Reptilien lernen nicht aus Erfahrung, sondern reagieren entsprechend ihres ursprünglichen göttlichen Plans. Allerdings erteilen sie uns viele verschiedene Lektionen. In einer davon geht es um das Verstehen und Akzeptieren aller Geschöpfe. Und jedes Reptil bringt uns eine Botschaft, die unserem Wachstum dient oder uns Anleitung auf unserem Weg gibt.

Wie Schlangen und Krokodile sind auch alle diese Echsen sehr alte Reptilien, die über Neptun aus weit entfernten Universen hierherkamen und Licht und Erkenntnisse von anderen Existenzebenen mitbringen. Große Eidechsen ziehen mehr Licht nach unten als kleine. Dieses Licht wird in die große Pyramide innerhalb der Hohlerde transferiert und dann in den Kristall auf ihrer Spitze. Anschließend wird es durch die zwölf Portale zu verschiedenen

Sternen und Planeten gestrahlt, wo es aufgenommen und verwendet werden kann.

Und alle diese Reptilien dienen uns, indem sie Informationen aus der Hohlerde ans Licht bringen. Weil sie so nah am Boden sind, nehmen sie die Schlüssel und Codes, in denen das Wissen aus der Hohlerde enthalten ist, und breiten sie auf der Oberfläche unseres Planeten aus, um die Erinnerung an die alte Weisheit lebendig zu halten.

Eidechsen

Eidechsen haben den gleichen dienenden Auftrag wie Schlangen, wenn auch in geringerem Maße. Sie bringen die Weisheit von ihren Ursprungsplaneten in andere Universen. Wenn sie erst einmal verkörpert sind, fungieren sie als Transformatoren, und die entsprechende Information wird in die Hohlerde heruntergeladen. Hier wird sie im großen Kristall gespeichert und durch zwölf durch den Kristall vergrößerte Portale zu den Sternen gestrahlt.

Eidechsen sind flink und schnell. Sie liegen gern still da und baden in der Sonne, sind aber immer ganz wachsam. Wenn Sie eine sehen, regt sie Sie dann dazu an, sich zu fragen, was Sie im Leben wirklich wollen? Leben Sie die Träume Ihrer Eltern, oder sind Sie in Kontakt mit der wahren Bestimmung Ihrer Seele? Obwohl sie Kaltblüter sind, bitten sie Sie paradoxerweise, Verbindung mit Ihrem Herzen aufzunehmen. Entscheiden Sie jetzt, was Sie wollen, visualisieren Sie es und setzen Sie es dann um.

Eidechsen sind dafür bekannt, dass sie bei drohender Gefahr ihren Schwanz fallen lassen. Im Schwanz sitzt ihre Lebenskraft oder Vitalität. Und sie sind eher bereit, etwas davon zu verlieren, als zu sterben. Der Schwanz wächst allerdings wieder nach, und die Lebenskraft regeneriert sich. Die Botschaft an uns alle lautet also, dass es nie zu spät ist. Was immer Sie auch verloren haben oder loslassen müssen, Sie können Ihr Leben wieder aufbauen, sogar größer und besser.

Salamander

Salamander sind Amphibien, keine Reptilien. Der Hauptunterschied zwischen ihnen und den Reptilien ist, dass sie eine feuchte Haut haben. Sie haben zwar den gleichen Seelenauftrag wie Schlangen und Eidechsen, überbringen aber eine etwas andere Botschaft. Die Begegnung mit einem Salamander legt nahe, dass sich Ihnen eine Gelegenheit bietet, Sie aber bereit sein müssen, sich zu ändern, damit Sie auch etwas damit anfangen können. Diese Änderung ist in der Regel eine innere Anpassung oder eine Neuausrichtung der Denkweise. Wenn Sie dafür bereit sind, werden Sie in Übereinstimmung mit den Gesetzen des Universums eine Person oder Situation anziehen, die es Ihnen möglich macht, den Wandel zu vollziehen.

Der Salamander bittet Sie auch, sich um Ihre Umwelt zu kümmern.

Komodowarane

Diese riesige Echse *(Varanus komodoensis)* ist die größte der Welt und wird bis zu drei Meter lang. Sie gehört zur Gattung der Warane und lebt seit Tausenden von Jahren isoliert. Der Komodowaran ist auch der aggressivste Waran. Er greift Beutetiere an, die um ein Vielfaches größer sind als er selbst, auch Wasserbüffel, und verschlingt sie.

Diese Drachen stammen alle von demselben weit entfernten Stern in einem anderen Universum, und ihre Blaupause enthält Einzelgängerenergie, die dafür sorgt, dass sie weit reisen und die

Weisheit ihres Heimatsterns in einem eng begrenzten Teil der Welt verbreiten. Das Land selbst »fühlt« sich hier anders, weil diese Kreaturen dominante und martialische Schwingungen bringen, die sich von allen anderen unterscheiden.

Wenn ihre Energie hinunter in die Hohlerde fließt und durch den Kristall auf der großen Pyramide zu den Sternen gestrahlt wird, fließt sie zum Mars. Mars enthält die dominante, aggressive Energie dieses Universums, aber sein aufgestiegener Aspekt Nigellay bewahrt die Energie des wahren göttlich Männlichen, des friedvollen Kriegers und mächtigen Anführers. Dieses Hochfrequenzlicht wird in einer Feedbackschleife zu den Komodowaranen zurückgeführt und erhöht schließlich ihre Schwingungsfrequenz.

Chamäleons

Die verschiedenen, unterschiedlich gefärbten Arten der Familie Chamäleon *(Chamaeleonidae)* demonstrieren die Vielseitigkeit der ursprünglichen göttlichen Blaupause und fangen ihre Beute mit ihrer langen, klebrigen Zunge. Viele Chamäleonarten können zur Tarnung ihre Farbe verändern. Und so erteilen sie den Menschen die Lehre, dass es möglich ist, sich zu verändern und perfekt anzupassen. Vielleicht enthält diese Lehre sogar die Mahnung, nicht nur das Offensichtliche wahrzunehmen, sondern darüber hinauszuschauen.

Visualisierungsübung
Verbindung zum Reich der Echsen aufnehmen

1. Suchen Sie sich einen ruhigen Ort, an dem Sie ganz ungestört sind.
2. Schließen Sie die Augen und entspannen Sie sich tief in Ihr Zentrum hinein.

3. Stellen Sie sich vor, dass Sie im kühlen Schatten eines sattgrünen Baumes sitzen. Die Sonne brennt hell von einem tiefblauen Himmel. Alles ist friedlich. Alles ist sicher.
4. Laden Sie die Echsen ein, in absolut sicherer Weise mit Ihnen in Kontakt zu treten.
5. Sie bemerken eine in der Sonne liegende Eidechse, die von Elementarwesen umgeben ist. Hat sie eine Botschaft für Sie?
6. Sie sehen ein Chamäleon ganz in der Nähe auf einem Baum. Es ist in den Blättern verborgen und von Elfen umgeben. Hat es eine Botschaft für Sie?
7. Dann nehmen Sie einen Salamander neben sich wahr. Er liegt ganz ruhig da und ist von Sylphen umgeben. Hat er eine Botschaft für Sie?
8. Und Sie hören, wie der Boden ein wenig erzittert, als ein großer, schwerer Komodowaran auf Sie zukommt. Er ist vollgefressen und schläfrig, als er sich zum Schlafen hinlegt. Er ist umgeben von Heerscharen verschiedener Elementarwesen. Hat er eine Botschaft für Sie?
9. Erlauben Sie sich, sich immer tiefer zu entspannen, während Echsen aller Art energetisch Verbindung mit Ihnen aufnehmen.
10. Während sie das tun, spüren Sie, dass damit Verbindungen quer durch das ganze Universum und zur Hohlerde hergestellt werden.
11. Bringen Sie dieses Licht in Ihr Herz und akzeptieren Sie die Echsen genau so, wie sie sind.
12. Danken Sie den Echsen, dass Sie zu Ihnen gekommen sind und Ihnen die Augen geöffnet haben.

Kapitel 4

Landschildkröten

Botschaft der Landschildkröten

Wir bewegen uns langsam und nehmen alles in uns auf. Wir spüren die Liebe und den Herzschlag von Lady Gaia, hängen aber nicht an ihr. Wir verbreiten die höhere Weisheit von Jupiter und Jumbay, hängen aber auch nicht an ihnen. Wir erfahren alles genau so, wie es ist. Und unsere Botschaft an euch ist: alles, was das Leben zu bieten hat, ohne Anhaftung zu erfahren. Seid einfach!

Landschildkröten sind sehr archaische Wesen und schwingen in einer fünfdimensionalen Frequenz. Wie andere Reptilien kommen auch Schildkröten über Neptun, den Planeten der höheren Spiritualität, auf die Erde, obwohl sie ursprünglich von Jumbay, dem aufgestiegenen Aspekt von Jupiter, stammen.

Jupiter ist riesig und hat viele Monde. Landschildkröten kommen von einem anderen Teil des Jumbay als Wasserschildkröten und stehen unter dem Einfluss eines anderen Mondes.

Sie wurden mit jeweils eigenen und doch ähnlichen göttlichen Aufträgen auf die Erde geschickt. Die Wasserschildkröten sollten ihre Weisheit von Jumbay, Atlantis und Lemurien in den Gewässern der Erde verbreiten. Aufgabe der Landschildkröten war es, die Weisheit von Jumbay, Atlantis und Lemurien in der Erde selbst zu verbreiten. Beide nehmen das Wissen von der Erde und der Hohlerde mit zurück zum Jumbay.

Schildkröten sind sehr sensibel und bilden einen harten Panzer, um sich körperlich und energetisch vor ihrer Umwelt zu schützen. Dieser Panzer schützt auch die uralte Weisheit, die sie bewahren.

Sie leben an Land, sehr nah am Boden, und ziehen Licht und Informationen aus der Hohlerde, dem siebendimensionalen Chakra im Zentrum unseres Planeten.

Schildkröten leben sehr lang. Einige sehr große Exemplare werden über 100 Jahre alt und akkumulieren Wissen und Informationen aus der Hohlerde. Sie erspüren und verstehen das Leyliniensystem der Erde. Derzeit tragen sie dazu bei, das goldene fünfdimensionale Leyliniensystem mit mehr Energie zu versorgen.

Im Laufe ihres langen Lebens verteilen sie über ihre Energiefelder riesige Mengen an spirituellen Informationen im Land sowie an die Menschen und Tiere, mit denen sie in Kontakt kommen. Kleinere Schildkröten verrichten die gleiche spirituelle Arbeit, wenn auch in geringerem Umfang.

Während Wasserschildkröten über Erzengel Joules Verbindung mit Lady Gaia und der Hohlerde aufnehmen, stellen Landschildkröten diese Verbindung über Erzengel Roquiel her, der tief im Innern der Erde tätig ist. Roquiel ist zwar als Erzengel bekannt, aber er schwingt in einer zwölfdimensionalen Serafimfrequenz, die wahrlich jenseits allen menschlichen Begreifens liegt. Seine Farbe ist Schwarz, die Yin-Farbe des göttlich Weiblichen. Und daher kann die Schildkröte mithilfe dieses Engelwesens auf außerordentlich hochfrequente Weisheit aus der Hohlerde zugreifen und sie ans Licht bringen.

Schildkröten zeigen uns, dass es völlig in Ordnung ist, langsam durchs Leben zu gehen und jeden einzelnen Schritt auf dem Weg zu genießen und zu würdigen. Wenn nötig, üben sie sich in Geduld und beweisen Ausdauer, Standhaftigkeit und die Fähigkeit, sich in stille Sicherheit zurückzuziehen.

Reptilien haben zwar keinen Emotionalkörper, aber hier ist eine Geschichte, die zeigt, dass Schildkröten Gefühle haben können!

In Mombasa, Kenia, lebte eine 100 Jahre alte männliche Schildkröte namens Mzee in einem Wildreservat.
Ein Flusspferdjunges wurde von seinen Eltern getrennt, als eine Tsunamiwelle es ins Meer hinaustrug. Wildhüter retteten es und brachten es mit Mzee zusammen. Das Flusspferd behandelte die Schildkröte, als sei sie seine Mutter. Es leckte ihr Gesicht ab und stellte sich schützend vor sie, wenn sich jemand näherte. Das Flusspferd und die Schildkröte badeten gemeinsam und schliefen beieinander.
Weil Flusspferde in der Regel vier Jahre bei ihrer Mutter bleiben, blieben die beiden Freunde auch so lang zusammen. Dann brachten die Wildhüter das junge Flusspferd zu anderen Artgenossen, und die Schildkröte führte wieder ein Einsiedlerleben.
Ich finde, dass dies eine Geschichte über Hingabe und Nichtanhaften ist.

Machen Sie die folgende Visualisierungsübung. Achten Sie dann auf Ihre Gefühle gegenüber Schildkröten.

Visualisierungsübung
Verbindung zu den Schildkröten aufnehmen

1. Suchen Sie sich einen ruhigen Ort, an dem Sie ganz ungestört sind.
2. Sehen Sie sich an einem warmen und schönen Ort, an dem Sie sich vollkommen glücklich fühlen.
3. Eine riesige Landschildkröte stapft langsam auf Sie zu.
4. Schauen Sie ihr in die Augen und sehen Sie die alte Weisheit, die sie in dieser Inkarnation angesammelt hat, und die noch ältere Weisheit ihrer Seele.
5. Sie atmen tief durch und finden sich im Körper der Riesenschildkröte wieder. Sie sind energetisch zu dieser Kreatur geworden.
6. Achten Sie darauf, wie Sie sich fühlen, während Sie sich ganz langsam fortbewegen.

7. Achten Sie darauf, wie sich Ihr Panzer anfühlt.
8. Sie nehmen einen Lichtstrahl wahr, der vom Jupiter/Jumbay kommt und auf Sie fokussiert ist. Entspannen Sie sich.
9. Spüren Sie, dass die Zellen Ihres Körpers als Transformatoren wirken und das Licht nach unten in die Hohlerde weiterleiten. Diese Information wird dann von der großen Pyramide aus ins ganze Universum gestrahlt. Wie fühlt sich das an?
10. Sie werden in der aus der Hohlerde aufsteigenden Energie gebadet. Sie ist voll von Informationen und Weisheit. Sie atmen sie ein und verbreiten sie beim Gehen über das ganze Land.
11. Sie hinterlassen eine Energiespur, wo immer Sie hingehen, und erleuchten den Weg, den Sie einschlagen.
12. Entspannen Sie sich und spüren Sie, wie es sich anfühlt, so einen schönen Seelenauftrag zu haben.

Teil 5

Das Reich der Vögel

Kapitel 1

Vögel

Botschaft der Vögel

Es ist Zeit für euch zu fliegen. Nur euer Bewusstsein schränkt euch ein. Ändert euer Denken. Konzentriert euch auf eure Träume und Visionen und erweitert euer Leben. Dies ist eine so wichtige Zeit, um auf der Erde zu sein, voller guter Gelegenheiten, glücklich zu sein und die Seele wachsen zu lassen. Folgt unserem Beispiel, breitet eure Flügel aus und fliegt.

Vögel stammen vom Sirius oder seinem aufgestiegenen Aspekt Lakumay. Diejenigen, die der dritten Dimension angehören, bilden eine Seelengruppe von etwa 100 Mitgliedern. Wenn ihre Seelengruppe zu Lakumay aufsteigt, werden sie individualisiert.

Vögel unterscheiden sich insofern von anderen Tieren, auch von Fischen oder Insekten, als sie nichts zu lernen haben. Sie sind nur hier auf der Erde, um Erfahrungen zu machen und zu lehren.

Als Boten des Lichts arbeiten sie mit den Engeln und für sie und legen uns gegenüber viele Engeleigenschaften an den Tag. Beispielsweise bringen sie reine, bedingungslose Freude zum Ausdruck, indem sie bei jedem Wetter singen. Sie tragen uns über die Begrenzungen des kollektiven Unbewussten der Menschheit hinaus, indem sie deutlich machen, dass das Fliegen in einem physischen Körper möglich ist. Sie demonstrieren auch Freiheit, wenn sie in den Himmel aufsteigen. Sie zeigen uns buchstäblich, dass es möglich ist, frei zu sein wie ein Vogel. Und sie demonstrieren, dass man sich über eine Herausforderung oder ein Problem erheben kann.

Unterricht

Die meisten Vögel fliegen sehr schnell und oft sehr nah beieinander, aber ihr sehr ausgefeiltes Echolot sorgt dafür, dass sie nicht kollidieren. Diese Geschöpfe haben die Erfindung vieler unserer Flugmaschinen inspiriert.

Niemand kann einen Vogel fangen oder in einen Käfig sperren, es sei denn, der Vogel lässt es zu. Vögel sind bei uns, um uns etwas beizubringen, und lassen sich nur fangen, wenn es für den betreffenden Menschen etwas zu lernen gibt. Beispielsweise kann sich ein Vogel von einer Katze zerfleischen lassen, um Mitgefühl zu erzeugen, oder geht in eine Falle, um jemandes Herz zu öffnen.

Ein Adler lässt sich vielleicht fangen und an die Kette legen, damit Menschen, die sonst keine Gelegenheit dazu haben, im Rahmen einer Ausstellung oder Vorführung mit eigenen Augen sehen können, wie majestätisch und schön Adler im Flug sind.

Federn

Die Engel bedienen sich der Federn verschiedener Vögel, um Menschen zu beruhigen oder wissen zu lassen, dass sie in ihrer Nähe sind. In der Regel blasen sie diese Federn an genau die richtige Stelle, oft irgendwohin, wo sie aus physikalischer Sicht unmöglich gelandet sein können. Gelegentlich manifestieren die Engel auch eine Feder, aber das erfordert Energie, die oft besser für etwas anderes eingesetzt werden kann. Wenn Sie eine ungewöhnliche Feder finden, etwa die eines Pfaus oder eines Adlers, sollten Sie darüber meditieren, was Ihnen der Vogel damit sagen will.

Federn können verschiedene Farben haben, und alle haben eine Bedeutung. Eine Feder findet man nie rein zufällig.

Eine weiße Feder ist eine reine Botschaft von den Engeln, mit der diese Ihnen sagen, dass sie bei Ihnen sind.

Eine schwarze Feder weist darauf hin, dass es Zeit ist, auf Ihre innere Weisheit zu hören. Sie kann Ihnen auch den Hinweis geben, vorsichtig zu sein mit dem, was Sie sagen oder tun.

Schwarz und Weiß sind die Yin-und-Yang-Farben, die Sie daran erinnern, Ihre männliche und weibliche Energie oder Ihr ganzes Leben ins Gleichgewicht zu bringen. Arbeiten Sie zu hart? Halten Sie eine zu strenge Diät? Sind Sie zu nett?

Eine graue Feder lässt darauf schließen, dass es hilfreich sein könnte, die eigene Energie zu erden, um das Engellicht aufnehmen zu können.

Eine blaue Feder sagt, dass die Engel Ihnen Heilung bringen. Wenn es eine hellblaue Feder ist, mag sie Sie dazu anleiten, taktvoll und integer zu kommunizieren.

Eine leuchtend rote Feder kommt zu Ihnen, wenn Sie etwas mit Energie und Elan angehen müssen. Die Engel werden Ihnen helfen.

Eine orangerote Feder mahnt Sie, Ihr Herz zu öffnen und herzlich und gastfreundlich zu sein.

Eine rosafarbene Feder ruft Sie auf, Liebe zu geben und zu empfangen.

Eine gelbe Feder weist darauf hin, dass Sie Dinge logisch durchdenken sollten.

Sie leben vielleicht an einem Ort, an dem es keine Vögel mit leuchtend buntem Gefieder gibt. In diesem Fall wollen Ihnen die Engel eine besondere Botschaft überbringen, wenn eine farbige Feder in Ihrem Leben auftaucht!

Chorgesang im Morgengrauen

Jeden Morgen, wenn die aufgehende Sonne den Himmel allmählich erhellt, beginnen bestimmte Vögel zu singen. Die Amseln fangen an, dann folgen die Rotkehlchen, die Zaunkönige, die Drosseln, die Finken und die Heckenbraunellen. Dafür gibt es ganz profane, physische Gründe, etwa dass es sich um Balzgesänge handelt oder um das sprichwörtliche Fangen des frühen Wurms etc., aber der spirituelle Grund ist viel einfacher. Diese Vögel sind damit betraut, die Botschaft der Engel für diesen Tag zu verkünden. Jede Vogelart überbringt einen anderen Aspekt der täglichen Botschaft.

Diese Botschaften kündigen nicht nur gutes oder schlechtes Wetter an. Sie ermahnen die Geschöpfe auch, die Gegend zu verlassen, wenn ein Erdbeben bevorsteht, und sie richten den Tieren aus, sich vor Stürmen zu schützen.

Sie singen im Christuslicht, das mit der Frequenz der neunten Dimension in Lakumay, dem aufgestiegenen Aspekt des Sirius, gehalten wird. Das Christuslicht wird in eine Schwingung transformiert, auf die Menschen zugreifen können.

Sie erzählen von kosmischen Veränderungen, von den besten Erntezeiten, von den Energien des Mondes und der Sterne und davon, welchen Einfluss diese auf den Planeten haben. Im Goldenen Zeitalter von Atlantis waren Menschen in der Lage, diese Botschaften, die unmittelbare Anleitungen der höheren Mächte enthielten, zu verstehen und zu interpretieren. Heutzutage haben wir diese Fähigkeit verloren, aber einige wenige Menschen werden sich bald wieder daran erinnern.

Zeichnung

Wie bei anderen Tieren haben die Farben und die Zeichnung auch bei Vögeln immer eine Bedeutung.

Das Rotkehlchen hat eine orangefarbene Brust, weil Orange die Farbe der Wärme und des Willkommenseins ist. Wenn Sie den Garten umgraben, kommt es geflogen und setzt sich in Ihre Nähe, weil es an den freigelegten Würmern interessiert ist. Es erinnert Sie aber auch daran, auf andere zuzugehen und freundlich und gesellig zu sein.

Wie das anderer weißer Tiere ist auch das Wesen weißer Vögel von Reinheit geprägt, und sie sind sehr hoch entwickelt.

Ein Spiegel unseres Gruppenbewusstseins

Vögel repräsentieren einen Teil der Psyche. Sie würden einen Vogel also nur dann in einen Käfig sperren, wenn sich ein Aspekt von Ihnen gefangen fühlt. In manchen Ländern, deren kollektives Bewusstsein von einem Gefühl der Ohnmacht geprägt ist, gilt es als »cool«, sich einen Vogel im Käfig zu halten. Dies spiegelt die zugrunde liegenden Emotionen der entsprechenden Menschen wider.

Als die Hecken auf den Bauernhöfen entfernt und neue Häuser in den Vorstädten gebaut und durch Zäune statt durch Grün voneinander getrennt wurden, verschwanden die Nistplätze der Heckenbrüter. Die kleinen Vögel wurden weniger. Gleichzeitig drangen immer mehr große räuberische Krähen und Elstern in die Städte und Dörfer ein. Dies fiel damit zusammen, dass große Firmen ihre Tentakel in die ganze Welt ausstreckten und keinen Platz mehr für lokale Produkte und den Handel damit ließen.

Es ist interessant, dass sich in den 1990er-Jahren verschiedene Arten von wilden Sittichen rund um die Londoner Parks angesiedelt haben. Sie sind leuchtend bunt, exotisch, laut, ganz anders als unsere lokalen Züchtungen, und kündigen eine Einwanderungswelle an. Sittiche bringen uns auch etwas über Kommunikation auf allen Ebenen bei. Sie weisen darauf hin, dass es für die Menschen Zeit ist, einander zuzuhören, und dass Immigranten gehört und akzeptiert werden wollen.

Visualisierungsübung
Verbindung zu den Vögeln aufnehmen

1. Suchen Sie sich einen Ort, an dem Sie bequem und entspannt sitzen können.
2. Atmen Sie ganz normal, bis Sie das Gefühl haben, fast mit Ihrem Stuhl zu verschmelzen.
3. Stellen Sie sich vor, Sie sitzen auf einem Hügel und blicken über eine hügelige, ländliche Gegend.
4. Überall um sich herum hören Sie Vögel singen.
5. Als Sie sich entspannen, landet ein Vogel direkt vor Ihnen und hüpft auf Sie zu.
6. Sie spüren, dass er absolut freundlich ist und mit Ihnen kommunizieren möchte.
7. Er hebt seinen Kopf und schaut Sie eine Weile an. Dann spüren Sie, wie sich sein Herz öffnet.
8. Ein goldenes Licht, das Christuslicht, ergießt sich aus seinem Herzen und berührt Ihr Herz.
9. Als sich Ihr Herz öffnet, empfangen Sie eine Botschaft von Ihrem neuen Freund.
10. Sie dürfen ganz still mit ihm dasitzen, bis er wegfliegt.

Kapitel 2

Fünfdimensionale Vögel von Lakumay

Botschaft der fünfdimensionalen Vögel

Wir fliegen oder schwimmen mit erleuchteten Augen. Wo immer wir sind, suchen wir uns den höchsten Blickwinkel. Jeder von uns ist einzigartig, und doch haben wir ein Gefühl für die Einheit des Universums. Seht uns mit ganz neuen Augen, denn wir haben euch viel zu lehren, sehr viel mehr, als hier offenbart wird. Bleibt offen für die Botschaften aus dem Engelreich, die wir euch als Individuen und als Kollektiv überbringen, denn sie können euer Leben verändern.

Diese Vögel sind in die Frequenz der fünften Dimension aufgestiegen und haben sich ihr individuell angepasst. Manche sind riesig, andere winzig! Die Größe spielt keine Rolle. Nur die Energie ist wichtig.

Albatrosse

Albatrosse sind riesig und haben eine enorme Flügelspannweite von bis zu vier Metern. Sie schweben fast die ganze Zeit über dem Wasser, und dieses Element hält ihr Energiefeld rein und klar. Dieser großartige Vogel ist gelassen und vollkommen im Frieden mit sich selbst, während er über seinem Territorium aufsteigt. Er kann stundenlang dahinsegeln, ohne mit den Flügeln zu schlagen, und demonstriert damit seine absolute Beherrschung des Elements Luft. Er lehrt uns Majestät, Gelassenheit und Kraft.

Albatrosse legen jeweils nur ein Ei, und wenn das Küken geschlüpft ist, kümmern sich das Männchen und das Weibchen gemeinsam um den Nachwuchs und demonstrieren damit ein perfektes Gleichgewicht von männlicher und weiblicher Energie.

Diese besonderen Vögel verbreiten das Licht, das die Codes des Wissens vom Sirius und seinem aufgestiegenen Aspekt Lakumay enthält, in den Meeren. Sie werden von den Engeln an die Orte gelenkt, wo ihr Licht am meisten gebraucht wird.

Kondore

Anden-Kondore sind riesige und beeindruckende Vögel. Sie gehören zu den größten der Welt, die fliegen können, und sind extrem schwer für ihre Größe. Sie haben eine riesige Spannweite von drei Metern. Dennoch brauchen sie ein wenig Hilfe beim Aufsteigen. Daher leben sie in den Bergen, an der Küste oder in der Wüste, wo es windig ist oder starke thermische Luftströme vorherrschen. Hier demonstrieren sie, dass sie Meister der Lüfte sind, indem sie auf den Winden segeln und mit den Strömungen auf und ab schießen.

Kondore sind Geier. Sie halten ständig Ausschau nach Aas, und es gehört zu ihrer dienenden Aufgabe, in ihrem Territorium aufzuräumen. Es hat etwas Bescheidenes an sich, ein großer und eleganter Meister zu sein und gleichzeitig die Hinterlassenschaften anderer Kreaturen wegzuräumen. Die Anden-Kondore und die Kalifornischen Kondore haben einen kahlen Kopf, was Demut symbolisiert und Hingabe an Gott, genau wie bei Mönchen.

Adler

Auch Adler sind Meister der Lüfte. Nicht nur machen sie deutlich, wie herrlich es ist, anmutig mit den thermischen Strömen aufzusteigen, sie lassen es auch ganz leicht und einfach aussehen. Sie erinnern uns daran, zu entspannen und mit den Strömungen des Lebens mitzufließen. Sie bringen uns auch etwas über Erleuchtung bei und darüber, die Dinge von einer höheren Warte aus zu sehen.

Der mächtige Erzengel Butyalil lehrt uns die gleiche Lektion, nämlich wie man sich mit den universellen Strömungen auf einer höheren Ebene bewegt. Damit hilft er uns, unsere eigene Herrlichkeit zu sehen. Schauen Sie sich einen Adler an, der hoch in den Lüften fliegt, und erkennen Sie, wer Sie wirklich sind.

Kolibris

Wie die meisten Menschen bin ich ganz verzaubert, wann immer ich einen Kolibri sehe. In ihren leuchtenden, schimmernden Farben spiegelt sich die Ausstrahlung der Erzengel wider. Mit ihren Flügeln, die so schnell surren, dass man sie kaum sieht, halten sie das perfekte Gleichgewicht, wenn sie Nektar aus wunderschönen Blüten saugen.

Diese winzigen Vögel sind zum Lakumay aufgestiegen und tragen die Weisheit des Goldenen Zeitalters von Lemurien in ihrem Energiefeld. Wenn Sie einen Kolibri sehen oder auch nur an einen denken oder sich ein Bild von einem anschauen, werden das Wissen und das Licht von Lemurien an Sie weitergegeben. Bei Menschen, die für die Liebe der Natur bereit sind, wecken diese Vögel Erinnerungen an die perfekte Zusammenarbeit und Koordination, die es möglich machten, dass in diesem Goldenen Zeitalter alles ganz einfach war.

Eulen

Eulen sind außerordentliche aufgestiegene Vögel von Lakumay. Sie sind allgemein als weise Vögel bekannt, weil sie die Weisheit von Lakumay in sich tragen. Sie tragen auch die Energie, die dazu beiträgt, Menschen zu erleuchten. In der Nacht unterrichten sie die Elementarwesen in ihrem Umfeld. Sie bieten ihnen Wissen, Informationen und Weisheit und befähigen sie damit, leichter aufzusteigen. Jede Eule ist für ein bestimmtes Gebiet zuständig und löscht alle niederen Energien aus ihrem Terrain. Sie schützt auch die Elementarwesen, die dort leben.

Seit Äonen bewahren Eulen die höhere Vision für diesen Planeten, während er in die fünfte Dimension übergeht. Sie versuchen den Menschen einzuschärfen, was getan werden muss. Und das wird immer wichtiger, je mehr wir uns dem neuen Goldenen Zeitalter nähern.

Als ich ein Sabbatjahr in Südfrankreich verbrachte, ging ich immer mit meinem Hund Venus an einem See spazieren. Auf dem Weg dorthin mussten wir eine raue Landschaft durchqueren, und fast immer lag eine schwarze Katze am Zugang zum See auf der Lauer. Wir sahen auch oft eine Eule dort. Katzen halten Wache, beschützen und entfernen unerwünschte Energien aus ihrem Territorium, genau wie Eulen. Eines Tages erzählten sie mir, dass sie zusammenarbeiten, um diese Gegend rein zu halten und zu schützten. Ich war erstaunt und erzähle die ganze Geschichte in meinem E-Buch *Venus in France, The Spiritual Journey of a Dog on Holiday*.

Die Papageienfamilie

Alle Mitglieder der Papageienfamilie – Wellensittiche, Kakadus, Edelsittiche, Bergpapageien und Aras – sind in die fünfte Dimension aufgestiegen und stammen von Lakumay. Sie strahlen in herrlichen Farben und tragen das Licht und die Lektionen der Erzengel in sich.

Diese hoch entwickelten Vögel verwenden Werkzeuge. Das liegt teils daran, dass sie die Möglichkeiten einer Inkarnation auf Erden nutzen, um ihre Fähigkeiten weiterzuentwickeln, und teils daran, dass sie uns beibringen möchten, dass auch Vögel scharfsinnig sein können.

Ihr größtes Talent ist jedoch die Fähigkeit, Worte und Töne nachzuahmen. Sie können menschliche Stimmen und die Lautäußerungen anderer Tiere perfekt nachahmen. Sie haben sich diese Fähigkeit durch Feinabstimmung ihres Hörvermögens erworben. Wenn Sie einen Papagei sehen, erinnert er Sie daran zuzuhören, und zwar nicht nur mit den Ohren, sondern auch mit dem Herzen. Hören Sie zu, um fühlen und verstehen zu können. Hören Sie zu, um nachahmen zu können. Hören Sie zu, um sich anpassen zu können.

Pinguine

Diese auf entzückende Weise watschelnden Vögel sind zwar flugunfähig, zeigen uns aber dennoch, dass Vögel etwas Besonderes sind, selbst wenn sie nicht fliegen können. Pinguine verbringen zwar viel Zeit im Wasser und fangen auch ihre Nahrung dort, aber sie leben auf dem Land. Das Wasser hält ihr Energiefeld rein und auf einer hohen Frequenz, ebenso wie das Eis und der Schnee, in denen viele von ihnen leben.

Sie sind schwarz und weiß gefärbt, also in den Yin-Yang-Farben des Erdsternchakras. Die Wahl ist in ihrem Fall auf diese Farben gefallen, weil sie eine sehr enge Verbindung zur Erde haben. Für manche Geschöpfe sind Schwarz und Weiß die Farben der Erdung und des vollkommenen Gleichgewichts. Pinguine demonstrieren ihr männlich-weibliches Gleichgewicht auf diese

Weise. Die männlichen und die weiblichen Vögel kümmern sich gemeinsam um ihre Eier und Küken und erfüllen dabei zwar unterschiedliche, aber doch gleichwertige Aufgaben. In ihrem Bestreben, sich um ihre Küken zu kümmern, legen sie enormen Mut und entsprechende Hingabe an den Tag. Sie sind auch sehr beschützend und fürsorglich, beides Eigenschaften mit einer hohen Schwingungsfrequenz.

Bei Kaiserpinguinen überlässt das Weibchen es ganz dem Männchen, sich um das Ei und das Küken zu kümmern. Das zeigt uns, dass es viele Möglichkeiten gibt, für den Nachwuchs zu sorgen. Darüber sollte man nicht urteilen, solange es zum höchsten Wohle aller geschieht.

Pinguine stehen in Verbindung mit Erzengel Sandalphon, dem mächtigen Erzengel, der für die Entwicklung des Erdsternchakras aller auf der Erde lebenden Geschöpfe verantwortlich ist. Dieses fünfdimensionale Chakra ist zunächst schwarz-weiß, wenn es herabsteigt, weil eine Kreatur fünfdimensional wird. Wenn diese Kreatur ihre Schwingungsfrequenz erhöht, wird es grau, und schließlich, wenn sie auf den höheren Ebenen der fünften Dimension angekommen ist, strahlt es ein herrlich leuchtendes und glitzerndes Silber aus.

Die Erdsternchakras der Pinguine sind wunderschön silbern, und die interessante Frage lautet, ob sich dies in naher Zukunft in ihrem Gefieder widerspiegeln wird. Sie verbinden sich über dieses Chakra sowohl mit der Hohlerde als auch mit Lady Gaia.

Papageientaucher

Dieser unverwechselbare Vogel hat eine schwarze Oberseite und eine weiße Unterseite. Faszinierend sind neben seinem schwarzen Kopf und seinem leuchtend bunten Schnabel auch seine rotschwarzen Augenzeichnungen und die leuchtend orangefarbenen Beine, die Leichtigkeit und Spaß andeuten.

Die männlichen und weiblichen Energien der Papageientaucher sind ausgeglichen, und beide Eltern kümmern sich um Eier und Küken. Sie zeigen, dass es möglich ist, Verantwortung zu tragen und dennoch frei zu sein und Spaß zu haben.

Papageientaucher sind kleiner und zarter als Pinguine. Sie verbringen die meiste Zeit im Meer und tauchen dort nach Nahrung. Dies hält ihre Energie hell und klar. Sie lehren uns, dass man entweder über das Wasser oder über die Erde mit dem Planeten verbunden sein kann. Während sich Pinguine über Erzengel Sandalphon mit der Hohlerde verbinden, stellen Papageientaucher diese Verbindung über den Universalengel Joules her, den Erzengel, der für die Meere verantwortlich ist.

Schwäne

Ein Schwan, der majestätisch über einen See gleitet, hat zweifellos etwas von einem König an sich. Seine weißen Federn weisen darauf hin, dass er rein ist, und die Gelassenheit, mit der er dahingleitet, lässt auf innere Ruhe schließen. Wie jedes andere Geschöpf kann auch ein Schwan kampfstark und böse werden, wenn man ihn reizt. Allerdings strahlt seine Aura die Botschaft aus, dass er sich verteidigen kann, wenn er angegriffen wird. Daher muss er selten mehr tun, als zu zischen oder seine Flügel auszubreiten. Weiße Schwäne bringen uns etwas über Schönheit, Anmut und Frieden bei. Schwarze Schwäne tragen die göttlich weibliche Weisheit in sich. Auch sie verbreiten Anmut, Frieden, Akzeptanz und Gelassenheit.

Schwäne lehren uns, dass wir, wenn wir ruhig und ausgeglichen sind, von allen Kreaturen geachtet und respektiert werden.

Visualisierungsübung

Verbindung zu den Vögeln der fünften Dimension aufnehmen

1. Suchen Sie sich einen ruhigen Ort, an dem Sie ungestört sind.
2. Schließen Sie die Augen und entspannen Sie sich.
3. Stellen Sie sich vor, dass Sie in einer wunderschönen Landschaft sitzen. Der Himmel über Ihnen ist blau, und die warmen Sonnenstrahlen streicheln Sie.
4. Ein Vogel erscheint in der Szene und hat etwas für Sie im Schnabel.
5. Sie halten die linke Hand auf, und er lässt sein Geschenk hineinfallen. Es ist etwas, das eine große Bedeutung für Sie hat.
6. Schauen Sie sich das Geschenk an und spüren Sie, was es Ihnen sagen will.
7. Beobachten Sie, wie sich der Vogel wegbewegt oder wegfliegt, und lassen Sie die Lektion, die er alle lehrt, in Ihr Bewusstsein eindringen.
8. Danken Sie ihm in Gedanken dafür, dass er zu Ihnen gekommen ist, und nehmen Sie sein Geschenk in Ihr Herz auf, wenn es angemessen ist.
9. Machen Sie die Augen wieder auf und sehen Sie die Vögel von nun an mit anderen Augen.

Kapitel 3

Vögel der dritten Dimension

Botschaft der dreidimensionalen Vögel

Wir möchten euch klarmachen, dass ein Adler nicht besser ist als ein Spatz. Und ein Kolibri nicht besser als eine Krähe. Sie schwingen einfach nur mit unterschiedlichen Frequenzen und haben einzigartige Lehren für euch. Wir entscheiden, welche Lehren wir euch präsentieren möchten, und wählen auch das Medium, durch das wir sie präsentieren, etwa so, wie sich ein Vortragsredner ein Thema aussucht und auch entscheidet, wie er es präsentiert. Ihr seid einzigartig und besonders, mit welcher Frequenz ihr auch schwingt.

Alle Vögel der dritten Dimension gehören zu einer Gruppenseele und erteilen uns Lehren, indem sie sie in ihrem eigenen Leben veranschaulichen. Sie stammen alle vom Sirius oder werden über Sirius heruntertransformiert.

Möwen

Möwen sind laut und streitsüchtig. Sie drangsalieren kleinere Vögel und manchmal sogar Menschen. Sie stehlen Essbares oder sind sehr opportunistisch, wenn es darum geht, sich zu schnappen, was gerade verfügbar ist. Damit spiegeln sie niedere menschliche Verhaltensweisen wider. Aber wenn sie in den Äther über uns aufsteigen und dort ganz harmonisch fliegen oder gleiten, zeigen sie uns, dass es möglich ist, sich über das eigene Ego zu erheben. Sie erinnern uns daran, uns mit unserem höheren Selbst zu verbinden und mit besten Absichten zu handeln.

Raubvögel

Zu dieser Gruppe gehören Habichte, Falken, Bussarde, Milane, Weihen, Fischadler, Zwerg- oder Merlinfalken und Sekretärvögel.

Habichte haben insofern viel mit Adlern gemeinsam, als sie auf den Luftströmungen gleiten können und von oben einen absolut scharfen Blick haben, mit dem sie die kleinste Bewegung der Beutetiere unter sich wahrnehmen. Sie sind immer noch Teil einer Gruppenseele und nicht so weit entwickelt wie ihre Vettern. Allerdings machen sie auch deutlich, dass man seine Vision bewahren und aktiv werden kann, wenn die Zeit reif dafür ist.

Der südafrikanische Sekretärvogel schreitet durch die Savannen dieses Kontinents, kann aber auch ganz gut fliegen. Seinen Namen bekam er von den Europäern, die diese Vögel sahen und fanden, sie sähen aus wie Sekretäre, die damals graue Fräcke und dunkle Kniebundhosen trugen. Er zeigt uns, dass man von einer höheren Warte aus hinter eine sehr ernsthafte und stattliche Erscheinung schauen und sich darüber erheben kann.

Heckenbrüter

Es gab eine Zeit, zu der alle Gärten und Felder von Hecken begrenzt waren, in denen es von kleinen Vögeln nur so wimmelte: Sperling, Drossel, Kuckuck, Grasmücke, Heckenbraunelle, Spechtmeise, Amsel, Meise, Rotkehlchen, Lerche, Waldsänger, Rotdrossel, Dorngrasmücke, Grünfink, Baumläufer, Zaunkönig,

Buchfink. Das sind alles Singvögel, und sie übermitteln die tägliche Botschaft der Engel. Ihr Seelenauftrag ist es, uns über die kosmischen Energien zu informieren, über Aussaat und Ernte von Feldfrüchten, das Wetter, Überflutungen und Erdbeben. Sie leben in der Nähe von Menschen, damit sie uns zeigen können, dass wir viele Möglichkeiten haben, unser häusliches Leben zu gestalten.

Der Kuckuck warnt vor den Herausforderungen, welche die Aufzucht fremden Nachwuchses mit sich bringt, und empfiehlt entsprechendes Urteilsvermögen.

Der Zaunkönig ist schnell und rastlos. Männchen und Weibchen ziehen die Küken gemeinsam auf.

Die meisten Lerchen sind soziale Vögel, die in Schwärmen leben. Manche sind Einzelgänger. Jeder dieser Vögel zeigt uns eine andere Lebensweise.

Zugvögel

Erstaunlich viele Vogelarten, darunter Schwalben, Mauersegler und die meisten Gänse, ziehen den Winter oder Sommer über in andere Teile der Welt oder des Landes, in dem sie leben. Die oben genannten Vögel erinnern uns an die Weisheit von Lemurien, des Goldenen Zeitalters vor Atlantis. Zu dieser Zeit lernten sie, in Formationen zu fliegen, in denen jeweils ein Vogel eine Zeit lang an der Spitze fliegt, um dann zurückzubleiben und einen anderen Vogel in Führung gehen zu lassen. Sie arbeiten ohne festen Anführer in völliger Harmonie zusammen und zeigen uns, dass wir mehr zustande bringen und uns schneller fortbewegen können, wenn wir zusammen statt einzeln arbeiten. Sie tragen lemurische Heilung in ihren Energiefeldern, und wenn sie über die Welt fliegen, gießen sie diese Heilung über der Natur und allen Geschöpfen der Erde aus. Sie gehen auch eine Verbindung mit den Leylinien ein, lassen sie aufleuchten und tragen dazu bei, sie hell und klar zu halten.

Sie fliegen niemals allein, denn Erzengel Bhokpi (der Engel der Vögel) und seine Engel begleiten sie.

Strauße, Emus, Kasuare, Nandus und Kiwis

Dies sind alles flugunfähige Vögel, die uns etwas über Anpassungsfähigkeit lehren. Weil sie nicht fliegen können, mussten sie eine andere Möglichkeit finden, sich selbst zu schützen. Strauß, Emu, Kasuar und Nandu sind riesige Vögel, die bei drohender Gefahr unglaublich schnell weglaufen können. Der Kiwi, das Wappentier von Neuseeland, ist klein, etwa so groß wie ein Huhn, kann aber so schnell laufen wie ein Mensch. Diese Vögel haben alle einen gewaltigen Tritt und große Klauen, sind also keineswegs wehrlos. Sie zeigen uns, dass man, wenn man etwas nicht auf die eine Weise tun kann, einen anderen Weg finden muss, es zu tun.

Diese Vögel sind alle gesellig, gehen aber auch sehr beschützend miteinander um. Und sie sind ungeheuer neugierig. Sie wissen, dass es viel zu lernen gibt.

Der neuseeländische Riesenmoa ist mittlerweile ausgestorben. Er wurde von Menschen bis zur Ausrottung auf der physischen Erde gejagt. Doch wie alle ausgestorbenen Kreaturen ist er in seinem ätherischen Körper in der Hohlerde immer noch gesund und aktiv. In einem künftigen Zeitalter, wenn unser äußerer und unser innerer Planet siebendimensional werden, tauchen die ausgestorbenen Kreaturen wieder auf. Nichts ist für immer verloren.

Was ich an diesen flugunfähigen Vögeln liebe, ist ihre einzigartige Vereinbarung mit Lady Gaia. Weil sie zugestimmt haben, ihre Flugfähigkeit aufzugeben, um zu zeigen, dass es auch einen anderen Weg gibt, ihr Leben zu führen, bekommen sie Extraunterstützung von den Engeln und Elementarwesen. Wo immer Sie einen dieser Vögel sehen, der vor einem Unheil davonläuft, ist eine ganze

Heerschar von Engeln und Elementarwesen bei ihm. Vor allem Feen fliegen neben ihnen her und weisen ihnen den Weg.

Pfauen und Paradiesvögel

Ich liebe Pfauen. Ich erinnere mich gern daran, wie aufregend es war, bei Sonnenuntergang über den Ganges zu schauen. Etwa alle 100 Meter kamen einzelne Pfauen hinter den Bäumen hervor, gingen zum Trinken an den Fluss und zogen dabei ihre prächtigen Schwanzfedern hinter sich her. Ich war mit meiner Tochter zusammen, und wir reisten anschließend nach Agra, wo sie mir einen mit Intarsien verzierten Marmorteller kaufte, das Bild eines Pfaus, das immer noch in meinem Wohnzimmer hängt.

Der Pfau ist farbenprächtig, wunderschön und selbstgefällig. Alle Augen sind auf ihn gerichtet, wenn er sein prächtiges Rad schlägt. Sein Schrei ist laut und schrill und verlangt Aufmerksamkeit. Das hat jedoch einen höheren Sinn. Während alle Augen auf das Männchen gerichtet sind, kann das kleinere mattbraune Weibchen ihre Küken sicher großziehen.

So demonstrieren der Pfauhahn und die Pfauhenne, dass die Geschlechter sehr verschieden sein können und doch zum höchsten Wohl aller zusammenarbeiten. Sie lehren uns auch, hinter die Fassade zu schauen, um zu sehen, was wirklich vor sich geht.

Das Paradiesvogelmännchen mit seinem leuchtend bunten, extravaganten Gefieder bietet einen wunderbaren Anblick. Wie beim Pfau sieht auch die Henne des Paradiesvogels vergleichsweise langweilig aus. Aber sie schaut aufmerksam hin, wenn die Männchen ihre Balztänze aufführen, und entscheidet, wer wohl der beste Anbieter von genetischem Material ist. Sie lehrt die Kunst der sorgfältigen und präzisen Entscheidungsfindung. In diesem Fall lautet die Lektion: Halte die Augen offen und genieße die Show, aber sei dir klar darüber, was du suchst.

Singvögel

Zu dieser Gruppe gehören Finken, Lerchen, Grasmücken, Meisen, Rotkehlchen, Stare, Sperlinge, Baumläufer, Zaunkönige, Wasseramseln, Leierschwänze, Timalien, Zeisige, Bergfinken, Spottdrosseln, Ammern, Nachtigallen, Webervögel und Kardinäle, und die meisten von ihnen singen wunderschön.

Haben Sie schon jemals in Ihrem Garten gesessen oder einen Spaziergang gemacht und dabei einen kleinen Vogel gesehen, der sich für Sie das Herz aus dem Leib singt? Wenn ja, halten Sie einen Moment inne und hören Sie auf die Botschaft, die er Ihnen überbringt. Er singt ein Lied über Ihre göttliche Herrlichkeit.

Singvögel singen aus ihrem Herzen, egal ob Regen oder Schnee fällt oder die Sonne scheint. Die Engel kommunizieren durch sie. Es sind Balzrufe, aber auch ganz individuelle Botschaften. Vögel kommunizieren auf vielen Ebenen! Im Goldenen Zeitalter von Atlantis konnten Menschen diese Botschaften verstehen. Wir haben diese Fähigkeit verloren. Dennoch können wir uns auf einer unbewussten Ebene auf die Informationen einstimmen, die wir so bekommen.

Und selbst wenn ein Vogel ein und dasselbe Lied immer und immer wieder in unser Ohr singt, hat dieses Lied jedes Mal eine andere Botschaft.

Der Leierschwanz singt sehr schön, kann aber auch fast jedes Geräusch nachahmen, den Ruf anderer Vögel, die Alarmanlage von Autos, einfach alles. Ich habe mir einen Videoclip im Internet angeschaut, in dem ein prächtiger Leierschwanz alles, vom Klicken eines Kameraverschlussses bis zur Kettensäge, imitiert hat. Wie Papageien haben sie die Kunst des Zuhörens wirklich perfektioniert.

Einige Webervogelarten sind wahre Baumeister, die mit dem Wissen, das sie vom Sirius mitgebracht haben, unglaublich komplizierte und schöne Nester bauen. Manche sind sehr eindrucksvoll, andere eher unordentlich.

Der auffälligste Singvogel ist das Männchen des Roten Kardinals. Mit seinem herrlich leuchtenden roten Gefieder sticht er hervor, und sein süßer Gesang erklingt im Winterschnee genauso wie in der Sommersonne.

Alle Singvögel sind eine Inspiration.

Hühner

Hühner kamen ursprünglich zu Beginn des Goldenen Zeitalters von Atlantis mit anderen Nutztieren hier an. Sie kamen eigens, um den Menschen ihre Federn und Eier zu geben, die zu jener Zeit huldvoll und dankbar angenommen wurden.

Weil ihre Dienstleistung darin besteht, uns ihre Eier zu geben, gackern viele von ihnen zufrieden, wenn sie ein Ei legen. Damit zeigen sie, dass sie gern geben.

Sie kommen von einem weit entfernten Asteroiden im zehndimensionalen Universum von Shekinah und transformieren ihre Frequenz über Sirius herunter. Diese kleinen Geschöpfe tragen eine uns unbegreifliche Liebe und Freude in ihrem Energiefeld.

Sie sind auch hier, um den Menschen beizubringen, dass Dienen ein wichtiger Aspekt auf unserem Aufstiegspfad ist.

Krähen, Elstern, Drongos und Raben

Diese Vögel sind alle Zauberer, Trickdiebe und Agenten des Übergangs. Sie bringen Tieren und Menschen Botschaften von Erzengel Azriel, dem Engel der Geburt und des Todes. Wenn ein Tier bereit ist zu gebären, erscheinen diese Vögel und erinnern es daran, sich auf die Ankunft des neuen Lebens vorzubereiten.

Außerdem besucht Sie einer dieser Vögel, wenn es für Sie an der Zeit ist, sich auf eine Veränderung einzustellen oder Ihre

Schwingungsfrequenz zu erhöhen. Dann ist der Vogel ein Bote der Erleuchtung, der Ihnen rät, die Dinge von einer höheren Warte aus zu sehen und Ihre Schwingungsfrequenz an die entsprechende Herausforderung anzupassen.

In früheren Zeiten erkannten die Menschen, dass es manchmal Unglück brachte, wenn ein einzelner Vogel aus der Krähenfamilie erschien. In der Tat erinnern Sie diese Vögel daran, nach besseren Möglichkeiten Ausschau zu halten und entsprechende Änderungen vorzunehmen. Achten Sie also auf Ihre Gedanken und Absichten, wenn Sie eine einzelne Krähe sehen.

Menschen zur Erleuchtung zu verhelfen ist ihr Seelenauftrag, und ihre dienende Aufgabe besteht darin, Aas zu fressen, um alles sauber zu halten und sicherzustellen, dass auch die Reste verwertet werden.

Diese Vögel sind hochintelligent. Der Trauerdrongo *(Dicrurus adsimilis)* beispielsweise kann andere Vögel imitieren. Manchmal nutzt er den Warnruf anderer Vögel oder sogar der Erdmännchen, um diese dazu zu bringen, ihr Futter stehen zu lassen, an dem er sich dann gütlich tut. Dabei ändert er ständig seine Taktik.

Tauben, Rebhühner, Kiebitze, Birkhühner und Fasane

Diese Vögel arbeiten mit den Engeln des Friedens und der Liebe zusammen. Der Seelenauftrag von Tauben ist ähnlich wie der von Enten. Menschen werfen ihnen Brotkrumen und Körner hin und wissen gar nicht, dass diese Vögel ihnen die Botschaft der Liebe und Harmonie überbringen. Es ist also nicht verwunderlich, dass heutzutage immer mehr Tauben in unsere Städte strömen und uns daran erinnern, wie dringend wir Frieden brauchen.

Der Seelenauftrag von Rebhühnern, Kiebitzen, Birkhühnern und Fasanen besteht darin, die Botschaft der Liebe und des Friedens in der Landschaft zu verbreiten. Ihre dienende Aufgabe ist es, den Boden mit ihren Schnäbeln zu bearbeiten und damit die Voraussetzung zu schaffen, dass Samenkörner dort keimen und Pflanzen wachsen können.

Tukane

Tukane *(Ramphastidae)* sind allgemein für ihre riesigen bunten Schnäbel bekannt. Sie leben in kleinen Schwärmen und ihr leuchtend bunt-schwarzes Gefieder bietet ihnen eine perfekte Tarnung in den tropischen Regenwäldern Mittel- und Südamerikas und der Karibik.

Sie haben sehr kleine Flügel. Daher hüpfen sie eher in den Bäumen des Regenwalds herum, als dass sie fliegen. Ihr großer Schnabel ist sehr leicht und hilft ihnen, in dem heißen Klima kühl zu bleiben. Feine Adern unter der Oberfläche ihres Schnabels erweitern sich, wenn ihre Körpertemperatur zu stark steigt, und geben Wärme ab. Diese Vögel haben eines der besten Wärmeregulationssysteme des ganzen Tierreiches. Ihre dienende Aufgabe besteht darin, Menschen in heißen Ländern zu zeigen, dass es viele Möglichkeiten gibt, die eigene Körpertemperatur zu regulieren. Es geht auch darum, dass Sie die Gaben, die Sie haben, zum Wohle aller einsetzen und immer bereit sind, sich anzupassen.

Geier

Der Kondor ist zwar ein Vogel der fünften Dimension, aber für die meisten Geier gilt das nicht. Geier sind Aasfresser und zeigen uns, wie wichtig es ist, unsere Umwelt sauber und aufgeräumt zu halten. Die Natur ist ökonomisch. Alles hat einen Sinn und erfüllt einen Zweck, und nichts soll verschwendet werden.

Visualisierungsübung
Von den Vögeln lernen

1. Suchen Sie sich einen ruhigen Ort, an dem Sie ungestört sind.
2. Schließen Sie die Augen und entspannen Sie sich.
3. Denken Sie an einen Vogel und rufen Sie ihn zu sich. Sie können auch einfach zulassen, dass irgendein Vogel vor Ihren inneren Augen erscheint.
4. Teilen Sie dem Vogel in Gedanken mit, dass Sie bereit sind, von ihm zu lernen, und bitten Sie ihn um eine Botschaft oder ein Zeichen.
5. Vielleicht singt Ihnen der Vogel etwas vor. Wenn dem so ist, entspannen Sie sich und lassen die Botschaft in Ihr Herz einströmen.
6. Wenn der Vogel Ihnen ein Bild zeigt, dann fragen Sie sich, was dessen Botschaft ist.
7. Der Vogel kommuniziert vielleicht auch telepathisch mit Ihnen. Bleiben Sie also offen für alles, was es zu lernen gibt.
8. Bedanken Sie sich bei dem Vogel und halten Sie Ausschau nach einem von seiner Art in Ihrem Leben, in einem Buch oder im Fernsehen.
9. Wenn Sie einen sehen, können Sie dies als Bestätigung betrachten, dass er Ihnen eine wichtige Botschaft überbringt.

Wahlweise können Sie auch in Ihren Garten oder in einen Park oder auf die Felder gehen und darauf achten, welche Vögel sich Ihnen zeigen.

Kapitel 4

Wasservögel

Botschaft der Wasservögel

Wasser trägt die einigende Liebeskraft der Welt, und wir leben darin und geben sie an euch weiter. Die Liebe möchte, dass ihr glücklich und mit euch selbst im Reinen seid. Sie möchte, dass sich eure Visionen und Träume zu eurem Besten manifestieren. Wenn ihr einen von uns seht, erinnern wir euch daran, das Drama, das sich außerhalb von euch abspielt, zu ignorieren. Seid euch vielmehr darüber klar, dass Liebe das wahre Wesen jedes Menschen und jedes Tieres ist. Konzentriert euch auf euren Herzenswunsch, damit er in eurem Leben wahr wird. Lasst ihn eure Tage bereichern und tragt Freude in die Welt.

Wasser trägt die Liebesenergie des Universums und ist daher der Klebstoff, der den Kosmos und uns alle zusammenhält. Wasservögel bleiben durch diese Energie klar und rein. Sie tragen die Liebe auch in ihrer Aura und verbreiten sie von dort. Sie haben alle besondere Botschaften und Lehren für uns.

Die Vögel, die in diesem Kapitel behandelt werden, gehören alle der dritten Dimension an und stammen vom Sirius.

Enten, Teichrallen und Blesshühner

Diese Vögel arbeiten alle mit den Engeln des Friedens zusammen. Ich denke dabei gern an Kinder, die Enten mit Brot füttern, ohne zu wissen, dass die Vögel ihnen eine Botschaft übermitteln, die sie ruhig, friedlich und im Einklang mit sich selbst bleiben lässt. Manchmal bringen die Vögel ein Kind auch direkt mit den Engeln des Friedens in Verbindung. Kein Wunder, dass Kinder liebend gern Enten füttern.

Enten, Teichrallen und Blesshühner ziehen an der Wasserpest und lockern so den Schlamm auf, in dem sie wurzelt. Auf diese Weise wird neues Wachstum gefördert.

Wenn das neue Goldene Zeitalter immer näher und die Welt immer mehr in Harmonie kommt, werden wir diese Vögel als das erkennen, was sie wirklich sind.

Eisvögel, Störche, Fischreiher und Kraniche

Diese Vögel halten ihre Energie dadurch rein und klar, dass sie in Wassernähe leben. Sie leben uns Geduld vor und die Kraft, eine positive Vision oder Absicht zu bewahren. Ihr Ziel ist ein Fisch, und durch ihre fokussierte Absicht ziehen sie den Fisch an. In dem Moment, in dem ihr Zielobjekt in Sicht ist, werden sie aktiv und fangen es.

Wie der Anblick eines Regenbogens oder eines Marienkäfers löst auch der Anblick eines Eisvogels bei den meisten Menschen reines Entzücken aus, und dies öffnet im Universum neuen Möglichkeiten Tür und Tor. Wenn Sie also einen Eisvogel sehen, dann fordert er Sie auf, Ihre Gedanken und Absichten rein zu halten.

Pelikane

Diese interessanten Vögel tauchten erstmals in Mu auf, dem Zeitalter der Dinosaurier. Pelikane sehen aus wie Dinosaurier und tragen damit die Schlüssel und Codes jener Zivilisation in sich. Sie können keinen Pelikan beobachten, ohne unbewusst an Mu zu denken, eine Zeit, in der alle Lebewesen die Erde und die Natur liebten. Sie klinken sich dann automatisch in das kollektive Gedächtnis jener Zeit ein. Pelikane erinnern uns auch daran, dass unser Planet seit Äonen funktioniert. Die Erde ist uralt und wird weiterbestehen, ungeachtet dessen, was wir Menschen tun.

Watvögel

Flamingos, Austernfischer, Ibisse, Säbelschnäbler, Rohrdommeln und viele andere Watvögel verbringen ihre Zeit im und am Wasser. Das hält sie rein und in der kosmischen Energie der Liebe. Sie sind zwar keine Meister dieses Elements, arbeiten jedoch im Einklang damit. Wenn Sie einen dieser Vögel sehen, erinnert er Sie unterschwellig daran, dass Wasser heilend und reinigend ist.

Diese Vögel durchschauen die äußere Vorführung und sehen die Wahrheit, die Reinheit dahinter. Sie übermitteln uns die Botschaft, das Drama zu vergessen, das Richtige zu tun, die Dinge möglichst einfach zu halten und mit dem Strom zu schwimmen.

Die rosafarbenen Flamingos sagen: Lass dich vom Strom der Liebe tragen.

Visualisierungsübung
Verbindung mit den Wasservögeln aufnehmen

1. Suchen Sie sich einen ruhigen Ort, an dem Sie ungestört sind.
2. Nehmen Sie sich Zeit, um zu entspannen und abzuschalten.
3. Sehen Sie sich an einem wunderschönen Gewässer und atmen Sie in die Energie Ihrer inneren Szene.
4. Denken Sie an Ihre Vision, an etwas, das Sie in Ihrem Leben wirklich erschaffen möchten.
5. Werden Sie sich eines langbeinigen Vogels gewahr, der im Wasser steht und intensiv in die klare Flüssigkeit schaut.
6. Konzentrieren Sie sich beim Betrachten des Vogels intensiv auf Ihre Vision. Die kollektive Energie dieses Vogels ist bei Ihnen.
7. Beobachten Sie, wie der Vogel aktiv wird und einen Fisch fängt.
8. Entscheiden Sie, was Sie als Nächstes tun werden.
9. Plötzlich fliegt wie ein in Türkis schillernder Blitz ein Eisvogel mit einem Fisch im Schnabel an Ihnen vorbei.
10. Nehmen Sie den Regenbogen wahr, der sich am Himmel bildet. Jetzt wissen Sie, dass sich eine Tür für Sie öffnet.
11. Stellen Sie sich vor, wie Sie durch diese Tür in Ihre Vision gehen, die sich manifestiert hat.
12. Bedanken Sie sich bei der Vogelenergie, die Ihnen immer noch hilfreich zur Seite steht.

Teil 6

Das Reich der Insekten

Ich verwende die Sammelbezeichnung Insekten für alle Kreaturen, die unter der Obhut von Erzengel Preminilek stehen. Bienen, Käfer und Wirbellose mit sechs Beinen, einem Kopf, einer Brust und einem Hinterleib sind Insekten. Skorpione, Zecken und Spinnen sind Spinnentiere. Nackt- und Hausschnecken sind Weichtiere. Hundert- und Tausendfüßer sind Myriapoden. Regenwürmer sind Ringelwürmer (Annelida), aber es gibt noch viele andere Tierstämme, zu denen auch Würmer gehören.

Kapitel 1

Insekten der vierten und fünften Dimension

Botschaft der vier- und fünfdimensionalen Insekten

Es ist uns eine Ehre, euch Heilung, Liebe, Licht, Botschaften und Weisheit von unseren Heimatplaneten zu bringen. Wir haben euch viel mehr zu bieten, als Diana hier mitteilen kann. Dies ist nur die Spitze des Eisbergs.

Wir bitten euch, offen zu sein für unsere Botschaften und unser Wissen, denn das wird euer Bewusstsein erweitern und eure Freude steigern. Wenn ihr eurerseits uns achtet und respektiert, dann vermehrt dies euer Licht und das des Insektenreichs, denn wir sind alle ein Teil der Einheit.

Ohne Insekten gäbe es keine Welt, denn sie spielen eine wichtige Rolle für die Gesunderhaltung unserer Ökosysteme. Sie spalten organische Materie auf und reichern unsere Böden an. Sie sind sogar Futter für größere Tiere in der Nahrungskette. Bienen und andere Insekten sind für unser Überleben unerlässlich, denn sie bestäuben Pflanzen, darunter auch viele unserer Nahrungspflanzen.

Manche Insekten wie die Libellen demonstrieren fortgeschrittene heilige Geometrie und entsprechende Flugmanöver. Andere verbreiten Heilung. Alle haben einen heiligen Auftrag auf der Erde zu erfüllen und beabsichtigen, das hier Gelernte wieder mit zurück auf ihren Herkunftsplaneten zu nehmen.

Es gibt Millionen verschiedene Arten von Insekten, die alle zu Gruppenseelen gehören, und das ist mehr als alle anderen Tier- und Pflanzenarten zusammen.

Viele Insekten gehören zur dritten Dimension. Ein paar schwingen in der vierten und fünften Dimension. Erzengel Preminilek, unterstützt von allerlei Elementarwesen, kümmert sich um sie alle. Insekten sind dem Planeten zu Diensten, und dieser Erzengel koordiniert ihre Dienstleistung und hilft ihnen, zu einer höheren Frequenz aufzusteigen.

Insekten sind auf einer ganz anderen Wellenlänge als Menschen. Es ist für uns eher schwierig, uns auf ihr Frequenzband einzustimmen, auch wenn es uns leichter fällt, mit den Insekten zu kommunizieren, die eine höhere Schwingung ausstrahlen.

Ich kenne viele Menschen, mich selbst eingeschlossen, die hoch entwickelte Ameisen, die sich in ihrem Haus aufhalten, bitten, an einen anderen, besser geeigneten Ort zu ziehen. Ich erinnere mich, wie erstaunt ich war, nachdem ich dies vor vielen Jahren zum ersten Mal gemacht hatte. Die Ameisen wanderten tatsächlich an die Stelle (im Garten), an der ich ihnen eine sichere Zuflucht geboten hatte.

Insekten der fünften Dimension

Ameisen

Diese mutigen kleinen Kreaturen sind von Lakumay, dem aufgestiegenen Aspekt des Sirius, hier heruntergekommen und haben ihr Wissen über heilige Geometrie mitgebracht. Sie agieren auf einem sehr hohen Frequenzband und mit reiner Intuition. Ihr höherer Zweck oder Seelenauftrag ist es, uns etwas über heilige Geometrie beizubringen. Sie demonstrieren ihre Prinzipien in der Anlage ihrer Nester.

Wenn irgendetwas nach den Gesetzen der heiligen Geometrie konstruiert ist, sei es eine Kathedrale, ein Haus oder ein Nest, dann schwingt diese Konstruktion mit einer so hohen Frequenz, dass magische Harmonien entstehen. Jedes Objekt auf dieser Welt sendet eine Schwingung und einen Ton aus. Wenn Sie in Ihrem Haus Kunstgegenstände haben, die mit viel Liebe von Hand hergestellt wurden, dann senden diese Gegenstände wunderschöne Harmonien aus und erhöhen so die Schwingungsfrequenz Ihrer Räume. Artefakte aus Massenproduktion hingegen senden die Energie der Werkstätten aus, in denen sie hergestellt wurden. Alles, was nach den Gesetzen der heiligen Geometrie gemacht wurde, sorgt für reines Licht im Ätherischen und schwingt mit den Engelharmonien.

Ameisennester, die liebevoll und nach den Gesetzen der heiligen Geometrie gebaut wurden, sind wahre Engelmagneten, denn sie locken die Engel an, damit sie über ihrem Zuhause singen. Und alle Arten von Elementarwesen werden von ihren Nestern angezogen und können das Engellicht aufsaugen, das sie dort umgibt.

Ameisen lehren uns etwas über ein strukturiertes Familienleben und wie man als Kollektiv in kooperativer Weise zum besten Wohle aller lebt. Die Ameise hat zwei Mägen, einen für sich selbst und einen sogenannten Sozialmagen, in dem Nahrung enthalten ist, die sie mit anderen teilt.

Ameisen können sich sehr schnell bewegen. Wenn wir Menschen so schnell laufen könnten wie eine Ameise, kämen wir bei unserer Größe auf die Geschwindigkeit eines Rennpferds. Sie können auch das 20-Fache ihres eigenen Körpergewichts heben. Sie sind kleine spirituelle Krieger. Ihre dienende Tätigkeit besteht darin, Tunnel zu bauen, die den Boden belüften, organische Abfälle zu zersetzen und die Umwelt sauber zu halten.

Bienen

Ohne Bienen könnten wir auf unserem Planeten nicht überleben, denn sie sind die wichtigsten Bestäuber auf der Erde. Diesen enormen Dienst bieten sie uns als Teil ihrer fünfdimensionalen dienenden Aufgabe an.

Bienen stammen von den Plejaden. Ich habe gelesen, dass Honigbienen durchschnittlich etwa 69.000 Kilometer zurücklegen, um genug Nektar für ein Pfund Honig zu sammeln! Und auf dieser ganzen Reise verbreiten sie die blaue Herzheilung von den Plejaden. Der Honig selbst hat viele heilende Eigenschaften.

Feen stellen unter anderem sicher, dass die Bienen so viele Blumen bestäuben, wie sie können.

Eine meiner Kindheitserinnerungen ist, dass ich auf einer sonnigen Wiese voller Wildblumen sitze, stets begleitet vom Summen der Bienen, die vermutlich ihre Herzheilung über mir ausgegossen haben. Es geschieht so viel, dessen wir uns nicht bewusst sind.

Bienenstöcke sind nach den Prinzipien der heiligen Geometrie aufgebaut. Daher singen Engel, wo immer ein Bienenstock steht. Hier versammeln sich auch Elfen und viele andere Elementarwesen, um in den Engelschwingungen zu baden, denn dies bringt sie in ihrer Entwicklung voran.

Die Seelenaufgabe der Bienen ist es, uns etwas über heilige Geometrie beizubringen und die Herzheilung der Plejaden zu verbreiten.

Schmetterlinge und Falter

Alle lieben Schmetterlinge, die genau wie Falter vom Orion stammen. Beide kommen vom Planeten der Weisheit und tragen das entsprechende Licht in ihrem Energiefeld. Es ist die Fähigkeit zu wissen, wie man Informationen verwendet oder etwas zum höchsten Wohle aller tut.

Diese speziellen Insekten der fünften Dimension sind Abgesandte der Engel. Wann immer Sie einen Schmetterling oder Falter im

Garten oder auf der Wiese herumflattern sehen, hat er eine Botschaft für Sie. Dies kann eine ganz allgemeine Botschaft sein, die Sie daran erinnert, dass Sie ein geliebtes Kind des Universums sind. Sie kann Sie aber auch veranlassen, die Wunder der Welt um sich herum zu betrachten oder die Augen aufzumachen, um etwas ganz Bestimmtes zu sehen. Sie kann Ihnen helfen, fröhlich zu bleiben, oder Ihnen etwas von Freude und Glückseligkeit zuflüstern.

Manchmal überbringt ein Schmetterling eine ganz besondere Botschaft von einem geliebten Menschen. Nachdem eine Freundin von mir ganz jung bei einem Unfall gestorben war, flog ein Schmetterling durch das Fenster auf den Tisch, der zum Tee nach der Beerdigung gedeckt war. Und ihr Verlobter wusste sofort, dass er gekommen war, um ihm mitzuteilen, dass sie im Jenseits glücklich und alles in göttlicher Ordnung war.

Die Aura von Schmetterlingen enthält Energien, die uns helfen können, mit den strahlenden Engeln in Verbindung zu treten.

Ihre dienende Tätigkeit ist das Bestäuben. Darin sind sie vielleicht nicht so effizient wie Bienen, aber sie flattern von Blüte zu Blüte und erfüllen uns mit Wonne, während wir sie beobachten. Freude und Entzücken zu bringen gehört zu ihrem Seelenauftrag.

Schmetterlinge machen die wohl ungewöhnlichste Metamorphose durch, wenn sie sich von einem Ei in eine Raupe verwandeln, dann im Kokon verpuppen und schließlich als prächtig geflügeltes Geschöpf daraus hervorgehen. Sie zeigen uns, dass Transformation möglich ist. Die Raupen der Monarchfalter streifen ihre Haut viermal ab, bevor sie sich verpuppen. Sie wachsen um mehr als das 2.700-Fache ihrer ursprünglichen Größe. Die Botschaft an uns: In einem einzigen Leben ist ein riesiges spirituelles Wachstum möglich.

Und einzelne Arten von Schmetterlingen entwickeln lokale Überlebensmechanismen. Beispielsweise haben manche Arten von Nachtfaltern Ohren auf ihren Flügeln und können sich so vor

Fledermäusen schützen! Viele Insekten erteilen uns Lehren in Anpassungsfähigkeit.

Auf Kinderzeichnungen sieht man oft Feen, die mit Schmetterlingen spielen oder auf ihnen reiten. Diese Maler haben einen Blick hinter den Schleier geworfen, denn zwischen Feen und Schmetterlingen gibt es eine natürliche Verbindung. Feen lenken die Schmetterlinge und sind immer da, um ihnen zu helfen, wenn sie aus ihren Kokons kommen und zum ersten Mal ihre Flügel ausbreiten.

Ich erinnere mich, dass ich einmal an einem heißen, sonnigen Tag auf einem Hügel saß und mich ganz still auf das einstimmte, was um mich herum vor sich ging. Mir fiel eine Raupe auf, die in die Mitte des staubigen Weges kroch und dort liegen blieb, völlig den Vögeln ausgesetzt und in der Gefahr, zertreten zu werden. Zwei Heinzelmännchen, kleine Elementarwesen der Luft, versuchten sie dazu zu bringen, zurück in den Schutz eines Busches zu kriechen. Tatsächlich hörte sie eine Weile zu und brachte sich dann allmählich in Sicherheit. Eine Zeit lang war eine gewisse Erleichterung zu spüren, aber dann kroch die Raupe zurück in ihre frühere exponierte Position. Die Heinzelmännchen saßen einfach geduldig neben ihr und waren immer noch da, als ich mich zurückzog.

Marienkäfer

Ein Marienkäfer ist nicht einfach nur ein Glückssymbol. Diese hübschen kleinen Käfer bringen Ihnen tatsächlich Glück. Wenn Sie einen sehen und vor Freude nach Luft schnappen, öffnet Ihnen Ihre Energieverschiebung in diesem Moment Tür und Tor für Freude und die Segnungen des Universums.

Diese entzückenden Wesen der fünften Dimension kommen ursprünglich vom Orion. Ihre dienende Aufgabe besteht darin, Blattläuse zu vernichten, die unsere Nutzpflanzen zerstören.

Auf der Seelenebene arbeiten sie mit dem Reich der Elementarwesen zusammen, um den Pflanzen zu helfen. Die Elementarwesen der Luft, die Feen und Sylphen, blasen alle niederen Energien weg, die sich rund um Flora und Fauna ansammeln, und die Marienkäfer helfen in diesem Prozess.

Sie kommunizieren auch mit anderen Insekten. Als Wesen der fünften Dimension haben sie einen höheren Blickwinkel auf das, was geschieht, und sie versuchen andere Insekten, die den Pflanzen schaden, zur Umsiedlung zu bewegen.

Marienkäfer verbreiten Engeleigenschaften wie Liebe, Frieden, Weisheit, Freude und Kooperationsbereitschaft, wo immer sie gerade sind, und Menschen und Tiere haben ein unbewusstes Gespür dafür.

Insekten der vierten Dimension

Wenn Menschen, Insekten und auch andere Tiere eigennützig sind, gehören sie der dritten Dimension an. Wenn sich ihr Herz öffnet und sie anfangen, sich auch um das Wohl anderer und ihrer Umwelt zu kümmern, werden sie vierdimensional.

Auf welcher Ebene des spirituellen Wachstums auf Erden es sich auch befindet: Jedes Individuum oder jede Gruppenseele wurde von Lady Gaia eingeladen hierherzukommen und hat auch eine Gegenleistung zu bieten.

Libellen

Diese schillernden Kreaturen gehören zu den schönsten und interessantesten Insekten. Wie die Ameisen kommen sie vom Sirius zu uns herab und haben uns viel beizubringen. Sie gehören der vierten Dimension an, weil sie uns freudig dienen, indem sie uns eine fortschrittliche Technologie demonstrieren. Sie erinnern uns ständig an die unglaubliche Technologie von Atlantis, indem sie uns zeigen, was Menschen damals erreichen konnten.

Wenn sie jagen, ermitteln sie die Distanz zu ihrer Beute, die Richtung, in die sie sich bewegt, sowie ihre Fluggeschwindigkeit.

Im Bruchteil einer Sekunde berechnen sie daraus den Annäherungswinkel der Beute.

Ihre Augen sind außergewöhnlich. Viele Insekten haben Facettenaugen, die ihnen einen Panoramablick auf ihre Umgebung ermöglichen. Jede einzelne Facette erschafft ihr eigenes Bild. Die Augen der Libelle können viele Tausend Einzelbilder zu einem einzigen Bild zusammensetzen und so in alle Richtungen schauen. Sie können ihre hoch entwickelte Augenstruktur wie ein Zielsuchgerät verwenden, um ihre Beute ausfindig zu machen. Ihre vier Flügel können sie unabhängig voneinander manövrieren. Deswegen können sie sich vorwärts-, rückwärts- und seitwärtsbewegen, von einem Moment auf den anderen in eine andere Richtung schießen oder sogar kopfüber fliegen. Und diese kleinen Insekten können bis zu 80 Kilometer in der Stunde zurücklegen! Sie gelten als die Magier der Insektenwelt.

Skorpione

Skorpione sind vor allem wegen ihres Giftes gefürchtet. Als ich in der Karibik lebte, hatten wir ein Kätzchen, das oft auf der Veranda spielte. Einmal sah ich, dass es etwas in den Pfoten hatte, das so winzig und blass war, dass man es kaum sehen konnte. Plötzlich heulte das Kätzchen auf und sprang hoch. In dem Augenblick erkannte ich, dass es einen Babyskorpion in den Pfoten gehabt hatte. Er hatte ihm wirklich wehgetan. Ich war also froh, dass er noch so winzig war.

Skorpione haben sich jedoch in die vierte Dimension entwickelt, weil sie sich um ihre Jungen kümmern, bis diese allein überleben können. Die Kleinen krabbeln auf den Rücken ihrer Mutter und finden dort Schutz.

Würmer

Würmer stammen vom Neptun, dem Planeten der höheren Spiritualität. Sie haben sich in die vierte Dimension entwickelt, weil sie sich kollektiv für eine dienende Aufgabe entschieden haben, nämlich den Boden zu belüften. Sie erhöhen die Menge an Luft und Wasser im Boden und spalten organisches Material wie Blätter und Gras so auf, dass die Pflanzen es verwerten können. Außerdem fressen sie niemals lebendes Pflanzengewebe oder schädigen Pflanzen in irgendeiner Weise.

Ich war immer der Ansicht, dass Regenwürmer sehr nützliche kleine Kreaturen sind, die ich im Boden willkommen heiße. Dann sah ich Bilder vom australischen Giant Gippsland Earthworm *(Megascolides australis)*, der durchschnittlich einen Meter lang ist, aber auch bis zu drei Meter lang werden kann! Da bräuchte ich nur einen, um den Boden in meinem Garten zu belüften.

Visualisierungsübung
Verbindung mit den Insekten der fünften Dimension aufnehmen

1. Suchen Sie sich einen ruhigen Ort, an dem Sie ungestört sind.
2. Atmen Sie sanft ein und aus und laden Sie Erzengel Preminilek, den Engel der Insekten, zu sich ein.
3. Vielleicht spüren Sie sein gelbgrünes Licht um sich herum.
4. Achten Sie auf das Ameisennest vor Ihren Augen, das vor kleinen Arbeitern nur so wimmelt. Stimmen Sie sich dann auf das fantastische Engellicht und die Engelklänge darüber ein. Lassen Sie sich davon mit sich selbst in Einklang bringen.
5. Fordern Sie eine Biene auf, eine blaue Heilrose von den Plejaden in Ihre Aura zu platzieren.
6. Bobachten Sie einen schönen Schmetterling, der vor Ihnen herumflattert, und spüren Sie die Botschaft, die er Ihnen überbringt.
7. Lassen Sie einen Marienkäfer auf oder neben Ihnen landen. Fühlen Sie eine Woge des Entzückens und spüren Sie, wie sich im Universum eine goldene Tür für Sie öffnet.

8. Bedanken Sie sich nun, wenn Sie möchten, bei den Insekten der vierten Dimension, bei den Libellen, den Skorpionen und den Würmern, für alles, was sie unserem Planeten geben.
9. Seien Sie gewiss, dass Ihre heutige Kontaktaufnahme Ihr Licht ebenso vermehrt hat wie das Licht im Reich der Insekten.
10. Bedanken Sie sich bei Erzengel Preminilek und den Insekten und machen Sie die Augen wieder auf.

Kapitel 2

Insekten der dritten Dimension

Botschaft der dreidimensionalen Insekten

Wir sind hier auf diesem schönen Planeten, um zu lernen und manchmal auch zu zeigen, was wir bereits gelernt haben.

Wir möchten in Frieden und Harmonie mit euch zusammenleben. Unser Wunsch ist es, unser dienendes Werk zu tun, denn das befähigt die Erde, das Leben zu erhalten. Ohne uns wärt ihr nicht hier. Bitte nehmt uns zur Kenntnis, gebt uns unseren Freiraum und lasst uns in Ruhe. Wir achten euch und bitten euch, uns zu respektieren.

Alle Insekten der dritten Dimension stammen vom Neptun – mit Ausnahme der Spinnen. Sie stammen aus einem weit entfernten Universum und kommen über Sirius zu uns herab.

Käfer

Der dienende Auftrag aller Käfer ist es, altes, unerwünschtes Material abzubauen, damit es für einen höheren Zweck wiederverwertet werden kann. Ihr Seelenauftrag besteht darin, Licht hierher- und Wissen zurück zum Neptun zu bringen.

Jede Art von Käfer ist außergewöhnlich und bringt seine ganz eigene Gabe mit. Der Herkuleskäfer beispielsweise kann das 850-Fache seines eigenen Gewichts heben. Das ist etwa so, als würde ein Mensch zehn Elefanten hochheben! Gegenwärtig hält das kollektive Unbewusste an der Überzeugung fest, dass wir nur einen bestimmten Prozentsatz unseres Körpergewichts heben können. Diese Käfer zeigen uns, dass der Himmel die Obergrenze ist.

Hundertfüßer und Tausendfüßer

Hundertfüßer und Tausendfüßer haben nicht zufällig so viele Beine! Ihr Seelenauftrag ist, etwas über Koordination zu lernen und zu lehren. Sie zeigen, dass viele Aspekte im Einklang zusammenarbeiten können.

Hundertfüßer demonstrieren auch Regeneration, denn sie können noch mehr Beine nachwachsen lassen. Derartiges ist Menschen zurzeit nicht möglich, denn wir sind durch die Überzeugungen unseres kollektiven Bewusstseins eingeschränkt. Diese Insekten zeigen uns jedoch, dass es möglich ist!

Tausendfüßer haben anfangs nur wenige Beinpaare, lassen aber bei jeder Häutung weitere nachwachsen. Sie dienen uns, indem sie organisches Material in der Erde zersetzen.

Kakerlaken

Die allseits unbeliebten Kakerlaken sind die Ratten der Insektenwelt, die mit einem wichtigen Dienstleistungsauftrag hierhergekommen sind. Sie zersetzen faulende Abfälle und sorgen so dafür, dass wichtige Nährstoffe im ökologischen Kreislauf bleiben. Das war gut und wurde sogar dankbar angenommen, als die Menschen noch feinfühlender waren und nur wenig faulende Abfälle erzeugten. Heutzutage gibt es so viele Menschen auf der Erde, dass wir riesige Abwassersysteme angelegt haben, und das heißt für die Kakerlaken, dass sie sich vermehren und sehr hart arbeiten müssen, um ihren Auftrag zu erfüllen. Sie arbeiten übrigens nicht nur mit physischem Schmutz, sondern tragen auch dazu bei, die ätherische Energie um den Schmutz herum zu klären.

Sie zersetzen auch die Hinterlassenschaften anderer Tiere, etwa von Fledermäusen, und klären so die niedere psychische Energie in deren unmittelbarem Umfeld.

Weil so viele Kreaturen in dieser besonderen Zeit der spirituellen Chancen auf der Erde sein möchten, fühlen sich die Kakerlaken von ihrem Auftrag überwältigt. Daher werden sie unter anderen von den Esaks und den Kyhils bei diesem Reinigungsprozess unterstützt.

Fliegen

Der Seelenauftrag dieser geflügelten Insekten ist, uns an die Bedeutung von Hygiene und Sauberkeit zu erinnern. Im Goldenen Zeitalter von Atlantis gab es keine Fliegen. Doch als die Schwingungsfrequenz der Menschen sank, kamen sie von überallher.

Als Maden dienen sie uns damit, dass sie verrottendes Material zersetzen und so zu einer hervorragenden Bodenqualität beitragen. Sie verdauen Totholz, Tierkadaver und tierische Abfälle aller Art. Als erwachsene Tiere bieten sie sich insektenfressenden Tieren selbst als Nahrung an.

Flöhe

Wie bei vielen Insekten besteht auch bei Flöhen die Dienstleistung darin, dass sie organisches Material zersetzen, um den Boden anzureichern. Flohlarven schlüpfen aus den Eiern und ernähren sich dann von allem verfügbaren organischen Material, etwa toten Insekten, Fäkalien und pflanzlichen Stoffen. Die Larven und der erwachsene Floh bieten Nahrung für viele Vögel und andere Kreaturen. Ihr Seelenauftrag ist es, uns an die Bedeutung von Sauberkeit zu erinnern.

Mücken

Diese winzigen blutsaugenden Fliegen haben den gleichen Dienstleistungs- und Seelenauftrag wie gewöhnliche Fliegen. Sie helfen beim Zersetzungsprozess und bieten sich als Futter für Fische, andere Insekten und Vögel an. Und wie alle Kreaturen haben sie uns etwas zu zeigen. Beispielsweise schlagen manche Mücken schneller mit den Flügeln als jede andere Kreatur, und eine Art kommt sogar auf 1.000 Schläge pro Sekunde – fantastisch!

Moskitos

Im Goldenen Zeitalter von Atlantis hielt man das Wasser stets rein, klar und in Bewegung. Es gab also keinen Ort und auch keine Notwendigkeit für Moskitos. Diese Insekten strömten nach Atlantis, als die Energie abzusinken begann, um die Menschen daran zu erinnern, das Wasser auch weiterhin rein und in Bewegung zu halten. Ihr Seelenauftrag ist immer noch, uns daran zu erinnern.

Nackt- und Hausschnecken

Nackt- und Hausschnecken sind Mollusken, die beide den gleichen Dienstleistungs- und Seelenauftrag haben. Die Schnecke mit dem Haus muss Kalzium produzieren, um dieses Haus zu bauen und zu erhalten. Daher gibt es von ihnen weniger als von den Nacktschnecken. Auf einer spirituellen Ebene unterscheiden sich ihre göttlichen Blaupausen, und zwar weil Experimente gemacht wurden, um zu sehen, wie Varianten der einfachen Schnecke auf der Erde auskommen würden.

Offenbar können Schnecken drei Jahre lang schlafen, ohne aufzuwachen. Dies weist darauf hin, dass sie sich in einen veränderten Zustand begeben, in dem sie sich mit dem höheren Licht verbinden und durch es genährt werden.

Ich weiß, dass ich diese Geschichte bereits an anderer Stelle erzählt habe, aber sie hat wirklich einen bleibenden Eindruck auf mich gemacht. Als ich ihn zum ersten Mal nach Nacktschnecken und Hausschnecken fragte, teilte mir mein geistiger Führer Kumeka mit, sie hätten sich ursprünglich verkörpert, um die toten Blätter unter Bäumen und Büschen zu verzehren. Jahrhundertelang verrichteten sie diesen Dienst glücklich und zufrieden, bis die Menschen anfingen, saftige Salate und andere Delikatessen anzupflanzen, die so viel besser schmecken als verdorrte alte Blätter. Kumeka sagte, sie wüssten sehr wohl, dass sie keine Salatblätter essen sollten, genau wie ich weiß, dass ich keine Schokolade essen sollte, aber sie können einfach nicht widerstehen! Diese Geschichte machte mein Herz weicher für alle Schnecken in meinem Garten. Wie kann ich ihnen etwas übel nehmen, das ich selbst mache?

Zecken

Diese parasitären Kreaturen sind seit Millionen Jahren auf der Erde. Offenbar waren sie auch das Verderben der Dinosaurier! Ihre Dienstleistung besteht darin, viele Mikroparasiten, Viren und Bakterien zu beherbergen und sich selbst als Futter für Reptilien, Fische und Vögel anzubieten.

Ihr Seelenauftrag ist jedoch, uns daran zu erinnern, dass wir in einer Welt leben, in der wir alle voneinander abhängig sind. Wenn Zecken das Blut eines Rehs aufsaugen, übertragen sie es später auf ein anderes Tier. In dem Blut ist die Lektion enthalten, die das Reh lehrt: Vertrauen. Und wenn sie eine Giraffe beißen, geben sie deren Energie an andere Tiere mit der Weisheit des Orion weiter.

Grillen und Heuschrecken

Diese Insekten sind sich sehr ähnlich, und ihre dienende Aufgabe ist einfach. Sie fressen riesige Mengen. Eine Heuschrecke beispielsweise kann an einem Tag ihr eigenes Gewicht an Nahrung aufnehmen. Dafür bräuchte ein Mensch etwa sechs Monate. Das bedeutet, dass Heuschrecken enorme Mengen an Abfall produzieren, der wiederum den Boden düngt. Sie bieten sich auch als Nahrung zur Ernährung und Erhaltung von Vögeln, anderen Tieren und sogar Menschen an.

Grillen zirpen, indem sie ihre Flügel aneinanderreiben, während Heuschrecken ihre Hinterbeine gegen die Flügel reiben. Wenn ihr Zirpen langsamer wird, klingt es wie himmlischer Chorgesang und kann heilen. Diese Musik enthält die Schlüssel und Codes der höheren Liebe vom aufgestiegenen Sternbild Andromeda. Sie enthält auch eine Botschaft an uns: Werdet langsamer! Dies ist die Seelengabe der Grillen.

Grillen und Heuschrecken können springen und fliegen. Sie springen, indem sie sich selbst in die Luft katapultieren. Wenn wir so weit springen könnten wie sie, könnten wir bei unserer Größe die Länge eines Fußballfeldes mit Leichtigkeit überspringen. Sie zeigen uns, was möglich ist, und schlagen uns vor, den Horizont unserer Möglichkeiten zu erweitern.

Spinnen

Spinnen stammen aus einem weit entfernten Universum der dritten Dimension, in dem es keine Schwerkraft gibt. Sie sind auf einer ganz anderen Wellenlänge als wir, weswegen sie uns so fremd vorkommen. Das ist auch der Grund, warum so viele Menschen sie nicht mögen oder sogar Angst vor ihnen haben.

Sie kommen über Sirius zu uns herab. Hier lernen sie etwas über Geometrie, die sie auf der Erde praktizieren. Am Ende nehmen sie all ihr Wissen mit zurück nach Hause.

Spinnen sind nicht nur hier, um zu lernen. Sie demonstrieren uns heilige Geometrie in ihren Netzen und lehren uns, dass sie eine nützliche Funktion hat. Sie bringen uns auch bei, über unsere Beschränkungen hinauszugehen. Das kollektive Bewusstsein der Erde glaubt an die Schwerkraft. Wir erwarten, dass alles quasi magnetisch von der Erde angezogen wird, und daher geschieht genau das.

Weil Spinnen von einer Daseinsebene kommen, auf der es keine Schwerkraft gibt, ist deren Wirkung nicht in ihren Geist einprogrammiert. Sie spinnen ihre Netze entgegen dem Zug der Schwerkraft und halten die Vision des erwünschten Ergebnisses dabei aufrecht. Ihre kollektive Geisteskraft ist stärker als die Schwerkraft. Daher gelingt es ihnen.

Der Seelenauftrag von Spinnen besteht darin, uns beizubringen, wie man eine Vision konzentriert und entschlossen aufrechterhält, damit wir die Beschränkungen unserer kollektiven Glaubenssätze überwinden können. Dies ist eine gewaltige Botschaft, und es ist äußerst wichtig, dass wir sie verstehen, während wir der Entfaltung des neuen Goldenen Zeitalters immer näher kommen.

Spinnen lernen und lehren auch etwas über Geduld, Konzentration und Entschlossenheit. Und sie sind äußerst anpassungsfähig. Es hat mir sehr gefallen, von einer Spinnenart zu lesen, bei der das Männchen die Fäden seines Netzes wie eine Harfe zupft und so Musik macht, um ein Weibchen anzuziehen.

Genau wie über allen anderen Bauten, die den Regeln der heiligen Geometrie entsprechen, singen die Engel auch über den Netzen der Spinnen. Wenn ich früh am Morgen spazieren gehe und die Tautropfen auf den Spinnennetzen im Licht der aufgehenden Sonne wie Diamanten glitzern sehe, glaube ich an reine Magie.

In der Tat ist eines der magischen Geschenke, das Spinnen der Welt machen, ihre Seide. Sie ist stärker als Stahl, leicht, dehnbar und lässt sich beliebig beugen und strecken. Alle diese Dinge werden von der Natur bereitgestellt, und die Spinnen zeigen uns, dass es möglich ist, ein solches Produkt zu erschaffen, wenn wir dafür bereit sind.

Spinnen haben uns viel zu bieten, aber ihr Dienstleistungsauftrag besteht darin, die Insektenpopulation unter Kontrolle und auf einem vernünftigen Niveau zu halten.

Wespen

Diese mutigen, aber auch beängstigenden kleinen Kreaturen haben den Seelenauftrag, uns die Vorteile der heiligen Geometrie nahezubringen, indem sie ihre Nester nach Methoden bauen, die sie auf Sirius gelernt haben. Die Engel singen über ihren Nestern und erzeugen dabei Klangmuster, sodass sich auch immer Elementarwesen rund um die Wespennester aufhalten.

Ihre dienende Aufgabe besteht darin, zu bestäuben, aber auch andere Insekten sowie Parasiten aus dem Weg zu räumen und zu verschlingen, um das ökologische Gleichgewicht zu erhalten.

Wespen geben ihr Leben, um das anderer Wespen zu retten. Damit lehren sie uns auch etwas über Opfer, die für das Wohl der Gemeinschaft als Ganzes gebracht werden.

Visualisierungsübung

Den Insekten der dritten Dimension danken

1. Suchen Sie sich einen ruhigen Ort, an dem Sie ungestört sind.
2. Nehmen Sie sich vor, das Insektenreich zu verstehen und ihm zu danken.
3. Sie sitzen auf einem glatten, warmen Stein und blicken von dort in die Landschaft.
4. Öffnen Sie Ihr Herz für die Welt der Insekten.
5. Danken Sie den Käfern dafür, dass sie altes, unerwünschtes Material zersetzen, damit es für einen höheren Zweck recycelt werden kann.
6. Danken Sie den Hundert- und Tausendfüßern dafür, dass sie uns die Schönheit der Koordination und die Möglichkeit der Regeneration demonstrieren.
7. Danken Sie den Kakerlaken dafür, dass sie faulende Abfälle zersetzen, um Nährstoffe im Kreislauf des Ökosystems zu halten.
8. Danken Sie den Flöhen dafür, dass sie uns daran erinnern, wie wichtig Sauberkeit ist.
9. Danken Sie den Fliegen dafür, dass sie uns an die Bedeutung guter Hygiene erinnern.
10. Danken Sie den Moskitos dafür, dass sie uns daran erinnern, Wasser sauber und stets in Bewegung zu halten.
11. Danken Sie den Schnecken dafür, dass sie das trockene Laub fressen.
12. Danken Sie den Zecken dafür, dass sie uns lehren, dass wir in einer Welt leben, in der wir alle voneinander abhängig sind, und dafür, dass sie die Weisheit anderer Kreaturen weitergeben.

13. Danken Sie den Grillen und Heuschrecken dafür, dass sie das Land düngen und uns beibringen, den Horizont unserer Möglichkeiten zu erweitern.
14. Danken Sie den Spinnen dafür, dass sie heilige Geometrie anwenden und uns etwas über die Macht der Konzentration auf unsere Vision lehren.
15. Danken Sie den Wespen dafür, dass auch sie uns etwas über heilige Geometrie beibringen, und für den Dienst, den sie uns erweisen, indem sie bestäuben, aber auch andere Insekten und Parasiten aus dem Weg räumen und vernichten.
16. Bitten Sie darum, dass Menschen und Insekten in göttlicher Harmonie leben mögen.

Teil 7

Das Reich der Bäume

Kapitel 1

Bäume

Botschaft der Bäume

Wir kommen aus dem Herzen Gottes und haben nichts zu lernen, aber viel zu geben. Wir wurden zum Nutzen von Menschen, Vögeln, Insekten und anderen Tieren auf der Erde ausgesät und auch, um den Planeten selbst zu nähren, und zwar physisch, emotional und spirituell. Wir geben Liebe und Heilung an euch weiter.

Physische Nahrung

Bäume liefern Holz für die Konstruktion von Unterkünften, Booten und allem anderen, was wir vielleicht bauen müssen. Sie bieten Schatten und Schutz vor den Elementen. Sie beherbergen Vögel, Insekten und andere Tiere. Sie liefern Nahrung.

Emotionale Nahrung

Jede Baumsorte trägt eine bestimmte Qualität in ihrer Aura, die sie ausstrahlt und mit der sie denen hilft, die genau das brauchen. Bäume und andere Pflanzen reagieren auf die unterschwelligen Gedanken von Menschen und antworten positiv auf liebevolle Gedanken. Bäume können heilen.

Spirituelle Nahrung

Diese klugen fühlenden Wesen führen Buch über die Geschichte ihres Standorts. Wälder sind die Bewahrer uralter Weisheit. Sie nutzen sie, um die Energie des Landes, in dem sie wachsen, zu unterstützen. Große Wälder bringen das Licht, das Weisheit und Wissen enthält, von den Sternen und höheren Wesen des Universums herunter und speichern es, um es dann an die Hohlerde weiterzuleiten.

Ahorn, Maulbeerfeige (Sykomore) und Platane

Diese Bäume erinnern Sie an Ihre eigene innere Schönheit. Gleichzeitig sind sie sehr sensibel. Sie spüren die Energien in ihrer Umgebung. Sie wissen, wie Sie sich fühlen. Sie nehmen die Verletzlichkeit der Menschen in sich auf und helfen ihnen, sich sicherer zu fühlen. Sie fühlen sich auch mit sanftem Verständnis in uns ein, und das macht es uns möglich, selbst stärker zu werden. Wenn Sie unter einem dieser Bäume sitzen, geht es Ihnen gleich besser.

Esche

Diese Bäume enthalten die göttlich weibliche Weisheit und geben deren Qualitäten an Menschen und Tiere weiter. Sie entscheiden sich oft, auf Leylinien zu wachsen, damit sie das göttlich Weibliche einsetzen können, um den Energiefluss in ihnen weicher und geschmeidiger zu machen. Das bringt eine sanfte und ausgewogene Energie in die Areale, in denen sie wachsen.

Ihre schwarzen Knospen symbolisieren, dass sie das neue Wachstum in dem Yin-Kokon bewahren, während sich die Blätter bilden.

Und wenn sie unter einer Esche stehen oder auf eine meditieren, bekommen Sie einen zusätzlichen Energieschub. Eschen sind auch der Magie förderlich.

Die Eberesche, auch als Vogelbeerbaum bekannt, ist sehr fürsorglich. Bitten Sie um ihren Schutz, und Sie werden ihn bekommen.

Baobab

Unverwechselbar ist der Baobab durch seinen extrem dicken Stamm, der bis zu 120.000 Liter Wasser halten kann – ein wahres Gottesgeschenk in den Trockengebieten, in denen diese Bäume wachsen. Offenbar gibt es in Südafrika einen als »Big Baobab« bekannten Affenbrotbaum mit 47 Metern Umfang und einer Bar für bis zu 60 Personen in seinem hohlen Stamm.

Der Baobab ist ein sehr freigiebiger Baum. Wenn Sie in seinem Schutz sitzen, empfangen Sie die Botschaft, dass Sie in guten Händen sind und Ihre Bedürfnisse erfüllt werden. Das hilft, die Schwingungsfrequenz des menschlichen Wurzelchakras zu erhöhen.

Diesen Baum findet man in Afrika, Australien und Madagaskar. Er hat verschiedene Namen:

- Baum des Lebens, weil jeder Teil von ihm von Menschen und Tieren genutzt werden kann.
- Flaschenbaum, weil er wirklich aussieht wie eine Flasche.
- Affenbrotbaum, weil seine großen Schoten, auch als Affenbrot bekannt, eine Lieblingsfrucht der Affen sind, die in der Gegend leben. Diese Schoten sind reich an Vitamin C.
- Kopfstehender Baum. Weil der Baum fast das ganze Jahr über ohne Blätter ist, sehen seine nackten Äste aus wie Wurzeln, die in die Luft stehen.

Dies ist ein so ungewöhnlich aussehender Baum, dass es Legenden darüber gibt, wie er seinen Namen bekommen hat.

Eine Geschichte handelt davon, dass Gott, als er die Welt geschaffen hat, jedem Tier einen Baum gab. Den Baobab gab er der dummen Hyäne, die ihn falsch herum einpflanzte!

Einer afrikanischen Geschichte zufolge war der Baobab mit seinem Aussehen unzufrieden. Also nörgelte er Gott die ganze Zeit vor, dass er ihn so unattraktiv gemacht hatte. Eines Tages hatte Gott genug davon. Er zog ihn aus dem Boden und pflanzte ihn umgekehrt wieder ein, sodass auch sein Mund unter der Erde war. Jetzt konnte er nicht mehr nörgeln.

Buche

Diese bemerkenswert robusten Bäume haben echte Gnade anzubieten. Sie helfen den Menschen, Vergebung in ihrem Herzen zu finden, indem sie sich auf die Weisheit ihrer vergangenen Seelenreise einstimmen. Dies macht das Bewusstsein weich und hilft den Menschen, die Dinge anders zu sehen. Wenn Menschen durch Buchenwälder gehen, werden sie oft ganz ruhig, merken aber nicht, dass die Energie, die sie berührt, ihre Wahrnehmung und ihre Gefühle wesentlich verändert. Diese Energie hebt die Schwingungen und befähigt die Menschen, sich über Verletzungen und Schmerz zu erheben.

Kastanie

Der Rosskastanienbaum strahlt eine energetische Qualität der Verspieltheit aus. Es ist kein Zufall, dass Kinder und viele Erwachsene mit Kastanien spielen und enorm viel Spaß dabei haben. Als meine Kinder noch klein waren, schlurfte ich immer automatisch durch das heruntergefallene Kastanienlaub, um irgendwelche großen braunen Kastanien aufzuspüren, die sich dort versteckt hatten, und war entzückt, wenn ich eine fand. Es erinnerte mich an meine eigene Kindheit. Dieser Baum mag noch so stark und robust sein, er fördert immer Unbeschwertheit und Arglosigkeit.

Seit Jahrhunderten spielen Kinder mit den Früchten der Rosskastanie, aber in letzter Zeit fordern sie immer mehr Perfektion oder Technik von ihren Spielzeugen. Weil Menschen und Bäume so symbiotisch miteinander verbunden sind, hat dieser zunehmende Mangel an Zuspruch seitens der Kinder die Kastanienbäume geschwächt und dazu geführt, dass sie von der Rosskastanienminiermotte angegriffen werden, einem Falter, dessen Raupen sich durch das Innere der Blätter fressen und entstellende Flecken hinterlassen.

Die Ausbreitung von Rosskastanien ist ein Zeichen der Fülle, und dieser Baum sendet Energie aus, die Sie so weit öffnet, dass Sie die Fülle auch annehmen können.

Auch Esskastanienbäume stehen für das Bewusstsein der Fülle. Wenn Sie Ihr Schicksal wenden und Freude in Hülle und Fülle anziehen möchten, sollten Sie Zeit mit diesen Bäumen verbringen.

Beide Kastanienarten bringen Ihnen Hoffnung und Glück und versetzen Sie in die Lage, Erwartungen zu wecken.

Nadelbäume – Kiefer, Fichte, Tanne, Sequoia, Eibe

Sowohl Tannen als auch Kiefern heben Ihre Schwingungsfrequenz und ermöglichen es Ihnen, zu gesunden und zu regenerieren. Nichts geht über einen Spaziergang in einem Tannen- oder Kiefernwald, um die eigene Stimmung aufzuhellen und sich wieder gut zu fühlen. Diese Bäume heilen buchstäblich Körper und Geist und helfen den Menschen, sich in die fünfte Dimension zu erheben.

Es ist keineswegs Zufall, dass so viele Heilbäder und Kurzentren in Tannen- oder Kiefernwäldern gebaut werden, denn die Bäume bringen Sie ins Gleichgewicht und machen Sie gesund.

In den riesigen Wäldern nehmen die Bäume viel uraltes Wissen und spirituelle Technologie der Zukunft auf, die Wesen aus anderen Sternensystemen mitgebracht haben. Sie bewahren all dies, bis wir bereit sind, darauf zuzugreifen.

Sequoias, eine Gattung der Mammutbäume, sind Nadelbäume und die Giganten im Reich der Bäume. Sie erinnern uns an die unendliche Weite des Universums und bitten uns gleichzeitig, nicht zu vergessen, wer wir wirklich sind: spirituelle Giganten.

Eiben symbolisieren Transformation und Wiedergeburt. Sie wurden früher gern auf Friedhöfen gepflanzt, weil sie auch ein guter Schutz vor den Geistern sind, die sich dort aufhalten. Ein Teil ihrer göttlichen Aufgabe ist, diesen Geistern Energie zu geben und ihnen damit auf den Weg ins Licht zu verhelfen.

Ulme

Als ich Kind war, wuchsen diese Bäume überall in Großbritannien, und wir wurden immer gewarnt, unter ihnen zu spielen, weil die Gefahr bestand, dass plötzlich Äste oder Zweige abfielen. Ulmen waren als »Witwenmacher« bekannt.

Sie sind sehr empfindlich gegenüber Energien. Bäume brauchen geistige und seelische Energie und ziehen diese aus den Leylinien des Planeten. Das Ulmensterben hat diese Bäume vor Kurzem erheblich dezimiert. Es trat auf, weil die Leylinien blockiert wurden, als man den Tunnel durch den Ärmelkanal baute. Die Ulmen kamen mit dem Energiestau in den Leylinien, der durch den Bau des Dartford-Tunnels verursacht worden war, noch zurecht, aber als kurz danach auch noch der Kanaltunnel gebaut wurde, war das zu viel für sie. Die Ulmen in unmittelbarer Nähe der Leylinien waren zuerst betroffen. Dann breitete sich die Krankheit aus.

Das erste Ulmensterben fand im 16. Jahrhundert statt. Sehr viele Menschen starben an der Pest. Ihre Leichen wurden auf den Leylinien begraben, und dadurch wurden die Bäume stark in Mitleidenschaft gezogen.

Wir alle können den Ulmen helfen, indem wir das höhere Licht herbeirufen und entlang der Leylinien ausbreiten. Dann können sich sie wieder erholen.

Diese Bäume helfen Ihnen, schnell zu sein. Sie machen es Ihnen möglich, Ihre Macht in Anspruch zu nehmen, und zwar in einer ausgewogenen Weise.

Obstbäume

Kirsche, Apfel, Birne, Pflaume und andere

Diese hübsch blühenden Bäume bringen Liebe, Freude und Reinheit. Wem ist beim Anblick einer mit rosafarben blühenden Kirschbäumen gesäumten Allee oder eines Obstgartens voller blühender Apfelbäume noch nie fast die Luft weggeblieben? Diese Bäume erheben Ihr Herz. Sie bringen uns auch Fülle und lösen Dankbarkeit in uns aus. Und damit schließt sich der Kreis, denn Dankbarkeit zieht noch mehr Fülle aus dem Universum.

Olive

Dieser Baum bewahrt nicht nur das Wissen seines Standorts, sondern auch sehr viel Weisheit. Er erinnert Sie an die lange Geschichte der Erde, und wenn Sie unter ihm sitzen, hilft er Ihnen, sich mit der Hohlerde zu verbinden. Er erinnert Sie auch daran, dass Sie alles bekommen werden, was Sie brauchen.

Weißdorn

Weißdorne sind vielleicht nicht die schönsten unter den Bäumen und Sträuchern. Sie sind stachelig und sehen oft schäbig aus, aber ich mag sie. Sie sind tapfere Beschützer! Wenn sie rund um Ihr Heim wachsen, schützen Sie Ihr Haus und Sie selbst. Wo sie in Hecken wachsen, schützen sie die Tiere und den Raum, den sie umgeben.

Wenn Sie sich auf diese Bäume einstimmen, werden Sie ihre Liebe und auch ihre Kraft und ihren Heldenmut spüren.

Stechpalme (Ilex)

Wenn Menschen grauenvoll oder gemein sind, fühlen sie sich innerlich schlecht und projizieren ihre verletzten Gefühle auf andere. Wenn Sie also jemand ablehnt, ist das dessen Sache. Die stachelige Stechpalme überbringt uns die Botschaft, dass wir niemanden nur nach dem Äußeren beurteilen sollen. Schauen Sie hinter die Fassade und sehen Sie das verletzte Innere Ihres Gegenübers. Denken Sie daran, wenn Sie eine Stechpalme sehen, denn dann kann sie Ihre Gefühle heilen und Sie veranlassen, behutsam mit bestimmten Menschen umzugehen.

Und im Winter sind die roten Beeren der Stechpalme Futter für die Vögel. Wir holen die Zweige auch herein, um unser Heim festlich zu dekorieren. Wenn wir also über das Äußere hinaus auf das göttliche Selbst einer Person schauen, werden wir belohnt.

Mahagoni

Dieser riesige tropische Baum steht in seiner ganzen Pracht und Macht für die Eigenschaften Kraft, Sicherheit, Zuverlässigkeit und

Vertrauen. Wenn Menschen erstmals Verbindung mit ihm aufnehmen, fühlen sie sich oft bedeutungslos. Aber der Baum nimmt Sie mit auf eine Reise zu einem Ort, an dem Sie erkennen, wer Sie wirklich sind. Stimmen Sie sich auf den Mahagonibaum ein, wenn Sie ein Gefühl für Ihr göttliches Selbst bekommen möchten.

Eiche

Fast jeder kennt die Eiche und weiß, dass sie stark und stabil ist. Ich habe das Glück, ganz in der Nähe einiger riesiger alter Eichen zu wohnen. Wann immer ich kann, umarme ich sie oder lehne mich mit dem Rücken an sie. Dann kann ich fast sinnlich wahrnehmen, wie ihre Weisheit und ihre Ausdauer auf mich übergehen. Sie sind wirklich etwas ganz Besonderes!

Im Laufe der Zeit haben die Menschen so viele der weisen alten Eichen abgeholzt, dass jetzt deutlich weniger von ihnen die Arbeit machen, die in früheren Zeiten von vielen verrichtet wurde. Und nicht nur gibt es weniger Eichen, es gibt auch mehr Arbeit zu tun. Daher sind die Eichen oft müde und mutlos. Jedes Mal, wenn Sie eine von ihnen würdigen, helfen Sie allen, ihren göttlichen Auftrag zu erfüllen.

Pappel

Die Pappel, die so viele Straßen ziert und als Windsperre fungiert, lehrt uns, zuverlässig, vertrauenswürdig und beständig zu sein. Wenn wir diese Eigenschaften verinnerlichen, vertrauen uns Menschen automatisch und bauen auf uns.

Sandbirke

Dieser Baum besitzt Eleganz, Anmut und Charme. Sandbirken strahlen die Energie der Harmonie aus, sind aber gleichzeitig verwundbar. Harmonie und Verwundbarkeit öffnen das Herz, und das ist ihr Geschenk an die Menschheit. Und weil Sandbirken Herzöffner sind, stehen sie auch für Neubeginn und Fruchtbarkeit.

Weide

Die Weide ist ein femininer, Wasser liebender Baum, der eine Energie der Flexibilität ausstrahlt. Sie ist auch ein Herzöffner und bringt Romantik. Es ist sehr gut, sich auf diesen Baum einzustimmen und einen Herzenswunsch zu äußern.

Bitte beachten Sie, dass Sie das oben Beschriebene auch zu jeder Zeit und an jedem Ort tun können, wenn Sie einen Baum sehen. Rufen Sie seine Energien mit einem Gedanken herbei, wenn Sie einen Spaziergang machen!

Visualisierungsübung
Den Bäumen helfen

1. Suchen Sie sich einen ruhigen Ort, an dem Sie ungestört sind.
2. Wenden Sie sich an Erzengel Purlimiek, den Engel der Natur, und nehmen Sie seine wunderschöne blaugrüne Energie wahr.
3. Lassen Sie irgendeinen Baum vor Ihrem inneren Auge auftauchen.
4. Segnen Sie ihn und bedanken Sie sich, dass er zu Ihnen gekommen ist.
5. Rufen Sie den goldenen Christusstrahl an und bitten Sie ihn, sich durch den Baum zu ergießen und über seine Wurzeln zu verbreiten.

6. Rufen Sie das lilafarbene Feuer des Ursprungs an und bitten Sie es, sich durch den Baum zu ergießen und über seine Wurzeln zu verbreiten.
7. Rufen Sie Erzengel Michaels tiefblaue Schutzenergie an und bitten Sie sie, sich durch den Baum zu ergießen und über seine Wurzeln zu verbreiten.
8. Rufen Sie Universalengelin Marias Aquamarinlicht der göttlich weiblichen Weisheit an und bitten Sie es, sich durch den Baum zu ergießen und über seine Wurzeln zu verbreiten.
9. Rufen Sie Erzengel Sandalphons Silberlicht des Gleichgewichts und der Harmonie an und bitten Sie es, sich durch den Baum zu ergießen und über seine Wurzeln zu verbreiten.
10. Nehmen Sie sich einen Moment Zeit, um irgendwelche Energien anzurufen, zu denen Sie sich hingezogen fühlen, und schauen Sie zu, wie sie sich durch den Baum ergießen.
11. Stellen Sie sich vor, wie die Farben von Wurzel zu Wurzel fließen, ein Netzwerk der Bäume bilden und die Leylinien energetisieren.
12. Machen Sie die Augen in der Gewissheit wieder auf, dass Sie den Bäumen geholfen haben.

Nachwort

Beim Schreiben dieses Buches habe ich enorm viel über die Welt der Natur gelernt, und je mehr ich weiß, desto klarer wird mir, wie erstaunlich und kostbar Säugetiere, Vögel, Fische, Insekten, Reptilien und Bäume sind. Ohne sie gäbe es uns gar nicht.

Es ist der göttliche Wille, dass wir Menschen mit der ganzen Welt der Natur zusammenleben und unsere Mitgeschöpfe achten. Die spirituelle Vereinbarung, die wir für unser Dasein auf der Erde geschlossen haben, besagt, dass dabei niemand Schaden nimmt. Kein Tier war einverstanden, gegessen zu werden! Wenn unsere Energiefelder arglos zueinander sind, können wir nicht verletzt werden und nicht verletzen. Mit unserer hoch entwickelten Denkfähigkeit ist es uns bestimmt, das Leben unserer Mitgeschöpfe ausgeglichener und leichter zu machen!

Kein Vogel, kein Insekt, kein Fisch, kein Reptil und auch keine anderen Tiere sind rein zufällig bei Ihnen. Jedes einzelne Tier in Ihrer Nähe wird von Ihrer Energie angezogen und ist aus einem bestimmten Grund da – oft um Ihnen etwas beizubringen.

Viele Kreaturen bringen uns etwas bei und gehen dabei oft auch noch mit gutem Beispiel voran. Ist Ihnen schon einmal aufgefallen, dass ein Hund manchmal reine Liebe an den Tag legt, indem er die Krankheit seines Besitzers übernimmt? Es gibt unzählige Beispiele für diese treuen Tiere, die ihren menschlichen Begleitern immer hilfreich zur Seite stehen und oft ihr eigenes Leben für sie opfern. Eine ältere Bekannte von mir stürzte, als sie mit ihrem Hund auf lokalem Gemeindegelände Gassi ging. Es wurde dunkel. Es war kalt. Ein Suchtrupp konnte sie nicht finden. Am Ende führte das Bellen ihres Hundes, der an ihrer Seite geblieben war und sich an sie gekuschelt hatte, um sie warm zu halten, den Suchtrupp doch noch rechtzeitig zu ihr und rettete ihr das Leben.

Manchmal wenden sich die Tiere von ihrem natürlichen Leben ab, lassen sich fangen und wollen uns helfen, Mitgefühl und Verständnis zu entwickeln. Es gibt viele hoch entwickelte Tiere in Zoos oder Nutztiere, die ihr Leben opfern, um unser Herz zu öffnen. Ein Tier wählt seine Inkarnation und seine Lektionen, genau wie wir es tun. Wie edel von euch Tieren, in Gefangenschaft geboren zu werden, damit wir Menschen eure Schönheit genießen oder unsere Neugier befriedigen können! Noch edler und für mich eigentlich absolut unverständlich ist die Tatsache, dass sich Tiere in Laboratorien verkörpern, damit Experimente an ihnen gemacht werden können. Ist das Leben eines Menschen wichtiger als das eines Tieres?

Wir neigen dazu, das Reich der Insekten stark zu unterschätzen. Ich hoffe sehr, dass dieses Buch den Menschen die Augen für die Bedeutung der Insekten öffnet, und zwar ganz unabhängig von ihrer Aufgabe, Materie zu zersetzen und Pflanzen zu bestäuben. Ein Schmetterling überbringt Ihnen vielleicht eine Botschaft der Engel. Wenn eine Biene um Sie herumsummt, schickt sie Ihnen Heilung. Wenn eine Fliege irritierend um Sie herumbrummt, können Sie sich sowohl fragen, ob sie von Ihrer nicht eingestandenen Wut angelockt wurde, als auch, ob Sie von ihr ermahnt werden, mal wieder aufzuräumen.

Viele Kreaturen dienen unserem Planeten auf wunderschöne Weise, etwa Pelikane und Nashörner, welche die Weisheit der großen Zivilisation von Mu für uns bewahren. Die großen Katzen verteidigen unseren Planeten gegen niedere Energien. Kleine Ratten beseitigen unseren physischen und psychischen Abfall. Wale halten die Schwingungsfrequenz der Meere hoch. Jede Kreatur ist aus gutem Grund hier und spielt eine Rolle im großen Spiel des Lebens.

Vögel sind hier, um uns etwas beizubringen. Sie müssen nichts lernen. Sie demonstrieren viele Qualitäten, aber hauptsächlich zeigen sie uns, wie man frei und fröhlich ist. Jedes Mal, wenn Sie in den Himmel schauen und einen Vogel kopfüber fliegen oder gleiten sehen, werden Sie daran erinnert, Ihr Bewusstsein zu befreien. Jedes Mal, wenn Sie einen Vogel singen hören, enthält sein Lied Schlüssel, die Sie daran erinnern, wer Sie wirklich sind.

Reptilien enthalten immer noch ihre ursprüngliche Blaupause. Sie erinnern uns daran, unserem göttlichen Wesen treu zu bleiben.

Jede Baumsorte hat eine Qualität, die sie Ihnen vermitteln kann, wenn Sie bereit sind, sie zu empfangen. Bäume sind weise fühlende Wesen, Bewahrer des Wissens.

Vögel, Fische und andere Tiere halten die Frequenz der Leylinien unseres Planeten, und zwar zusammen mit den Drachen und anderen ätherischen Wesen, die Lady Gaia dienen.

Ich hoffe, dass dieses Buch Ihnen geholfen hat, die Welt der Natur ein wenig besser zu verstehen, obwohl ich sicher bin, dass ich die Geheimnisse der Natur nur sehr oberflächlich behandelt habe.

Sie können Ihren Teil dazu beitragen, denen zu helfen, mit denen wir unsere Welt teilen:

- Segnen Sie jede Kreatur, der Sie begegnen oder an die Sie denken. Jedes Mal, wenn Sie das tun, erleben die entsprechenden Kreaturen einen höheren Energieschub.
- Wenn Sie einen Vogel, ein Insekt, ein Reptil, einen Fisch, ein anderes Tier oder einen Baum würdigen oder sich bei ihm bedanken, spürt es oder er die Energie Ihrer Beachtung und Dankbarkeit und wird dadurch aufgemuntert.

- Beten Sie für die Natur. Jedes Gebet wird gehört und bewirkt etwas.
- Hören Sie den Vögeln zu und nehmen Sie ihre Botschaften in sich auf.
- Seien Sie aufmerksam. Was lehrt Sie die Welt der Natur?

Glossar

Dreidimensionale Frequenz Eine von mehreren Frequenzen einer niederen Dimension, mit der Menschen selbstbezogen und mit verschlossenem Herzen ihr Ego ausleben.

Drittes Auge Das Chakra der Erleuchtung und der Hellsichtigkeit. Es liegt in der Mitte der Stirn.

Einzelgängerenergie Die Fähigkeit, ein von anderen isoliertes Leben zu führen.

Erleuchteter Ein Wesen, das ein großes Licht in sich trägt.

Goldener Christusstrahl Eine neundimensionale Energie der bedingungslosen Liebe.

Goldener Strahl Der Engelstrahl, der eine goldene Farbe hat.

Goldenes Zeitalter von Atlantis Eine 260.000 Jahre dauernde Zivilisation, bekannt für ihre unglaubliche Kristalltechnologie.

Goldenes Zeitalter von Lemurien Das Goldene Zeitalter vor Atlantis, als die Wesen nicht physisch waren und die Erde ebenso wie die Natur besonders liebten.

Goldenes Zeitalter von Mu Das Zeitalter vor Lemurien, als die Wesen ätherisch waren und keine physischen Körper hatten.

Goldenes Zeitalter von Petranium Petranium war das Goldene Zeitalter Afrikas.

Großer Kristall Der riesige Kristall, der Atlantis in Gang gehalten hat.

Große Pyramide Eine Pyramide, die nach dem Untergang von Atlantis in Ägypten gebaut wurde.

Große Zentralsonne (Helios) Dieser neundimensionale spirituelle Stern sendet über unsere Sonne Licht zur Erde.

Harmonische Konvergenz Eine bedeutsame Ausrichtung von Sternen und Planeten am 16. August 1987.

Hohlerde Das siebendimensionale Chakra im Zentrum der Erde.

Inkarnation Eine Lebenszeit in einem Körper aus Fleisch und Blut.

Inkarnieren In einen physischen Körper geboren werden.

Intergalaktisches Konzil Gruppe aus zwölf Wesen, in der Entscheidungen für das Universum getroffen werden.

Intergalaktische Schulen Spirituelle Lehranstalten auf höheren Ebenen des Universums, die von Wesen aus dem ganzen Kosmos besucht werden.

Jumbay Der aufgestiegene Aspekt des Planeten Jupiter.

Karma Eine spirituelle Schuld, die Folgen früherer Taten.

Kundalini Lebensenergie, die an der Basis der Wirbelsäule schlummert.

Kyhils Elementarwesen des Wassers, die Verschmutzungen der Meere beseitigen helfen.

Lady Gaia Der neundimensionale Engel, der für die Erde zuständig ist.

Lakumay Der aufgestiegene Aspekt des Sterns Sirius.

Lemurier Diejenigen, die in der großartigen Zivilisation von Lemurien lebten.

Lemurische Kristalle Kristalle, die von den Wesen aus Lemurien geschaffen wurden.

Leylinien Energiepfade, die Orte miteinander verbinden.

Lyra-Sternentor Ein Tor zu den Sternen im Sternbild Lyra.

Magier Hoch entwickelte und mächtige Priester.

Meister Hilarion Ein großer Meister, der von der Erde aufgestiegen und jetzt für den Strahl der Wissenschaft und Technologie (fünfter Strahl) verantwortlich ist.

Meister des Orion Ein Gremium weiser Wesen, welches das Sternbild Orion regiert.

Nigellay Der aufgestiegene Aspekt des Mars.

Orb Der sechsdimensionale Aspekt eines Engelwesens, der fotografiert werden kann.

Orion Ein Sternbild.

Pilchay Der aufgestiegene Aspekt unseres Planeten Erde.

Plejaden Ein Sternhaufen.

Quelle/Ursprung Der Schöpfer, Gott.

Quishy Der aufgestiegene Aspekt des Planeten Saturn.

Schleier des Vergessens Die sieben Schichten zwischen den Menschen und Gott, in denen wir vergessen, wer wir wirklich sind.

Schutzengel Der Engel, der einem Individuum zugewiesen wird und sich um es kümmert.

Seelenauftrag Der Auftrag, den eine Seele für eine Lebenszeit annimmt.

Seelenstern Das elfte spirituelle Energiezentrum über dem Kopf.

Serafim Engel der zwölften Dimension.

Serafina Engel, der Verbindung zu Menschen aufnimmt.

Shekinah Ein entwickeltes Universum, das in einer zehndimensionalen Frequenz schwingt.

Solarplexus Das spirituelle Zentrum oder Chakra am Solarplexus.

Sternentor Das zwölfte Chakra, das uns mit dem Universum verbindet.

Supermond Ein kraftvoller Mond in Erdnähe, durch den sich mehr göttlich weibliche Energie als gewöhnlich auf die Erde ergießt.

Sylphen Elementarwesen der Luft.

Telepathie Die Fähigkeit, von Geist zu Geist, also ohne Sprache zu kommunizieren.

Telephony Der aufgestiegene Aspekt des Planeten Merkur.

Thronengel Ein neundimensionaler Engel, der für einen Planeten oder Stern verantwortlich ist.

Toutillay Der aufgestiegene Aspekt des Planeten Neptun.

Überseele Ein höherer Aspekt einer Gruppe von Seelen, der für deren allgemeine Richtung zuständig ist.

Ungeerdet Energetisch nicht mit der Erde verbunden.

Zufluchtsort Ein Ort, der in der Energie von Erzengeln und Meistern schwingt und als ihr Heim bekannt ist.

Über die Autorin

Diana Cooper hatte während einer persönlichen Lebenskrise eine Engelerscheinung. Heute ist sie vor allem für ihre Werke über Engel, Orbs, Atlantis, die Einhörner, den Aufstieg und den Übergang ins neue Goldene Zeitalter bekannt. Über ihre Geistführer und Engel macht sie es Menschen möglich, ihre spirituellen Begabungen und ihr übersinnliches Potenzial zu nutzen. Außerdem hilft sie ihnen, in Kontakt mit ihren eigenen Engeln, Geistführern, Meistern und Einhörnern zu kommen.

Diana Cooper ist Gründerin der *Diana Cooper Foundation*, einer gemeinnützigen Organisation, die auf der ganzen Welt zertifizierte Kurse zu spirituellen Themen anbietet. Als Bestsellerautorin hat sie 28 Bücher geschrieben, die in 27 Sprachen veröffentlicht wurden.

www.dianacooper.com